航空客運與票務

（第五版）

空運學的理論與實務

Air Transportation

謝淑芬 編著

五南圖書出版公司 印行

目　錄

第一篇　空運理論

第二篇　航空客運業務

第一篇
空運理論

第一章　緒　論

第一節　空運定義

　　所謂空運（air transportation）乃是航空運輸的簡稱，正如海運即海上運輸，陸運即陸上運輸之意。因此空運即藉由航空之運輸（transportation by air），而航空運輸則由航空器來達成，所以空運也就是以航空器為工具的運輸（transportation by means of aircraft）。

　　航空的原理是藉地表空氣之反作用力而使航空器得以浮升於空中，此外經由地表海面空氣之反作用力而浮升或推進，於海上行走之水翼船（hovercraft）並不歸在航空定義中。有關航空之定義中被視為休閒運動用的拖曳滑翔機（hangglider）因係以空氣反作用力而得以浮升飛翔，亦可視為航空飛行；另外，火箭因賴高速氣體噴出之反作用力推進，雖然也能升空飛翔，但並不能算是航空，當然也不屬於航空器。

　　太空梭之升空則是以火箭推進的，其升空瞬間並不能算是航空，但回程時，因通過大氣層，藉由空氣之反作用力而飛航，所以也是航空。因此即使未來太空梭發展到可以當作一般運輸工具使用，是否可將之視為空運的一環仍值得商榷。

　　在美國，將太空梭之機能一元化視為獨立運輸工作的見解，以及僅將

其局限於在大氣層內航行之階段才視為航空的看法是相對立的。再者，如何適當地為其定位，仍是國際制度上的一個問題，現今之國際空運制度，並不適用於太空梭，所以將太空梭視為單獨的個體應較適當。

　　運輸是指人或物之場所移動。人或物由於場所之移動，而達到一定的目的，甚至得以提高其價值。例如：將水移至沙漠中販賣，必定可大大地抬高它的「身價」。

　　即使從某一地出發，再回到原出發地，若是為了達到某種目的而移動，亦稱為運輸。例如，遊覽飛行常常出發地和目的地相同，這乃是為了遊覽目的而移動的運輸。綜合上述，空運之概括定義即：以藉由空氣之反作用力而飛航的方式，達到人或物之場所移動的目的。

第二節　空運的地位及客體

　　克服空間距離，實現人類、財貨或情報之場所移動的，即可稱為交通（communication），空運與陸運、海運一樣，擔負了整體交通運輸的一部分。

　　航空器之發達伴隨著機場設備完善，在空運交通整體上的重要性年年提高。特別是臺灣之地理條件四面環海，因此國際交通——空運之重要性極高。

　　空運之客體為人和物。人之運輸為客運，物之運輸則為貨運。而包裹郵件的運輸就廣泛之意義而言，亦屬於貨運的一種。但就包裹郵件之運輸而言，和一般貨物運輸之運輸契約型態不太相同，因此為了有所區別，通常將包裹郵件之運輸單獨處理。但是美國等地，因其郵務民營化的型態，是否有區別之必要，仍值得商榷。旅客之行李雖然也是物品，但因其屬於旅客所有，又隨旅客一起運輸，通常乃將其與旅客視為一體，屬於客運業務之一。

第三節　空運分類

✈ 國內空運和國際空運

空運之經營區域僅限於國內時即為國內空運，相反地，即為國際空運。

國內空運有本國之航空法為規範，比起國際空運具有更大的公共性。一般而言，其航運路線之定期性、定時性，甚至運費之訂定，皆受到國家的嚴格管制。國際空運鑑於航空器技術革新所帶來之大型化、高速化和安全性，以及世界經濟高度成長，因而更加繁榮。但是國際間航權之交換必須藉著各國政府之協定才可達成，各國在目前保護主義盛行之情況下，無不對他國之航空公司做某些限制。

此外，出發地 A 國至目的地 B 國之空運，不管途中是否有停留，皆視為國際空運。例如飛機從出發地高雄至臺北，再繼續飛往洛杉磯，那麼包括高雄和臺北這一段皆屬於國際空運。

由於國內空運及國際空運之相關法律條文及運輸契約不同，所以必須有所區別。然而國際空運若包含國內航線的情形時，則國內部分之第一站城市或最後一站城市稱為 gateway。例如東京——西雅圖——亞特蘭大之航線，則西雅圖是美國的 gateway，而舊金山——東京——札幌之航線，東京則是日本之 gateway。

通常在國際空運中之國內部分航線之價格計算，與純國內航線價格計算不同。此乃屬於「附加票價」之票價計算法之一，於第三篇之航空實務上將有所說明。

✈ 定期空運與不定期空運

就航空公司之經營班期，可分為定期空運與不定期空運。預先公布開航日期、班機時間，並有固定航線，且為一般大眾之運輸者，稱為定期空運（schedule air transportation），反之則是不定期空運（non-schedule air transportation）。定期空運機大都是以每週為一單位循環，訂定班次及航線。

　　定期空運必須遵守按時出發及抵達並飛行固定航線之義務，如同陸上交通巴士一樣，到時就得起飛，絕不能因為乘客少而停開，或由於沒有乘客上機或下機而過站不停。

　　所謂不定期空運乃依照和旅客之契約型態所定，但並不完全是屬於租契空運，如團體之觀光旅遊、機關、社團之運輸包機，票價多以鐘點或里程計算。而所謂的租契空運（charter air transportation）或包機，則是承租人借飛機之全部或部分，委託航空公司運輸。租機者大部分是租用整架飛機，或者是單獨租用定期空運飛機之一部分，則稱為部分租契（part charter）。後者之情形，就飛機全體之運輸型態而言，屬於定期空運。

　　若是定期空運預定的班機供不應求，則可加開臨時班機，在原先班機時間範圍內擔負起運輸之任務。此乃定期空運所能提供的便利性格，即使不是原先時間的班次，亦屬於定期空運。但是若與原先時間相差太久，即使飛航路線一樣，也只是不定期空運。不管是定期空運或不定期空運，尤其在國際空運之情形下，由於兩者運輸規定上之若干差異，仍有其區分的必要。

航空客運與航空貨運

　　以運輸對象區分可分為專營貨運（aircargo）的航空公司，及客運兼營郵件的航空公司。

　　航空運輸向來皆是以旅客為主，但隨著航空器之發達，大型化以及航空運輸經濟性之提高，使得貨物之運輸也漸漸地成為獨立的運輸體系。

　　除了旅客和貨物是航空運輸的主要對象，另一不可忽視的是郵件運輸。由於航空運輸之安全、正確、迅速等特性，使它成為快速郵件運輸的主要交通工具。

第四節　空運的特性

空運之發達乃因其所具備之特性，包括：

高速

快速乃空運特性中最為顯著的。第二次大戰後，最活躍之飛機引擎機種屬活塞式（piston）引擎，其飛航時速可達 500 公里。現今的主力航空器——波音 747 及 DC-10 之時速已達 900 公里。而由英法兩國聯合開發的協和式客機（SST），時速則超過 2,000 公里，精確、準時、速度是其三大賣點。儘管協和客機已停產停飛，飛機仍是最快的運輸工具。

安全

由於航空事故一再發生，其所造成的災害更是無可言喻。1977 年在西班牙康納利群島聖克魯茲機場跑道上的空難，以及 1985 年日本長野山區的空難事故，死亡人數各高達 583 及 520 人之多。儘管如此，飛機仍是所有運輸工具中最安全的。依據國際民航組織之統計，即使是商業航空事故最多的 1985 年，旅客的死亡率在一億人里中，定期航空是 0.09 人，不定期航空則為 0.36 人。而 1984 年則各為 0.02 及 0 人，在 1986 年，依 ICAO 之非正式統計數字，空難事故件數則由 1985 年的 22 件減為 1986 年的 16 件，死亡人數亦由 1,068 人減為 330 人。

另外根據美國國內之統計，1986 年比起 1985 年，儘管飛航距離延長了 12%，飛行時間也增加了 12%，在主要定期航空公司（PART 121 Carrier）中的死亡事故，則由 4 件減為 1 件，死亡人數則由 197 人減為 3 人。

評估空運安全性之指標：當年空難事故件數，空難事故死亡人數，一億飛行公里之事故發生率，一億人里旅客死亡發生率，一億飛行公里之事故發生率，10 萬飛行時間之事故發生率，及著陸 10 萬次之事故發生率。

鑑於空難事故的嚴重性，各國政府與航空公司皆盡最大努力去維護與

改進飛航安全，尤其近年航空科技之進步，更大大地提升了航空的安全性。

✈ 舒適

航空之舒適除了講求縮短飛行時間外，飛機振動之減少，以及機內噪音之減低都是不可忽視的。特別是自噴射飛機問世後，飛機的高度及空中飛行受天候之影響減少，另一方面，飛機的大型化更是改進了機內空間環境。不管是飛機的製造廠或空運企業，皆關注飛機的舒適度，今後，因空運企業競爭日漸激烈化，將可預期能有更舒適之機種出現。再者，貨運方面也因飛機之大型化，振動之減少，以及裝貨、卸貨之簡單化，對電腦之類避免過度振動的貨物而言，雖然運費較貴，廠商仍選擇航空運輸。想必這也是其他運輸業難以競爭的原因。

✈ 準確

就空運而言，安全性是空運企業最優先考慮的，運輸之準時與否則被列為第二優先順位。在飛機機件故障或是天候欠佳等不良狀況下，其準時、經濟、安全三者當中應有先後之取捨。

儘管如此，航空科技的進步大大地提升飛機之精確準時，特別是噴射飛機開航以來，更加強了飛機的時效性。

但是在美國，由於國內空運管制解除，在特定的九個主要機場之飛機起降率，遠超過機場的處理能力，尤其在早晚飛機起降頻繁之際，更是造成飛機常誤點。當然機場航管設備的不足，沒有足夠的能力應付飛機起降，亦是造成飛機誤點的原因。

評估飛機準時之指標有定期空運之派遣率、準時出發率、準時到達率以及延誤時間長度等。但是在航空公司所訂定的時刻表中，多少給了飛機有較充裕的時間，畢竟天候狀況往往會左右飛航時間。除了就派遣率及準時出發率外，並沒有適當的資料可作為空運企業準時性的比較。

✈ 機動

飛機是無須鐵路及道路的，似乎能夠比較自由地選擇目的地，向目的地飛行，並隨時就需求調整供給。但是航空器的飛航領域路線，因牽涉到他國領空、航權等因素，多少受些限制，所以航空器並不能完全地自由飛行。尤其國際空運在制度中，一般對於目的地的選擇、運輸力等皆有設限，基於此，這大概就是機動性的負效用。

✈ 經濟

以往空運是和一般平民絕緣的高級交通工具，但是在長期之物價上升以及貨幣貶值等情況下，航空費用仍然維持較穩定的水準，加上航空科技之發達，所得之提高，航空費用更顯得低廉。結果，今日的空運對一般人而言仍是最方便、最經濟的運輸工具，尤其在考慮到它的高速性能時，其經濟性更是極高。

✈ 公共性

一般而言，交通的公共性乃著眼於多數國民之社會生活所必需，因此其具有三項基本義務：①運輸條件之公告；②不可貿然地停止營業；③對不同使用者採非歧視原則。

根據 1985 年日本之統計，在國際空運方面有 985 萬日本人出入國，連同外國人合併計算的話，則高達 1,985 萬人。而中華民國於 1986 年出入境人數則達 4,546,012 人。至於國內的空運情形，日本於 1985 年有 4,377 萬人搭乘飛機，札幌、東京、大阪、那霸、福岡等國內航線則有高達 1,696 萬人搭乘的紀錄。而我國在 1986 年之國內班機旅客則達 1,439,000 人。

若是國際、國內空運合併統計的話，1985 年則近乎 4,000 萬名日本人搭機，這在日本 1 億 2,000 萬人的人口當中占了 40% 以上，而我國在民國 75 年的 1,950 萬 9,000 人當中，也占了 24%。因此，空運對國民的日常生活而言，已經是不可欠缺的。此即是空運所擁有之公共性格。

國際性

　　我國由於受海島地形限制，對外交通僅靠海運和空運而已，但上述空運之特徵則不是海運所能比擬的，尤其是在航空客運的重要發達及載客量上。因此在國際觀光時，空運幾乎是一般大眾所選擇的重要交通工具。

　　特別是國際航空運輸時，其營業活動，航空器之運航，旅客、貨物的移動範圍都不僅局限於一個國家，而是和多數國家相關聯，這也是空運有別於海運、陸運之特性。

第五節　航空器

　　空運乃係利用航空器為工具來進行運輸的，因此對航空器的認識已不可或缺。

航空器的定義和分類

　　所謂航空器是指飛機、飛船、氣球等，及其他任何藉空氣的反作用力（不包括地表面空氣之反動力），得以飛航於大氣層中之器物。

　　航空器依升空的原理，可區分為各種不同類型，其個別名稱及定義如下：

　　㈠輕航空器（lighter than air craft）

　　輕於空氣的航空器，亦稱浮升器，可分：

　　1. 氣球（ballon）：由球囊、覆網及懸籃三部分組成，無須一般輕航空器之動力裝置，有使用氫氦等輕氣體，也有使用熱空氣的，則謂熱氣球（hot-air balloon）。因安全度較高，所以被廣泛地使用。一般可分為：

　　・自由氣球（free ballon）：在空中隨風飄行，用作傳達消息。

　　・繫留氣球（captive ballon）：繫留於固定地點，以供空中警戒、觀測或廣告之用。

2. 飛艇（airship）：或稱飛行船，由橢圓形氣囊、懸籃、發動機及推進機等組成，藉氫氣及其他氣體之浮力、推進機之推力，而飛航於天空，載重量較大，穩定性亦大，惟速度較慢，其用途則有宣傳、警備、空中攝影。一般可分為：

• 軟式飛艇（non-rigid airship）：由氣囊、發動機及懸籃構成，氣囊是一長圓形之自由流線，其所用的雙層布用橡皮膏塗漆，以免氣體走漏。囊內底下有一個分隔的小間，稱為副囊，用以貯藏空氣，以維持囊內的永久壓力。目前幾乎大半的飛艇都是屬於這一類型的。

• 半硬式飛艇（semi-rigid airship）：此類飛船有一道硬龍骨，從氣囊的首都曳展至後部，縱令內部氣體壓力減少，也能維持飛船的形狀，懸籃即附掛或連接龍骨之下。

• 硬式飛艇（rigid airship）：用硬鉛格深的編織殼，外面用橡皮布蓋罩，以維持飛船在任何境遇中的自由流線形狀。1929 年環遊世界一週創新紀錄的飛艇即是此類。

（二）重航空器（heavier than air craft）

重於空氣的航空器，可分：

1. 特種飛機：指因構造特別，或不備發動機，與普通飛機不相同，可分：

• 撲翼機（ornithopter）：模仿鳥類的羽翼，而計畫實施的理想性飛行機，用人力或機械振撲兩翼，擬利用空氣的反動力而飛行，但終未能實現。在航空器發達的今日，已經沒有利用的價值。

• 直升機（helicopter）：製造不用固定翼面，而有垂直軸成螺旋形，以發動機牽引上升螺旋槳，繞此垂直軸旋轉，藉上升螺旋槳旋升的力量，產生升力。也是廣泛被使用的一種民間航空機。

• 飄行機（glider）：亦稱滑翔機，無發動機及螺旋槳，而用極輕與堅固的質料造成，翼面每方呎所負載重極小；全部構造，以減少氣阻為設計的唯一要件。飄行時，將機拖至高處，用人力推動，藉重心之力，從一斜坡頂端飄落，每降落 1 呎，至少可前進 20 呎，如逢上升氣流，可以在空中

做長時間的停留。

‧旋翼機（autogyro）：備有發動機與螺旋槳，惟不用主翼，而代以大號螺旋槳式的四葉自動旋轉翼，賴其揚力，以支持機身於空中，只需數公尺的滑走，就可升高，停落時可垂直落地。

‧風箏（kite）：無發動機及固定翼。除了供玩具用，就航空器之利用而言，並無任何意義。

2. 飛行機：簡稱飛機，是航空器中發展最快而應用最廣的運具，也是今日空運的主力。

飛機構造大致可分機體、引擎、附件配件、控制系統四大部分，而其航速、高度、航程等則以引擎的性能、飛機構造的型態，以及所載油量為依歸。飛機引擎，除衝壓式（ramjet）、火箭式（rocket）等尚在發展階段外，不外新舊二式：

‧活塞式（piston type），自最早的賴德飛機至今日的 DC-3 等飛機均屬此式。其發動機是經由汽缸內之混合氣體燃燒爆發，藉此推進。

‧渦輪噴射式（turbojet），即四〇年代德國發明，賴高溫高壓之氣體轉動渦輪，並藉從中大量噴出之氣體使飛機前進，不用螺旋槳，現已漸被淘汰，代之而起的渦輪風扇式（turbofan）如 A300 或 B747-300 即是。

目前航空機最常用的引擎機種乃集上述兩種引擎之合，又發展出如下兩種新引擎：

‧活塞渦輪複合式（turbo compound），即以活塞引擎為主體，在其後部加裝渦輪機，利用前者推出廢氣推動，以求發出總馬力的增加。

‧渦輪旋槳式（turbo-prop），即以渦輪為主體，但仍用螺旋槳。此式有新舊兩種引擎之長，而無二者之弊，惟時速則較渦輪噴射引擎飛機為低（通常只達 300 至 400 哩），就經濟價值而言尚有可取之處，成為飛機發展期的重要階段。

近年來常以巡航速度作為飛機的分類基準，飛機周圍空氣的速度未達音速之飛行速度的飛機稱為次音速飛機（subsonic airplane）。馬赫是計算超音速飛機速度的單位，活塞引擎式飛機的巡航速度為 0.55 馬赫，即速度為音速的一半，所以也是次音速飛行。相反地，比音速還快的巡航速度飛行的

飛機則稱超音速飛行機（Supersonic airplane）。英、法兩家航空公司所獨有的協和客機則屬此類。但因超音速飛行所產生的載客量低，音爆以及耗油量過大的問題，在今天環保意識高張以及油價高漲的時代，最為人所詬病，因此未能普遍獲得世界民航界的認可。協和客機歷經二十餘年無重大意外的飛航生涯，卻在 2000 年 7 月的一次墜落起火燃燒，導致 114 位乘客死亡，而於 2004 年提早結束營運的使命。

另外一種飛機，在飛行期間的巡航速度可達超音速，又能以低於音速之速度飛行。航速是介於 0.74 至 1.20 馬赫之間，所以又稱為遷音速飛行機（transonic airplane），目前空運所用之噴射機大部分皆屬此類。

最近美國正著手進行民航用極超音速飛行機（hypersonic airplane）之研究開發。所謂極超音速飛行機是指巡航速度達 5 馬赫，是以超過音速之 5 倍飛行的飛機。但因這種飛機除了需要強力性能的引擎，熱效應及材料問題皆尚待克服，目前只是介於試用階段。

另一方面，雖說螺旋槳飛機未能達超音速飛行，但最近一群螺旋槳的愛好者正進行引擎的開發研究，目前已進入試飛階段。這些螺旋槳機的愛好者，針對過去的螺旋槳試圖於空氣動力學上來進行改良，1978 年美國的帕迷魯敦、斯坦塔都公司已成功地開發。目前歐美的引擎製造廠正進行試製，因為這種引擎的使用，將會大幅降低燃料費，且讓我們拭目以待。

現代的飛機

要想做最有效率、最經濟的航空飛行，其運輸航線及適當飛機的選擇是必要的，航空公司若是選錯了飛機，對整個空運企業的經營將會遭致負面效果，甚至也可能成為企業的致命傷。

飛機由於製造費龐大且極需精密科學技術，所以無法大量生產，因此訂購飛機與實際交貨期的間隔時間很久。而且空運企業的航線計畫必須慎重地考慮到預定交貨期飛機和空運的需求關係，這時就須不斷地為未來做預測與評估。

表 1-1-1　飛機性能比較

引擎種類	名　稱	首航年度	每小時航速（公里）	酬載量（噸）	載客數
活塞式	DC-3	1936	282	2.7	21
	L-1049	1952	499	11.0	47～94
渦輪旋槳式	Vanguard700	1953	523	5.9	40～53
	Britannia310	1956	571	15.6	52～133
渦輪噴射式	卡拉維爾 VIR	1959	816	8.3	52～94
	B720B	1960	883	18.7	115～149
	DC-8-63	1968	935	30.6	259
	協合式超音速客機	1976	2,236	12.7	110
渦輪風扇式	B747B	1969	948	49.5	340～493
	DC-10	1971	915	38.8	400
	Air Bus A300	1974	891	31.8	245
	B747-300	1983	948	67.8	660

　　1960 年代初期，飛行機產生令人注目的高速化，而 1960 年代後期至 1970 年代初，其負載量又大幅地增加，代表性的飛行機如表 1-1-1。

　　目前一些機種（如圖 1-1-1 所示）有波音公司製造的 B747-400，邁克道格拉斯公司製造的 MD-11，空中巴士（Airbus Industry）公司製造的 A330 和 A340。此外一些小型飛機則有波音公司和日本所合作的 7J7 以及邁克道格拉斯公司的 MD-91 等。這些研究開發中飛機的座席數和續航距離的關係如圖 1-1-2 所示。旅客用座席數和續航距離相乘，等於飛機的旅客運輸能力，這是選擇載客用飛行機的重要條件之一。

　　有關新型飛機之特長乃充分應用最新的空氣力學及航空電子工學的成果，大大地提高了飛機的操縱性、安全性以及經濟性。代表性的飛行機有 B747-400、MD-11 以及空中巴士，其中就以 B747-400、MD-11 以及 A340 為例，略述其特性如下：

　　1. 座艙內供操縱用的儀器板數位化後，代替原先複雜的儀器，並採用電腦顯像，大大地提升飛機的操縱性能及安全性。機艙組員也可由三名減為兩名，這也是任何機種所共同之特性。

　　2.引擎性能的提升改良，使得改良過後的引擎效能大大地提升，燃料的消耗量可節省10%至40%。此外，B747-400和A340引擎數量則需四座，而MD-11需三座。

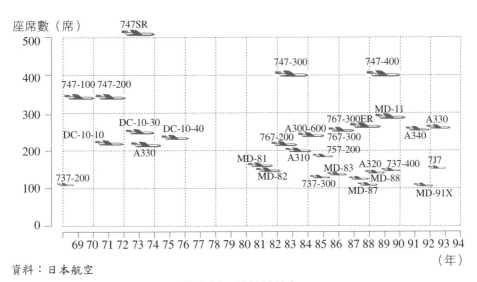

資料：日本航空

圖1-1-1　飛機開發史

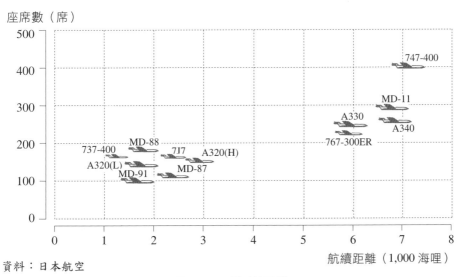

資料：日本航空

圖1-1-2　新型的飛機

3.在飛機之機翼末端安置一種向上翹起之小翼（winglet），藉以提升飛行性能及節省燃料，但在 A340 則無此種裝置，代之則是在翼端採用可隨飛行狀態上下變動之變動弧形翼（variable camber wing），藉以提升飛機之升力及加強操縱性能。

4.飛機搭載燃料的重心（center of gravity）得以調整。飛機重心位置對飛機的穩定性極其重要。藉由搭載燃料的自動轉移，可大幅提高操縱性能。此種機能 B747-400 並沒有。

此外，A340 已經廢止了原先的操縱桿，而另加裝一種側置式自動操縱桿（side stick controller），企圖改善操縱性能，並導入「線傳飛控系統」等電子操控系統，以加強安全。

由於新型飛機不斷出現，必定對空運的安全性及經濟性有更顯著的改善。

✈ 航空器規約

空運工具即為航空器，有關其安全性應受到種種規定限制。

首先，新型航空器的製造，其航空器型式之設計，應受到有關單位的審核批准，稱為合格型式證書（type certificate）。所謂型式證書是指航空器的強度、構造及性能要如何配合特定的基準來施行，除了機體，引擎及推進器也要配合實行。

例如 B747-400 型飛機在製造時，有關其型式就需獲得聯邦民航局（Federal Aviation Administration, FAA）的型式證書，而型式的變更亦需如此。

同型機種的航空器製造，就無須再申請另一份型式證明。

即使已批准製造好之航空器，為了其飛行之安全，航空器的註冊國必須一一地檢試航空器，若符合標準，則發給證明，此即稱為適航證明（airworthiness certificate)。

有關適航證明之基準，是以不低於國際民航規約上所訂定適航基準的的下限。而一國的適航證明，則受到他國相互間的承認。在名古屋華航空難事件後，1994 年 11 月美國聯邦民航局（FAA）曾正式發布適航證明，要求空中巴士修改同型機的飛行控制電腦系統。

　　合格型式證書是由航空器的製造國負責核發，而適航證明則由其註冊國發給。製造國所發給的型式證明成為註冊國發給適航證明的先決條件，DC-10的製造國——美國曾經一度停止所發給之型式證明的效力，禁止DC-10於美國境內飛行，歐洲諸國在已喪失型式證明效力下仍發給適航證明，因此在這些國家間衍生種種問題。

　　航空器應該在哪一國註冊登記即取得該註冊國的國籍。有關航空器的註冊，國際民航規約第7條有詳細的規定。

　　依照航運規則以及劫機條約法令等，是以航空器的註冊國主義為原則，所以航空器在哪一國註冊是極為重要的。

　　近年鑑於金融、稅務以及財務上的種種理由，航空機的租賃已極普及，航空器的註冊國主義已有修正的趨勢。國際民間航空組織採取將既有註冊國的權利義務轉讓給租借國的條約修正傾向，且讓我們拭目以待。

航空器安全對策

　　航空器講求重視安全已無須贅言，而型式證書或是適航證明也都是為了航空器之安全而設下的制度。但是航空器畢竟也是人類所製造的機械，要求其達到100%的安全可靠是不可能的，基於此點，蒐集飛機安全有疑慮之處的訊息，並傳達給使用者，已成制度化。

　　因為世界之民用航空器大部分皆是在美國製造，所以美國對於航空器的制度是極重視的。美國國內有適航改善命令（airworthiness directive, AD）制度，適用於航空器的引擎、推進器及其他航空器類。被認為欠缺安全性的航空器，其同型之製造或者具有存在的可能性時，聯邦民航局則會發布適航改善命令，限期改善直至其製造物改善為止前禁止使用。

　　適航改善命令是屬於強制性之命令，發布時不得不慎重研判。若是航空器製造公司從航空器使用者處獲得不當使用或需改進之訊息，即自行研判自己飛機的狀況後，再決定向航空公司的維修或改裝建議其改善，通常則稱為服務通告（service bulletin, SB）。

第六節　航空站航空線路及助航系統

基於確保航空器起降以及飛行之安全，必須有些支援的設備。這些設備大約可分為三類：航空站、航空線路以及助航設施。

✈ 航空站

據我國民用航空法之規定，「稱航空站者，指全部載卸客貨之設施與裝備，及用於航空器起降活動之區域」，即包括旅客貨物之到達處理、助航、維護、補給、修理等全部的裝備與設施，以及地上建物而言。

一般所說的飛行場（aerodrome），其範圍約比航空站為小，僅指用於航空器起降活動之水陸區域。航空站俗稱「機場」，為國家公用事業建設，無須航空公司負責創建，應由政府統籌規劃建設，投資經營。航空站的使用非經民用航空局核准，不得兼供他用，亦不得任意興廢，以確保航運的安全。

在我國，由於地狹人稠，又因70%之山岳地帶的特殊地理條件，航空站的設置極不容易，特別是人口密集的臺北市及其周邊縣市，已不易再尋覓廣大的土地供建機場，再加上松山機場已達飽和，於是才在桃園大園興建另一座國際機場，已在民國68年啟用；但因桃園中正機場在班機航次增多的情況下已達飽和，業已完成第二期之擴建工程，增設第二航站大廈。

在美國，由於空運管制解除，主要機場之飛機起降次數頻增，在空運產業中引發另一新問題。特別是紐約、華盛頓、芝加哥、亞特蘭大等機場，早晚飛機起降混亂情形顯著，另一方面。位於主要機場附近的衛星機場因設備人員不足等問題，其飛航安全性亦遭受指責。

航空站種類之決定，依其業務範圍主要分為「國際航空站」與「國內航空站」兩種。如為國際航空站，則應配置移民局、衛生、檢疫、海關等機構，以供政府核准的國際航線起降之用；至於國內航空站則不必有上列機構。

新航空站的選擇所應考慮之因素甚多，主要有下列各項：

㈠航路空域安全

新建航空站的航路安全最為重要，是否與鄰近機場在航路空域上有相互干擾情形，對航機降落、起飛是否有寬廣空域，如何劃分空域，均應予以詳細研判。通常兩機場間應相距二十公里以上，四周應無高山、大廈等障礙，並能發揮其最大的空域容量，目前世界各國對機場四周及跑道兩端皆有禁限建高度等之規定。

㈡配合都市發展

航空站與都市發展有密切關係，都市腹地的工商業及旅遊業繁榮，有賴於機場之開闢；同樣的，都市發展也促成新機場興建的需要，機場的規模也應針對都市目前狀況及未來發展趨勢加以規劃，最少配合二、三十年的長期發展需要，若規模過小，一旦都市快速成長，往往難於適應。

㈢防止公害

新機場應與發展中社區保持相當距離。機場過近，則社區將遭受噪音、污染等公害；如過遠，從市區至機場行車時間則過長，應以一小時內的車程為宜。再者須考慮是否與周圍環境相結合，為公眾所接受。因機場為社區帶來種種公害，如設在國家公園、遊憩區、野生動物保護地區附近以及人口密集區，在環保意識強烈的今日必將遭到反對。

㈣配合交通系統

機場對外交通系統應納入區域捷運系統幹道網內配合規劃，不但要能應付尖峰時刻來回車輛的需求，且應有更多腹地以供將來拓寬或建設新運輸系統之興建。

㈤氣候

應選擇具有最佳氣候條件的地區，對於擬興建機場地點的風向、風

速、雨量、氣溫、氣壓、氣流、霧天、溫度等均應做最詳盡的調查與記錄，以為興建之參考。因氣流、風向、風速影響跑道的方位，雨量及霧天可供核算跑道容量及起降視距，氣溫及氣壓可影響跑道長度及導航設備的需求。

㈥地形地物

機場高度可能影響跑道長度，地形高低可影響整平的費用，地物高度影響航機起降安全，地質優劣可影響基礎施工難易及造價。

㈦土地

地價之高低及是否有擴建餘地，也是影響興建機場的條件。

㈧符合商業利益

所需總投資額及其預期效益，以及能否配合交通建設及都市發展的需求。

航空線路

所謂航空線路（airway）即指適用於航空器航行的空中通路，依我國民用航空法的定義：「稱航路者，指經民用航空局指定之適於航空器空間航行之通路。」空中雖是一望無際，但在航空科技發達的今天，空城的多目的使用，自然伴隨著難以預估的危險，當然須對航空器的飛行通路有多重的限制。

航空線路乃為了飛行中航空器之安全、方便而提供種種服務，所以須依大圓航線的原理，畫定地球表面兩空間最短飛航時間和路程，並且通常在航路上須有適當間隔，設置中途機場，有必要的助航、導航和傳遞、報導飛航情報的完備通訊系統。所有民航飛機，均必須依照民航主管機關的規定，按儀器飛行規則（Instrument Flight Rule）計畫飛行。換言之，即使天氣良好，可以目視外界情況，亦必如此，因儀器飛行在任何情況下均接受民航管制單位的管制，稱之為「航管」（Traffic control），以獲得最安全的航行。

空中航行無論國內線或國際線均有一定的航路與交通網，而且與地面

公路一樣也有寬度之限制,美國民航局設計合於商用運輸的航路,須在地圖上標記地名,兩航站中以連接直線,自中心線兩側各延伸五哩之寬度,在此上空即為飛機的航行空間。

飛機航路的定名是以色光及編號表示,通常以綠色(G)代表東西幹線,紅色(R)為東西補助線;琥珀色(A)代表南北幹線,藍色(B)為南北補助線,編號之定位如臺北飛航情報區的東西幹線 A-1 及 G-581 等,南北幹線 A-577 及 B-591 等。飛機在起飛前,飛行員必須由無線電申請航管許可,要求指示航路,航管單位接到口頭申請後,即按航機預先申請的航行計畫加以審核。指示起飛方向及應採何航路,以何高度爬升進入指示航路,及如何聯絡航管單位等事項。

航空線路是航空器實際的飛行航路,有別於空運企業所公布的直線型航線圖,因此即使用大圓距離測量飛航兩地間的距離,也並不和實際的飛行距離符合。

助航設備

助航設備乃指一切輔助飛航的設備,包括通信、氣象、電子與目視助航設備及其他用以引導航空器安全飛航的設備,此類設備計有設置在跑道一端的儀器降落系統設備,及目視燈光系統設備;在機場附近,設置定位臺構成起降航線。相關電子助航設備物有無線電連航系統,以及極高頻無線電通訊系統(VOR, VHF omnidirectional radio range),駕駛員可藉此得知地面上的狀況,且可再藉測距儀(DME, distance measuring equipment)得知與地面的距離,以及飛機著陸時的儀器降落系統(ILS, instrument landing system)等。至於燈光系統設備則包括航空燈臺、飛行場燈火和航空障礙燈;另外還有利用顏色塗於航空站四周有礙飛航的物體上,以供白天航行時,可茲識別的障礙標識。

另一重要功能之塔臺乃是控制航空器出入站的中心,能綜覽全站的活動,做有效指揮與管制,其位置應能廣視各道路兩極端及滑行道停機坪等航機活動的地區。目前標準塔臺高度為 45 公尺,其頂即為指揮臺,以下各層內裝置各項雷達、通訊、錄音等設備,並可做辦公室之用。

除此之外,在航站設施中,也包括跑道、停機坪、陸路輸油系統、維護修檢設備、消防設備、航站大廈、貨運站等。

第二章 空運產業

第一節 定 義

所謂產業可定義為生產有形之商品或無形之服務的企業集團；形成集團的企業間具有相互競爭的性質，按照此定義解釋所謂的空運產業（airline industry）即是以航空為手段，將人或物視為運輸對象，並處於相互競爭的企業集團，簡單明瞭地說，即是航空公司所形成的集團。但是，在此所謂的集團並不是具有強烈連帶意識的結合或團體，至多只不過是關係散漫的職業、經濟或社會的一環。在美國，有專為全美定期航空公司團體而設的全美航空運輸協會，在國際上，也有由世界主要空運企業所組成的國際航空運輸協會（IATA）團體，但那些只是空運產業，這麼廣大分野中的一些小團體，其本身並不代表整個空運產業。

空運產業之構造因各國政府而異。空運是公共性很強的產業，因而很少不會受到政府的管制和監督。整個空運產業始於第一次世界大戰以後，由各國創立，迨第二次世界大戰期間，因軍運量激增而且迫切需要，致此事業有急速的發展。戰後航空器構造及設備不斷改良，新的空中交通工具精進，空運產業已邁向日新月異。

第二節 世界民航運輸發展

航空運輸的發展史與航空器的發達可說是齊頭並進的，而航空器的演進則是循著氣球、飛船、飛機的過程而來。氣球是法國人蒙格菲爾（Montogofier）兄弟在 1783 年發明，1794 年法國大革命時，曾用氣球在高空擔任偵查，到了十九世紀時便有更多戰役，包括美國南北戰爭，都曾用過氣球來偵查敵方的行動。

　　飛船也是法人首先製成，1852 年法國人吉福（Gifford）製造一艘飛船，長 144 呎，直徑 29 呎，中注煤氣，裝上蒸汽發動機、螺旋槳推進機與方向舵等裝置，飛行時速達六、七哩。

　　1900 年第一架齊伯林硬式飛船於德國完成。歐戰中，德國曾用飛船轟炸倫敦，震撼了全世界。1929 年大齊伯林飛船環繞地球一周，費時 21 天。

　　至於重航空器——飛機之問世，則比飛船的發明遲了 50 年。美國人萊特兄弟，在 1902 年 12 月 17 日於北卡羅萊納州，駕了自造裝有 16 匹馬力四汽缸發動的雙翼飛機，做第一次飛行，留空 12 秒，飛行 120 呎，這是第一次重於空氣的飛行器在空中飛翔，從此開創了航空事業的新紀元。

　　1907 年 7 月 25 日法國人路易·貝萊里奧（Bleiot）駕著他的「一號」單翼機首次成功地飛越英法海峽（38 公里），也是史上首次長距離飛行。

　　1909 年設立了第一所航空學校，訓練飛航駕駛員，並開始製作、販賣飛機。如此一來，配合著飛機的開發設計以及航空科技的發展，各國開始著手研究商用航空的運輸。有關商用航空運輸之起源眾說紛紜，但目前較廣為所知的，係起源於德國的飛行船運輸旅客和貨物以賺取利得之事。

　　定期飛行航線首先出現於 1914 年，美國人帕·范史禮，以安敦尼·贊紐斯為機師，在美國佛羅里達州內，聖比德斯堡與譚帕之間，開闢定期客運航線，兩地距離 22 哩，航線全部經過水域。但第一次世界大戰的爆發，使得商用運輸航空的發展受阻。直至大戰末期，由於機材、人力的投入，飛機的設計亦有改進，更奠定了各國航空發展的基石。

　　1918 年 11 月世界大戰結束後，由於急速發展的軍事航空潛力以及其裝備、設施，更是促進商用航空運輸發達的原動力。在大戰中曾被用來作戰的軍機已改成民用機，結果在 1919 年，單英、德、法三國即擁有 20 家以上的大小航空公司。

　　1920 年代，飛機製造廠專生產民航機，並揭開了商用航空運輸的序幕，航空運輸的中心在歐洲各國，其中德國由於其政府的強力支援，在 1926 年成立了世界上最大的航空公司。法國也自 1919 年用政府補助金；支援民間航空公司，並在 1928 年全力培植 Air Union 航空公司（即現今 Air France 前身）。荷蘭也在 1919 年設立荷蘭航空，並在 1921 年首創機位預約制度，

同時加強機內服務。

美國的民間航空始於 1918 年 5 月，擔任紐約、華盛頓間的郵件運輸。航空客運的開始則是 1925 年洛杉磯和聖地牙哥之間的運輸。1930 年代美國的航空運輸急起直追超越德國，成為世界航空運輸的佼佼者。

第二次世界大戰乃是航空產業戰略體制的一大轉換。各國為了戰爭，全力投入大型機開發的結果，反而促成了民間航空發展的原動力。民航噴射機的製造應用，以英國著手為最早，1952 年 5 月，海外航空公司首先用彗星一型噴射客機，開航南非線。而民航業使用噴射客機，始於 1958 年 10 月，泛美航空公司波音 707 型和英國海外航空公司的彗星四型噴射客機，參加橫渡大西洋的飛航，由倫敦西飛紐約只需十小時半，比以前最快的活塞式客機，縮短一小時半，從此噴射客機進入了黃金時代。

由於國際航空路線的擴大，必然需要有新的國際民間航空秩序來加以維持。1944 年，美國政府邀請世界 52 個國家代表，在芝加哥召開了芝加哥會議（Chicago convention）。會中訂定了有關國際民間航空的各項條約和協定，國際民航組織即在此時成立。該組織是為了謀求國際民間航空的安全與秩序，並推進國際民航各項業務的發展。

此外又為了解決航空費率問題，於 1945 年 4 月在古巴的哈瓦那成立了國際航空運輸協會（簡稱IATA），其會員成員包括各大航空公司及旅行社。IATA 的主要功能是負責航空公司間的協調、運航安全及決定票價等事宜。我國中華航空公司與長榮航空皆係該協會之會員，即使不加入該協會之航空公司仍會遵守該協會之規定，否則可能喪失與世界各航空公司聯運之機會。

第三節　美國空運產業概況

美國空運產業直至第二次世界大戰終了才有長足的發展。第二次大戰中，由於航空器不斷地改良、大型運輸機問世等，對於美國戰後的空運產業有著莫大的貢獻。

1925 年公布了 Contract Air Mail Act（Kelly Act），旋又在 1926 年頒定航

空商業法（Air Commerce Act），這些皆是為了運送包裹郵件為主的小型機之運輸而制定的。試圖扶植空運產業的美國在 1938 年施行民用航空法（Civil Aeronautics Act），設立了民用航空局（Civil Aeronautics Authority）和飛航安全委員會（Air Safty Board），但對於以輸送旅客為主的航空運輸，則是要待大型航空器問世才得以如願。

1938 年受政府核准的 Schedule Air Carrier，截至目前尚有 American Airlines、Braniff International Cortinental Airlines、Delta Airlines、Eastern Airlines、Northwest Airlines、Pan American World Airway（已解散）、Trans World Airlines、United Airlines，以及 Western Airlines。

戰後為了要彌補定期空運（schedule air carrier）之不足，遂又設了包機航空（supplemental air carrier）之類的空運企業，這些雖都是屬於不定期航空運輸，但由於進入航空運輸的企業不斷增多，以及企業本身的運輸項目、業務擴增，到了 1970 年代，所謂的 supplemental 對於企業來說，只是一個名詞，並無法涵蓋企業的內容。

當時類似 supplemental air carrier 性質之企業有 Capital International、Evergreen International、Rich International、Transamerica、World Airways、Zantop Airlines 等。

另一方面，自 1945 至 1951 年間，11 家空運企業受到政府核准經營地方的空運業務，計有 Alleghney、Mohawk、Lake Central（今之 US Air）、Frontier、Bonanza、Southwest、West Coast、North Central、Southern（現今之 Republic）、Piedmont 以及 Ozark。

1978 年所實施的航空業解除管制法（Airline Deregulation Act）改變了空運產業構造，自此空運企業可以自由加入或退出國內航線，對於運費票價的制訂，政府也不再介入了。因此造成空運企業間的競爭激烈，空運企業也不再被歸類，而是各憑本事執行本身的業務。之後，美國政府遂以營業收入來對這些企業做分類，年收入超過 10 億美元者稱 Major，10 億美元以下者為 Nationl，99,999,999 美元以下 10,000,000 美元以上者稱 Large Regional，而低於 10,000,000 美元且又擁有 60 席以下、18,000 磅以下機種之有償搭載量的則稱為 Medium Regional。

表 1-2-1 即是 Major 及 National 的業績。

表 1-2-1　1986 年美國空運企業經常收入和損益比較

Major
（單位：千／美元）

航空公司	經常收入	經常損益	純損益
United	6,688,121	−10,005	−80.634
American	5,856,546	392,062	249,254
Eastern	4,522,142	65,012	−130,761
Delta	4,496,046	225,003	193,706
Northwest	3,534,935	174,575	92,499
Trans World	3,181,464	−75,721	−106,328
Federal Express	2,939,849	364,732	−64,382
Pan American	2,733,224	−372,415	−469,328
Continental	2,052,095	143,214	17,947
US Air	1,786,958	164,133	89,162
Piedmont	1,656,909	149,915	72,363
Republic	1,361,172	NA	NA
Western	1,234,781	7,269	6,825
Flying Tiger	1,046,599	54,933	−18,645

National
（單位：千／美元）

航空公司	經常收入	經常損益	純損益
People Express	816,400	NA	NA
PSA	694,083	23,027	−3,080
Southwest	619,711	NA	NA
Alaska	454,669	31,422	17,438
AirCal	375,412	−3,673	−1,621
Ozark	350,249	NA	NA
America West	329,677	NA	NA
New York Air	296,000	NA	NA
Frontier	276,100	NA	NA
Midway	261,366	11,087	9,031
Braniff	234,358	−12,292	−8,968
World	233,857	−66,431	−28,038
Hawaiian	225,011	10,257	3,449

American Trans Air	184,889	NA	NA
TranStar	149,943	7,663	−1,301
Transamerica	143,867	NA	NA
Aloha	111,514	12,359	6,081

（資料來源： ATA）

　　1980年代企業間購併之風盛行，空運產業也不能倖免。原本的小企業被大企業合併，或是工會購併隸屬企業的現象也不是沒有，但是空運產業的合資或購併則是專門為了擴大企業規模以及方便企業經營集中，其結果形成幾個主要空運企業集團，如表1-2-2。

　　另一方面，在國際空運而言，由於開放空運管制的聲浪不斷，被稱為航空業解除管制法的國際版的國際航空運輸競爭法（International Air Transportation Competition Act）於1979年制訂，使得努力於維繫相關各國關係的美國空運企業能順利加入國際航線，並以此作為一國方針。原先美國指定Pan American Airways為國際運輸的專營企業，而國內空運企業Trans World Airlines、Northwest Airlines以及Braniff Internation則瓜分國內空運市場，另外又核准專為航空貨物運輸的企業成立。其結果造成主要國內空運企業加入了國際航線，而專營國際運輸的Pan American也闊增了國內航線。但是因為國際航線的加入，需要兩國間締結航空協定，所以須經由交通部審議，以及總統裁定。

表1-2-2　1980年代幾個主要空運企業集團

購併者	被購併者
Texas Air	Continental Eastern New York Air People Express
American	AirCal
Delta	Western
Northwest	Republic

US Air	Piedmont PSA
Trans World	Ozark
Alaska	Jet America

第四節　我國空運產業概況

✈ 民國 38 年以前

我國設置機構以主持全國航空事務者，首推國父初任中華民國臨時大總統時所設之航空處。嗣北京政府於民國 8 年以後，陸續設立航空事務處之航空署等。續在民國 10 年 7 月，北京政府航空署開辦北京、天津、濟南航線，才為我國空運之濫觴，隨後以人才與器材都極缺乏，短期即停。民國 17 年北伐成功，全國統一，國民政府將航空署改隸軍政部，致力軍航之發展，而民航事務則委由交通部負責。

民國 18 年 5 月 1 日，依據政府所頒定之「中國航空公司條例」，中國航空公司（China National Aviation Corporation，簡稱 CNAC）以合約方式授權予美國航空發展公司經營。場站設備由中國負責，技術人員、裝備及公司的經營則屬美方。其業務以航空郵運為主，並設置成都航空管理處。

上述的公司經營不到兩個月，即因成本過高，如持續不變，將導致虧損鉅額，故不久即停止經營，經研究改善後，至翌年 6 月正式結束合同。民國 19 年，美國航空發展公司已將股權售予中國飛運公司（China Airways Federal Inc. U.S.A），另訂合約改為合組有限公司，於同年 8 月 1 日正式成立，仍用原名，直屬交通部，政府同時廢止「中國航空公司條例」。

又民國 18 年，我國交通部為發展航空郵運，曾另成立一「滬蓉航空管理處」，其後亦合併於中國航空公司。至抗日戰爭結束時，雙方投資比例，中國股權由 50% 調整為 80%，美方則變為 20%。

民國 22 年 3 月，美方的股權為泛美航空公司所收買，對日抗戰期間，

其空運業務皆偏重西北及西南，先後使用 DC-2、DC-3、DC-4 飛行，國內航線 16 條，國際航線計有 9 條；民國 36 年以 DC-4 由上海經沖繩、關島、威克島、中途島、夏威夷島至舊金山，航線總里程達 41,778 公里。

自九一八事變東北陷落後，我國對歐陸的交通無法再經東北，經海運又極不經濟，交通部有鑑於此，乃於民國 20 年 2 月與德國漢沙航空公司合作，成立歐亞航空運輸公司，其航線以西北為主，以連接經俄國至歐洲的交通。此合同直至第二次世界大戰爆發，中德於民國 30 年 7 月 1 日斷交為止。

民國 32 年 3 月 1 日，交通部以歐亞航空原先的全部器材及必要人員，正式成立中央航空運輸股份有限公司（即中央航空）。技術方面由空運支援，後由美國協助，加強西北空運，並謀增國內外航線，是純國人經營的航空公司。

民國 27 年初，政府遷都重慶時，鑑於西北交通之重要及新疆早為俄人的勢力範圍，迫於無奈只得與蘇俄中央民航局進行洽談。一再經波折，迄 28 年 9 月 9 日訂立協定，成立中蘇航空公司。雖該公司中方有股權 55%，場站維護歸中方，技術方面由蘇方負責，但在蘇聯操縱與故意優待俄軍官員、顧問、眷屬之作法，兩年內虧損達 36 萬元。該公司雖於 38 年 5 月間與我方延長 5 年合約，終因大陸淪陷，不了了之。

民國 36 年 6 月，中國、中央兩航空公司陸續增購大批新機，為我國民航空運進入發展階段。兩公司均以上海為基地，分別開闢不少國內定期航線及國際定期航線。而當時國際航線之飛航以中美、中英、中法、中荷間的航空運輸協定，及中菲、中港的臨時協議為依據。

✈ 民國 38 年以後

政府遷臺後，由於地處島嶼，對外交通有賴空運之處甚多，遂於 42 年 5 月 30 日公布「民用航空法」，並利用隨政府遷臺時所接受的剩餘裝備——少數飛機、人員，再加上美國飛虎名將陳納德將軍所利用的剩餘軍機，如 DC-3、C-46，改組為中國民航空運公司（Civil Air Transport, CAT），中方股權占 51%，美方股權實屬美國一大企業系統，包括美航、亞航、南航。美航與南航以經營美軍方定期與不定期包機為主，亞航則以修護軍機及商用飛

機為主，以臺南為基地。

民航空運成立後，遂以 DC-3、C-46 經營國內環島航線，並先後使用 DC-6B、Convair880、B727 經營至大阪、東京、首爾、香港、曼谷、馬尼拉、沖繩等國際航線，為當時代表我國的唯一國際航空公司。十餘年來的經營，對培植我國民航人員實有相當大的貢獻。

民國 56 年冬，該公司唯一的一架波音 727 噴射客機自港返臺時在林口失事，機全毀，所幸尚有許多乘客與組員倖免於難，但自此該公司業務即告萎縮，國際航線相繼由華航取代，民國 57 年，國內線亦陸續結束。

儘管如此，為因應經濟成長之需要，嗣於 63 年 1 月 4 日修正民航法，促進了民航業的發展與管理，其成長率也超過交通各業之上，根據交通統計資料，臺灣地區民航運輸營運量，在民國 61 年國際客運達 133 萬人，貨運 5.7 萬噸，國內客運達 201 萬人，貨運 1.8 萬噸；但自斥鉅資興建的中正國際機場於民國 68 年開始使用後，民國 70 年的國際客運即增為 392 萬 2 千餘人，貨運量達 21 萬 5,100 公噸。而至 75 年，前者又增為 454 萬 6 千餘人，後者則高達 37 萬公噸。面對此一快速成長趨勢，若根據美國派森斯顧問公司的預測，預估民國 80 年至 89 年期間空運量將達 1,950 萬人次，貨運量 1,000 萬噸。

能有此顯著成長，不得不歸功於十大建設中在桃園大園鄉建興的「中正國際機場」在 70 年建設完成，成為遠東地區設備最完善的民航機場，面積 1,100 公頃，其設施之跑道有 12,000 呎長，寬 200 呎，有 22 個停機坪。機場大廈包括旅客出入境與過境休息室、候機室，以及海關、檢疫和各航空公司的辦公室，另外還有餐廳、商店、郵電、銀行和旅遊服務中心等。此外，每小時可起降巨型航機 42 架次，同時可停客機 22 架次，尖峰時間內可容 4,000 位旅客進出。不管是在促進觀光與國際貿易，都能更便捷與繁榮。

由於中正機場完成，現今的臺北松山機場已轉為專供國內航線客貨運使用。此外為兼顧國內與國際航線並重的原則，除南部高雄國際機場外，對國內設備較差及偏遠地區的機場已作全盤性的計畫整修，這些機場包括臺東、臺中、綠島、蘭嶼、恆春、馬公及七美鄉等機場，一俟建設完成，在我國航空發展史上又另有一番新景象。

目前我國的國際航線由中華航空公司與長榮航空經營，而遠東航空也做好經營國際線的準備，復興也已通過許可了，外籍航空公司在臺營業者，截至1997年6月30日止，有泰航、馬航、新航、澳航、英亞航、菲航、日亞航、國泰、聯合、西北、荷航、飛虎、荷蘭、盧森堡、印尼、皇家汶萊，計達20個國家34家航空公司之多；飛航地區包括首爾、東京、名古屋、大阪、福岡、琉球、香港、曼谷、吉隆坡、檳城、新加坡、雅加達、馬尼拉、安克拉治、舊金山、關島、檀香山、洛杉磯、阿姆斯特丹；航線遍及東北、東南亞，以及美國西海岸。

國內航線方面，現有主要航線及臺灣各主要城市，以及副航線至離島及偏遠地區，除中華航空公司、長榮、遠東、復興外，另有只飛國內航線之瑞聯、大華、立榮、永興、臺灣等共10家航空公司經營。國內主副各航線年達23,900餘架次，旅客年達143萬9,000人，貨運量年達11,296噸。

此外民航局有鑑於國外直升機航空業的蓬勃發展，在85年11月召開直升機定期航線開放審查會，核准了9家，包括德安、遠東、亞太、國華、大華、瑞聯等航空公司。其中德安航空已於86年5月正式開闢臺東—綠島的定期航線，臺灣至此正式邁入直升機時代。

第五節　我國主要的空運企業

✈ 中華航空公司

目前臺灣地區主要飛國際航線的航空公司，乃是於民國48年12月10日成立的中華航空公司，也是我國最具規模與國家代表性的航空公司。開辦之初，由中國空軍優秀退役軍官26人，租用兩架水陸兩用飛機，一架C-54型飛機及數架向空軍承租的飛機，與極簡陋的修護設備，僅經營包機及支援金馬前線的運補與敵後空投、空降任務。民國50年獲得機會赴寮國、越南等地執行軍民運輸。民國51年開始飛航國內（臺北↔花蓮），民國55年開闢第一條東南亞國際航線（臺北↔西貢），民國59年，飛越太平

洋，開闢中美航線，民國72年開通歐洲航路，又於73年4月12日開闢「環球航線」，由臺北起自環繞東南亞及中東（杜拜）至歐洲（盧森堡）阿姆斯特丹、接紐約、安克拉治、舊金山、東京、首爾、臺北。

在更迭機型上，也由螺旋槳機、空中巴士，目前已進入第三代的空中巨無霸747型機，目前擁有最現代化的各型客貨機24架，其中包括波音737客機3架，A300B4-200S客機6架、A300-600R客機6架，以及波音747各型客機9架和波音747全貨機3架。平均機齡6.2年，為世界機齡最低的航空公司之一。並添購長程航機10架，6架是747-400型，全部自動化的尖端科技儀器，另4架是MD-11型，加入機隊陣營。

員工人數已增至六千多人，國內營運單位36處，24個客運航站，27個貨運航站。民國77年客運每年飛行33,339餘班次，載客超過4,759,296人，平均載客率高達81%，民國78年之貨運載重量已超過82,060噸。近年為應付市場需求及國際競爭力，華航10年內機隊將逐年擴充至67架，並預計2年內引進18架客貨機，淘汰6架舊機。未來將依國內線、區域線與洲際線將機型簡化成6種，以有效的降低營運成本與增進班機調度的效率。此外，加強飛航安全也是華航目前關注的焦點。期待華航走入現代化的風格及國際化水準，才能創下更令人欣慰的成績。

✈ 遠東航空公司

我國第二家頗具規模的「遠東航空股份有限公司」，是以國內航線客貨運經營為主，並代理國外貨運的包機業務。該公司於民國46年6月成立，創設初期僅有輕型運務機9架及員工三十餘人，經過多年努力發展，現已擁有員工一千餘人；現有機種，B737-200、MD82與MD83噴射機群共14架，截至民國86年底止，遠航共擁有國內13條線及3條國際航線，其無論飛安紀錄、提供機位數、載客人數與每股稅後盈餘，皆為國內航空公司之冠。民國84年底，取得國際包機航線飛行許可，民國86年亦取得經營國際定期航線及直升機業務資格，正式跨入多元經營的領域。

✈ 復興航空

　　民國 40 年 5 月，由少數來臺技術人員所組成。當時政府遷臺未久，發展中之我國民航事業，是當時臺灣對外空運，除賴前述的民航空運公司外的第二家航空公司。該公司使用 PBY 水陸兩用機 3 架，從事臺灣對大陳、金門、馬祖等外島的包機業務，後以外島時受中共砲火干擾，迭有損失，經營至感困難，至 47 年 10 月遂終止航運，而以代理泰國國際航空公司在臺營運，並為我民航史上唯一設有空中廚房，能提供機上餐點服務的航空公司。開放天空後國產實業集團接手經營，現有 ATR42、ATR72、A320 等型飛機。自 81 年底，便以載客超過 100 萬人次，年成長五成的速度，載客率占國內市場 26.5%。目前擁有 13 條航線，其中北高線與華航聯營，北南線與遠東聯營，是國內線第二大航空公司。

✈ 長榮航空

　　是我國僅次於華航之國際航空公司。民國 78 年 3 月經申請核准，已於 80 年 7 月正式開航，訂購 11 架全新客機，包括 4 架波音 747-400 型長程飛機，另 7 架是美國道格拉斯 MD-11 型中程飛機，已於民國 80 年 11 月陸續交機，以兩個月試航時間，而在民國 81 年 2 月間正式開航。在航線開拓上，除了東南亞、北美、中南美、歐洲、紐澳，更在 83 年取得日本福岡航權，85 年取得臺澳航權。在國內線方面，83 年 10 月以波音 767-200 開闢北高航線，目前雖只擁有北高、北南及臺南／金門 3 條航線，但是卻擁有國內線業者立榮航空 42%、臺灣航空 29% 及大華航空 24% 的股權，並在北高線與立榮，北南線與大華採取策略聯盟的方式，藉資源共享來降低營運成本。

　　此外在艙等創新也是長榮一大突破，除頭等艙、商務艙、經濟艙外，新增的長榮豪華經濟客艙，更使旅客多一種選擇。

　　儘管在政府「天空開放」的政策後，國內航空家數大增，但因民國 87 年飛安事故頻傳及經營環境不佳，迫使航空業者走上合併之路，在國內航

空市場形成「三大兩小」的態勢。立榮（合併大華、臺灣）、遠航、復興是「三大」；國華、瑞聯是「兩小」，長榮航空全面退出國內線，華航還是只經營北高線。

　　目前為提升航管品質及飛航安全，交通部民航局調降臺北松山機場及高雄小港機場的起降架數，加上航空業者的合併、減班及航線重組，應有助於航管及航空公司服務品質的提升。

第三章　國際民航組織

第一節　國際民航組織

　　國際性民航運輸，無論是旅客運輸或貨物運輸，其涉及的權義關係在法上至為複雜。就人而言，運送人與利用人未必為同一國籍。就物而言，航空器與運送物所有權人的國籍，亦未必相同。就地而言，損害發生地與賠償請求地，往往又不在同一國家，因此使得雙方的權義，因關係國彼此適用的法律不同，往往處於不確定的狀態，肇生諸多困擾。各國為謀民航事業的迅速發展，乃有國際民航組織的成立，以期各方合作協調。

　　美國於 1944 年在芝加哥初次召開國際民航會議，參加者共 52 國，簽訂了《國際民航公約》，後為執行這個公約起見，又於 1945 年組成國際民航組織（International Civil Aviation Organization），簡稱 ICAO，由各國政府派代表組成，總部設在加拿大的蒙特婁，另在巴黎、開羅、墨爾本及理碼設置四個辦事處。該組織為一官方機構，其目的在發展國際航空技術，並培養國際空運的策劃與擴展，進而達成下列目標：

　　㈠確保全世界的民航事業獲得極有秩序與安全的成長。
　　㈡確保各締約國在機會均等原則下經營國際民航業務。
　　㈢滿足全世界人民對航空運輸獲得安全與經濟的利用。
　　㈣鼓勵各國為和平用途改進航空器的性能與使用藝術。
　　㈤鼓勵各國為發展國際民航事業，努力營建航路、航站及助航設施。
　　㈥避免各國際民航間的惡性競爭。
　　㈦避免各締約國家間的差別待遇。
　　㈧促進國際民用航空的飛航安全。
　　㈨促進各國和平交換空中通過權。
　　㈩促進國際民航業務的全面發展。

　　國際民航組織由大會、理事會及各種委員會組成，大會規定每 3 年舉行一次，每一締約國有出席會議及一票的投票權，臨時大會會議如經理事會召集，或經 10 個締約國向祕書長請求，亦得舉行。理事會為一常設機構，對大會負責，理事會設祕書長一人，對理事會負責，依照規定由 27 個締約國派代表組成，每三年由大會選舉之。理事會的職權，包括一般職權、行政與司法職權、立法職權、清算所（Clearing House）職權，以及研究與調查；附屬於理事會的機構包括：

　　㈠飛航委員會（Air Navigation Commission）

　　處理航空技術方面的問題，由理事會就締約國提名的人選，委派 12 人組織成立，下分 11 組，分別擔任有關技術上研究的工作。

　　㈡空運委員會（Air Transport Committee）

　　處理有關航空商業上的問題，由理事會指派 12 人組成，下分空運便利、統計兩組。

　　㈢法律委員會（Legal Committee）

　　從事各種新公約草案的制訂，任何締約國均有權派遣代表參加該委員會所舉行的會議，從事商討國際航空法制訂事宜。

　　㈣飛航服務共同支持委員會（Committee on Joint Support of Air Navigation Services）

　　由理事會指派 9 人組成之。

　　㈤財務委員會（Finance Committee）

　　由理事會指派 9 人組成之。

　　國際民航組織對爭端的裁判，理事會具有處理國際航空法爭端的權力及國際裁判；對於芝加哥公約及其條約之適用與解釋，具有強制性的職

權；對於有關國家所同意提送於理事會的爭端，具有給予諮詢性報告的自由選擇職權。其次為國際法院，可受理一般職權範圍內的爭端。

第二節　國際空運協會

雖然已於1944年成立了國際民航組織，但鑑於仍無法處理票價、運貨等商業事項，遂感於有成立一個民間國際團體的需要，而於1945年由各國飛行國際航線的航空公司聯合組成國際空運協會（Internation Air Transportation Association），簡稱IATA，因與國際民航組織協調關係密切，無形中儼然已成為半官半民的國際機構，總部亦設於加拿大的蒙特婁，另在瑞士的日內瓦設有辦事處。其職權則包括運費的訂定、清算等機能、運輸上統一條件的訂定。世界各航空公司透過該協會，與各航空公司相連結，形成一個世界性的強大運輸網。

該協會的會員分為兩種：一是正會員，為經營定期國際航線的航空公司。二為準會員，以經營定期國內航線的航空公司為主。

目前其正式會員已超過100家。又自1974年，航協在大會中正式批准允許包機公司申請加入。此一政策上的改變，極具意義。

航協主要的經費來自會員繳納的會費，按比例徵收。根據1971年第27屆年度大會通過的新方法，固定會費：正式會員每年繳納4,320美元；準會員為2,200美元；非固定會費則按會員年度承載量營收之噸公里核算。

航協的行政首腦為總監（Director General），其重要決策由會員大會制訂，交付總監透過執行委員會（Executive Committee）執行，下設財務、法律、技術、醫務及運務咨議（Traffic Advisory Committee）等五個專門委員分掌各事，而以最後者之業務最為繁雜，幾乎涉及航空公司的一切商業活動（其組織型態見圖1-3-1、1-3-2）。

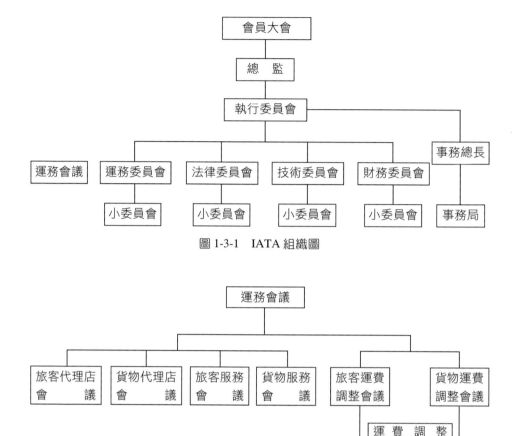

圖 1-3-1　IATA 組織圖

圖 1-3-2　IATA 運輸會議組織圖

　　為了便於說明及劃訂地區間的運費及運輸規章，航協將全世界劃分為三個運務會議地區，以南北美洲為第一運務會議區，西起檀香山，東至百慕達，包括南北美洲各國的大小城市。歐非兩洲及中東為二區，西起堪拉威克，東至德黑蘭，包括歐洲、非洲、中東全部，及馬拉山脈以西各國的大小城市。亞澳兩洲為第三區，西起喀布爾，東至南太平洋的巴比地，包括亞洲、大洋洲及太平洋中各國的大小城市（圖1-3-3）。區與區之間設置混合運務會議，有關國際航空客貨運價的協商，各種文書標準格式的制訂，及運送應負法律責任與義務的規定，均由各運務會議審定。

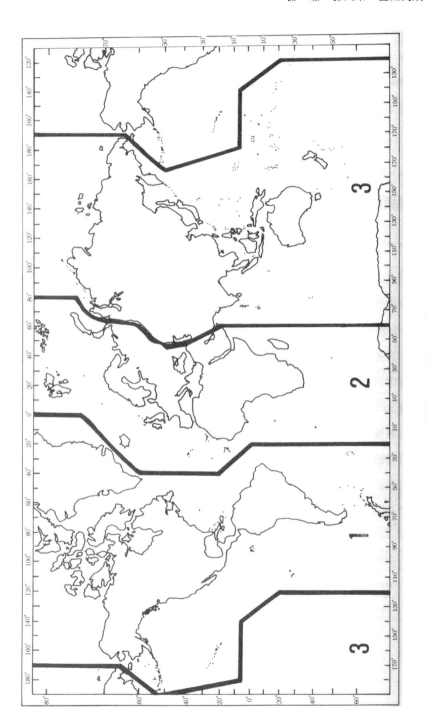

世界三大航空地區圖

圖 1-3-3　IATA 運務會議地區

　　航協為維護其決議案的確實執行，設有督察室（Enforcement Office）於紐約。其督察經常巡視各地區，了解市場及會員遵守規定的程度，甚或做各種試探以察覺有無違規競爭之事；一旦獲得佐證即予揭發，並限其答辯。確證會員違規即處以罰款，款額視情節輕重而言，多者可達數萬美元。因此各會員均有所顧忌，而不敢公開削價競爭。此點無論對使用的大眾抑或經營者而言，均受到保障，也使空運業更能順利健全地發展。

　　航協的主要任務，以提供空運業務為主，包括下列諸項：

　　㈠協議實施分段聯運空運，使一票通行全世界。

　　㈡協議訂定客貨運價，防止彼此惡性競爭、壟斷。但允許援例競爭，以保護會員利益。

　　㈢協議訂定運輸規則、條件。

　　㈣協議制訂運費之結算辦法。

　　㈤協議制訂代理店規則。

　　㈥協議訂定航空時間表。

　　㈦協議建立各種業務的作業程序。

　　㈧協調相互利用裝備並提供新資訊。

　　㈨設置督察人員，以確保決議的切實執行。

第三節　民用航空局

　　各國對於民用航空均設有管制機構，加強管理。我國交通部依據民用航空法，成立民用航空局，專職辦理民用航空運輸的規劃、建設、管理與經營。民用航空局內設企劃、空運、飛航標準、航管、助航、場站、供應等七組，及祕書、會計、人事、政風及資訊等五室。外設中正、臺北、高雄三個國際航空站（甲級），花蓮、馬公（乙級）、臺東、臺南、金門（丙級）航空站，臺中輔助站也升等為臺中航空站（丙級），臺北航空貨運站、飛航服務臺及技術員工訓練所，以及機場擴建工程處，國際機場旅館等兩個任務編組單位，航空醫學中心、航空警察等兩個配屬民航局指揮監督單位。（見圖1-3-4）。

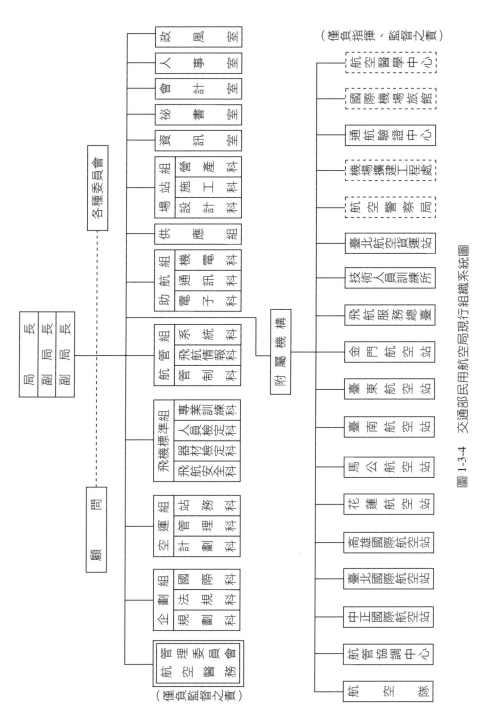

圖 1-3-4　交通部民用航空局現行組織系統圖

民用航空局的主要職掌如下：

㈠民航事業的發展規劃及政策釐訂。

㈡國際民航營運計畫、國際民航組織，及國際民航合作的協調、聯繫和推動。

㈢民用航空運輸業的管理與督導。

㈣飛航標準的釐訂及飛航安全的策劃與督導。

㈤航空通信、氣象及飛航管制的規劃、督導與考核。

㈥民航場站及助航設施的規劃與建設。

㈦軍用航管的空域運用與助航設施的協調聯繫。

㈧民航設施及航空器材的籌劃、供應與管理。

㈨航空技術人員的訓練與管理。

㈩航空器失事時的調查與處理。

此外，各組的職掌如下：

1. 企劃組：主要是負責民航事業發展的規劃及政策擬定，包括國際航權拓展也是企劃組的主要工作。

2. 空運組：負責民航運輸的管理督導、國際民航營運計畫、民航國際組織及國際民航合作的聯繫、協調與推動。

3. 飛航標準組：主要任務內容是釐訂及安全策劃、督導與航空技術人員的培育與訓練。

4. 航管組：其主要業務分為五大類：飛航管制、航空情報之規劃／研訂／督導、航空通信業務之規劃／研訂／航空無線電頻之申請及協調、航空氣象業務之規劃／航空氣象服務之督導、航空噪音與鳥類侵襲之防制。

5. 助航組：主要對民航站及助航設施進行規劃、改善。

6. 場站組：主要負責松山機場之整體規劃，以及擴展新航站。

第四節　華沙公約

　　《華沙公約》於 1929 年 10 月 12 日在波蘭首都華沙簽訂，其主要內容為統一制訂國際空運有關機票、行李票、提貨單以及航空公司營運時，如對旅客、行李、貨物有所損傷，應負的責任與賠償。航空公司職員、代理商、貨運代理公司、貨主及其他有關人員的權利與賠償義務，均有明確規定。公約共分五章四十節，一般航空公司均摘要加印於機票內（見表 1-3-1），以喚醒旅客注意。

　　《華沙公約》於 1955 年 9 月 22 日在海牙修訂，即現行之《海牙公約》（The Hague Protocol），為一般航空公司共同遵守的規章，約有七十餘國簽署。關於賠償客運中的行李遺失，規定如非交運時即申報價值，則依照空運重量賠償，不問行李的價值如何。目前國際空運規定為每公斤賠償 250 法郎。而隱藏之損傷（hidden damage）如運送中的磁器被壓碎之類，不負賠償責任。如在聯運中無法證明某一公司應負責任，其賠償費原則上按比例分攤。而旅客死亡或受傷的責任限度最高為 12 萬 5,000 法郎。

　　我國雖非《華沙公約》的締約國，但國際運送契約中包含臺灣地區者甚多，例如紐約——臺北——花蓮——臺北——香港；東京——臺北——高雄——臺北——沖繩。非「公約運送」的如臺北——洛杉磯——臺北；臺北——香港——上海——北京——香港——臺北等。其中也會牽涉到「民用航空法」與交通部所發布的「航空客貨損害賠償辦法」，所以我國仍無法脫離受《華沙公約》之影響。

表 1-3-1　乘客須知

乘　客　須　知

契　約　條　款

貴客行李之停留地或目的地如在起程國境外者，得適用華沙公約。該公約係規定並限制運送人對乘客死亡或受傷及行李滅失損害之賠償責任（請參閱「對國際線乘客有關賠償責任限額之通告」及「行李賠償限額之通告」）。

一、本契約所稱「客票」係指本客票及行李票（本契約之一部分），所稱「運送」，即係「運輸」，所稱「運送人」係指依據本契約運送或承運乘客或行李之航空運送人。所稱「華沙公約」係指一九二九年十月十二日在華沙簽訂之國際空運統一規章公約或指一九五五年九月二十八日在海牙所修訂之該項公約（以適用者為準）。

二、依本契約之運送，受華沙公約所定有關責任之規定及限制之約束，惟不屬該公約所稱「國際運送」者除外。

三、在不牴觸前項規定之範圍內，每一運送人擔任之運送或其他服務，應受下列之約束：
（一）本客票所載各項規定。
（二）適用之運價準則。
（三）運送人之運送條款及有關規章，概作為本契約之一部分（並在運送人各營業處備供查閱）。

四、運送人之名稱在客票上可用簡稱，而運價準則、運送條款、運送人之全名及簡稱；運送人之地址即為客票上首列運送人之起飛航空站，約定之停留地即係本客票內之預定停留地，依本契約運送之運程應視為單一之運送行為。

五、航空運送人簽發往另一航空運送人航線上運送之客票及行李票，僅以後者之代理人身分為之。

六、運送人責任如有任何豁免或限制，應亦適用於其代理人、受僱人及代表人，以及以飛機供應運送人使用者暨其代理人、受僱人及代表人。

七、經運送人收受運之行李應交付與行李票持有人。如行李於國際運輸過程中受有損害，應於損害發覺後即以書面向運送人提出申訴並應至遲於收到行李之日內為之；如有遲延，應於行李交付之日起二十一日內提出申訴。並請參閱關於非國際運送之運價準則或條款。

八、除客票或本契約另有規定外，運送條款或有關規章另有規定外，本客票自簽發日起一年內有效，依本契約運送之運費，在起運前得運，適用之運費如未付清，運送人得拒絕運輸。

九、運送人對乘客及行李盡其所能予以適切迅速承運，時間表或其他所列時間，並非保證時間，亦不屬本契約之一部分，運送人於必要時得不經事先通知，改由其他運送人或飛機代運，並得變更或取銷客票所列停留地，時間表所載時間得予變更，運送人亦不負責接班機。

十、乘客應遵守政府一切旅行之規定，繳驗出入境及其他必要證明文件，並在運送人規定時間內到達機場。倘未規定時間，乘客亦應於到達時間內完成出境手續（保有充分時間內完成出境手續之時間，運送人或代理人或其代表人對本契約中任何條款，均無權改變、修訂或捨棄。

十一、運送人或代理人、受僱人或代表人對本票應適用運價規章。款，均保留拒絕運送之權利。本票應適用運價規章。

對任何運送或違反運送人所頒發之運價規章而取得客票之人，運送人均無權改變、修訂或捨棄。

資料來源：長榮航空

第四章　空運企業

第一節　空運企業的特性

　　空運企業經常是寡頭獨占的一種產業，所謂的寡頭獨占即賣方處於寡占的優勢狀態。這種優勢狀態不僅存於空運，就連鋼鐵、汽車或石油之類的產業也是如此。這種情形之所以產生，一部分是由於企業本身的特色凸顯所致。

　　首先空運企業的寡占狀況與其公共性格和政府的規制不無關係，所促成空運企業的公共性格是政府的職責，企業若有什麼違規之處，政府必須負起糾正之責。再者，各國政府無不對本國的空運不斷地助長和規範，其中，亦有較嚴格的設立門檻，因而造成空運產業的獨占性。美國的空運企業在 1982 年有 95 家，其中 51 家是自 1978 年放寬管制後所出現的。期間也經歷了合併的風暴，才成為上述的家數。

　　在日本的定期空運企業除了日本航空、全日空及東亞國內的三家空運企業外，另有日本亞細亞航空、日本貨物空運、南航空運，即使在其他國家，空運企業的數目也並不多，這也就是空運企業成為獨占產業的原因之一。

　　第二，目前空運產業可說是正逢全球普遍性解除空中管制的潮流。儘管如此，各國的情況則視其國情和政策而有所不同。在我國，自從開放天空後，出現了不少家小型專飛國內航線的航空公司，有復興、永興、大華、馬公等。此外由於旅遊及投資業務的成長，同時帶動航空業務的增進，各國皆面臨機位的強烈需求，很多國家的航空公司也坐下來討論航權問題，開放天空的壓力越來越甚，印度於 1981 年已同意讓更多的包機降落，以增加印度來往英國、馬來西亞及荷蘭的班次需求。國泰航空及澳洲航空也決定在澳洲夏季時，增加班次紓解機位需求。

　　第三，大多數獨占性企業主要取決於其他競爭企業的動向，來決定其本身的作風。我國的空運企業，以飛機設備、機種及服務面來作為競爭的可能性較強。在美國，自從國內運費自由化後，運費的訂定通常是基於競爭對手的考量上才決定的。譬如，甲企業將 A—B 間的運費自 100 美元降為 80 美元時，乙企業則大為緊張，立即也將運費調為 80 美元，但丙企業因其競爭力不敵，估計只能將運費調為 90 美元，由於甲企業的運費 80 美元，遂從丙企業處強奪了 A—B 間的市場，因此我們可知甲和乙企業可能共同瓜分 A—B 間的市場，才會將運費調為 80 美元，另外若是丙企業想要暫時提高 A—B 間的市場占有率，遂將運費調至 50 美元，就在甲乙兩企業尚猶豫不決之際，立即獨占了 A—B 的市場。

　　我國國內空運運費的制訂是在於取得政府的認可同意下才可實施，所以在運費的制訂上，不可能發生類似上述競爭的情形。倒是新型航空器的使用、機內的服務、親切的地勤服務，才是足以供競爭的手段。這種除了運費以外的競爭稱為非價格競爭（nonprice competition）。

　　第四，空運企業成為寡占的原因之一，在於空運事業需要極龐大的資金，有關現代航空器的日益發達，於前章已有提及，但現代航空器因須憑藉著高度的空氣動力學及航空電子工學，所以其價格極為昂費，若是沒有充分的資金很難經營。再加上，飛機的駕駛員必須擁有優良的飛行技術，是不容易培養、訓練的。現今我國民航機的飛行員幾乎多是空軍退役後加入的，國內本身並沒有培育飛行員的專門機構，因此造成飛行員的缺乏。而培育一位大型客機的機長需時 20 年，航空公司本身很難做到，所以在我國甄選人員送至外國培訓也是一個途徑。

　　美國是擁有龐大空軍機隊及市場的一個國家，當然也擁有大規模軍事輸送的組織機構，所以有充分的人員轉入民間服務。

　　最後須提的是，燃料和人事費用是空運企業最關鍵的一環，燃料可說是空運的生命，這在第一次及第二次石油危機時所帶給空運企業的重大打擊可見一斑。

　　美國空運企業的燃料費和人事費用占其總營業費用的三分之二，空運企業的人事費用之高，不只因為駕駛員及空服員的薪資高，在機件保養採

購、管理部門更需有專門人才，所以比其他產業的人事費用還高，造成空運企業的人事費用也約占其營業費用的三分之一。

　　自1973年之以阿戰爭後，以及1978年的兩伊之戰，受OPEC石油價格的影響，航空燃料費也出現驚人的暴漲，威脅到空運企業的營運。航空燃料在1974年漲了兩倍，又在1980年漲幅超過兩倍。石油價格的上漲必然造成經濟的停滯，空運企業遭逢需求低下及成本上升之苦，在那段期間，空運企業可說是最難度過的時期。

　　之後，由於石油價格穩定，世界經濟景氣又回復，1984年的空運企業遂步入安定期。但是好景不常，在1985年又受到世界性經濟不景氣的影響，空運企業的經營再度惡化，於1987年才又見回復的徵兆。再者，由於石油價格是受控於 OPEC，除了在1986年7月以來有些微上升，接著又面臨波斯灣情勢的緊張，這些都帶給空運企業或多或少的影響。在現今油價高漲的時期（2005年），已有部份大型的空運企業面臨撐不下或破產的威脅，機票價格的調漲已不可避免。

第二節　空運企業組織

　　航空運輸既為一企業，也是以公司方式組成，因而今日的空運企業組織極複雜；當然，簡單易明瞭的組織型態是較理想。雖然實際上，其組織型態各有不同，但因航空事業發展迅速，所以管理上較其他運輸業注重集權。本章僅針對幾個簡單必要的組織加以描述。

　　㈠企劃部

　　計畫及研究調查新增航線、業務，並建議各部門和協調工作。也與政府交涉，航運基地的建設、市場的需求預測調查，及增加效率和控制事宜。

　　㈡總務部

　　飛機的採購或飛機不足時的租賃事項，此外，還需負責其他採購，儲存及配發材料和其他庶務。

㈢會計部

負責公司一切財務調度、收支款項、登記收支購買、編製各種會計報告。

㈣人事部

負責人事問題，關於訓練、考試、升遷、聘雇、銓敘、薪津等事宜。

㈤機務部門（Maintenence & Engineering Dept.）

負責維持飛機與地面設備在安全及適航狀態下營運，包括⑴修護——可分機坪修護、基地修護與專業修護。⑵檢修——保持飛機妥善必須定期檢修，普通多按使用時間分為等級檢修，各級檢查項目均有詳細規定隨時修理更新。⑶補給——負責修護部門零件器材的補給。⑷品保——飛機本身內部機件折換後，經品質檢驗符合民航局的規定，方可使用。由於飛機是近代科技所累積的成果，必須有相當的能力，才能對飛機進行檢查和保養。

㈥航務部門（Flight Operation Dept.）

主管駕駛、調配飛行任務。可分為機艙組——負責飛行駕駛工作，包括「機長」或稱「正駕駛」、「副駕駛」，空勤機務員或系統操作員、領航員。座艙組主要對機上旅客服務，包括「座艙長」、男女空中服務員。航空器簽派員——為飛行計畫及航線調派。

㈦運務部門（Traffic Service Dept.）

主要負責機場內旅客及貨物的上機安置等服務事項。詳述於第二篇。

㈧營業部門（Sales & Marketing Dept.）

決定費率、旅客票價、訂位、廣告、公共關係、行銷策略的研擬等。

對空運企業而言，法務部門也是不可缺的，若是再細分的話，企業生存發展上必要的資訊蒐集的資訊部門及保險部門，也是極重要的。圖 1-4-1 為一般航空公司的組織型態。

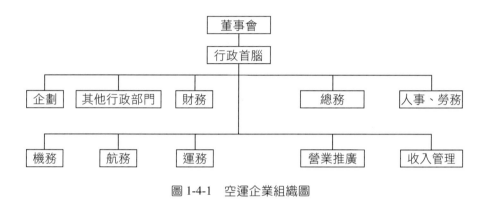

圖 1-4-1　空運企業組織圖

第三節　空運企業的收支

空運企業的業績是以收入和支出的平衡與否來進行判定。因為企業收支乃是滲入各式各樣的要素，所以只單純就空運營業損益中的營業收入、營業費用加以說明。

各空運企業都各有其收支計算書的編製方式，所以無法對空運企業做一個統一全球性的比較。基於此，ICAO 特為收支報告做了標準的分類。首先，有關營業收入部分分為定期航空、不定期航空及其他收入三種，再就定期航空收入分為旅客、貨物、郵件等三項。其次，關於營業成本可分為飛行費（flight oprations）、維修費、折舊費（depreciation & amortization）、機場使用費（user charges and station expenses）、旅客服務費（passenger services）、營業及推廣費（ticketing, sales, promotion）、管理費等七大項。又將航運費分空勤員費（flight crew salaries and expense）、燃料費（aircraft fuel and oil）以及其他費用（保險、租賃、訓練費），至於機場使用費則包括著陸費、機場使用費（landing and associated airport charges, other），這項對 ICAO 來說，就國際航空發展的觀點上，

有極重要的意義，更有其檢討的必要。ICAO 的分類是為了觀察空運企業全體的業績，有分為營業收入的損益以及稅後的損益，如表 1-4-1。依照 ICAO 的統計，1981 年至 1985 年 ICAO 加盟國的定期空運企業收支，則如表 1-4-2 所示。若將表 1-4-2 的營業收入及營業費用以百分比標示出，則如表 1-4-3 所示。占營業收入大部分的是定期旅客，顯示旅客運輸是空運中最重要的。而有關營業成本方面，燃料費所占的比例最大。由此可見石油危機對空運的影響衝擊會多大。若欲做更細部的劃分，則未必能統一，也難做正確的比較。下列表格的實際值也許不是那麼正確，但參考了表 1-4-3 之收支構造百分比後，也可讓我們一窺概況。

表 1-4-1　ICAO 標準空運企業收支分類

營業收入	定期航空
	旅客
	貨物
	郵件
	不定期航空
	其他的收入
營業成本	飛行費
直接成本	空勤人員薪資
	燃料費
	財務費用（稅捐，利息支出）
	地面設備維護費
	飛行設備折舊費
間接成本	地勤業務費
	旅客招待費
	營業與推廣費
	管理費
營業收入之損益	
稅後損益	

表 1-4-2 定期空運企業收支

（單位＝100 萬美元）

	1981	1982	1983	1984	1985（預）
營業收入	92,992	93,240	98,300	104,800	112,000
定期旅客	74,433	74,860	77,600	81,350	87,700
定期貨物	9,523	9,560	10,830	12,450	12,600
定期郵件	1,425	1,480	1,470	1,500	1,500
不定期收入	3,682	3,100	2,800	2,900	3,000
其他	3,929	4,240	5,600	6,600	7,200
營業成本	93,684	93,400	96,200	99,700	108,000
空勤人員薪資	6,792	6,800	6,870	6,830	7,300
燃料費	27,318	25,420	23,610	23,200	25,000
保險及其他	2,567	2,380	2,570	3,070	3,700
地面設備維護費	9,640	9,150	9,620	10,050	10,800
飛行設備折舊費	5,968	6,330	6,920	7,210	7,700
地勤業務費	13,828	14,540	15,260	16,040	17,300
旅客招待費	8,085	8,540	8,810	9,170	9,900
營業與推廣費	13,800	14,510	15,810	16,540	17,800
管理費	5,687	5,730	6,730	7,590	8,500
營業收支	−692	−160	2,100	5,100	4,000

資料來源：ICAO

表 1-4-3　定期空運企業收支構造

	1981	1982	1983	1984	1985（預）
營業收入	100	100	100	100	100
定期旅客	80	80	79	78	78
定期貨物	10	10	11	12	11
定期郵件	2	2	1	1	1
不定期收入	4	3	3	3	3
其他	4	5	6	6	7
營業成本	100	100	100	100	100
空勤人員薪資	7	7	7	7	7
燃料費	29	27	25	23	23
保險及其他費用	3	3	3	3	3
地面設備維護費	10	10	10	10	10
飛行設備折舊費	6	7	7	7	7
地勤業務費	15	16	16	16	16
旅客招待費	9	9	9	9	9
營業與推廣費	15	15	16	17	17
管理費	6	6	7	8	8

資料來源：ICAO

第五章　空運市場

第一節　空運市場的定義

　　所謂的空運市場就是空運企業提供給顧客的運輸體系。但因提供運輸的不僅限於空運企業，所以空運市場即指在所有的運輸領域中以空中運輸為對象的市場。

　　空運市場一般說來並不是單藉著空運就能完全達成其運輸的目的，在貨物的運輸過程中常常需藉由陸運的幫助。此外，空運也無法獨占整個運輸體系，與其競爭的，尚有陸運與海運。比方說，臺北——高雄，除了空運，還有鐵道、巴士、卡車為運輸工具可供選擇；再者，空運市場也有面臨無法營運及生存的壓力，因此決定整個航空運輸系統的三大基本要素：航空器、機場、航空路線是缺一不可的。沒有航空器，航空線路就沒辦法空運，沒有了機場更是無法形成空運市場。在山岳國家的日本，放眼全國可稱為機場的地方雖達 78 處，但擁有超過 2,500 公尺長的跑道機場也不過只有 17 處，綜合這些機場形成日本的空運市場。

　　空運市場大體上可分為國內市場和國際市場，國內市場的範圍只限於某一國內，國際市場則包括國內市場以外的部分。在歐洲甚至有將國際市場分為歐洲區域內市場以及區域外的市場，換言之，將整個歐洲市場視為一個區域內市場。英國的英國海外航空（British Overseas Airways Corporation）和英歐航空（British European Airway）在合併為英航（British Airway）以前，英歐航空的運輸範圍只限歐洲境內。國內市場除了美國、蘇俄等那些擁有廣大領土的國家外，一般的規模都不算大，尤其我國或歐洲諸國更是如此。

　　但是不管其空運市場的大小，各國幾乎都不容許他國航空公司涉足國內空運市場，也不容許他國航空公司涉足國內空運市場的經營。但為了開拓市場，航空公司在其運輸地點以外的幾個都市也設有分店進行促銷活

動。像歐美的一些航空公司即使沒有開闢臺灣的航線,仍在我國設置營業處,如加拿大航空、巴西航空等,屬於off-line航空。其目的是為誘使國內的顧客也能利用他們所提供的航空運輸,使得國內也可形成其空運的銷售市場。但那不是空運市場的原意,原意下的空運市場只不過是為了支援空運企業的競爭所實施的輔助機能而已。空運企業的銷售產品應是空運本身,在沒有飛航航線的他國銷售機票,機票只不過是證明旅客的空中運輸的可能性而已,這和貨物的運輸情形基本上是一樣的,在貨物運輸時,常常涉及貨物的運輸體系,在空運企業的商業範圍裡,還需加上陸上運輸,以至於較複雜。本書將在其他章節另行討論。

第二節　空運市場的特性

空運市場大體上來說是個受管制的市場,這和傳統上空運事業的公共性有關。為了確保市場的安定,就連大部分的行銷活動也常常受到政府干涉。例如,新航線的加入及既存航權的廢除及運費制訂,都不是任何空運企業可以任意為之。事實上,自1978年美國聯邦民航局發表了多項空運管制解除法(Deregulation Act)之後,使得各航空公司能在自由競爭下,各自樹立其所需之行銷策略,也造成了一股開放天空的世界潮流。有關國際空運市場的形成是以兩國間的航運協定為主。而所謂航運協定是為了實施定期空運的企業可在兩國間特定的路線進行運輸。因此,要加入國際空運市場的航空公司須受到自國與他國政府的認定核准,受認定後的航空公司即有權飛航於該特定的航線。航運協定中,對飛航的機型及每週班次、載客數等皆有規定。任何航空公司皆須遵守航運協定,並在航運締結國所規定的條件範圍內行使航權。

所謂運輸能力的限制就是直接影響到旅客數的運輸。舉例來說,某兩地間的協定為每架飛機的載客數為20人時,某架飛機的座位有50個,即使是空有30個位子,也不得再添人數。這種協定雖是有意壓抑締結國空運企業的載客數,但從空運企業經濟上的觀點來看,不僅一點也不經濟,而且也很難受到歡迎。

　　航運協定的訂定是基於締結國雙方空運企業的共同運航為條件。共同運航乃是基於避免對於雙方的顧客有責任不分明之處，雖然不甚受歡迎，但日美間或中美間的航空關係皆是開始於共同航運的型態。

　　航運協定的締結國中，在通航實施後，必須付給對方的空運企業一筆費用，這雖是考慮到對對方企業有所影響的一種措置，但這種金錢的支付通常稱為補償費或是承諾費（no-objection fee）。對於國內而言，為了要認可外國空運企業的進入，也須經本國空運企業同意，以相同的代價行使對方的權利，才能夠相互通航。在日本也有徵收這種費用，這種費用的徵收極不合理，目前日本政府正考慮予以廢除。

　　在歐洲，空運企業間的收入統一計算已經制度化。舉例：甲空運企業和乙空運企業在 A——B 兩地開始相互通航時，甲和乙共同估計 A——B 兩地間的運費收入，一定期間後，再相互分配每週班次及每次載客數，這種制度是基於國家間的協定，也是根據空運企業的自發意思。收入的統一計算在大部分的情形是牽涉到運費、航次數甚至是運航時刻，這在美國是違反公益的，只有在極特殊的情況下才被認可；即使在歐洲，由於航空旅客協會國際聯合（IFAPA）等消費者團體的強烈反對，它的存廢也受到注目。

　　有關運費也是以航空協定為基礎，大體上，航運協定的運費部分皆是採用當事國的認可制。對於兩國間意見相左時，也有規定的解決辦法。

　　美國在國際空運雖曾努力嘗試較開放的政策，但在實現上仍有其困難，因為國際航空的空運市場在短期內無法脫離航空協定的管制和規定。其次，國內的空運市場形成有很多是受制於各國的航空政策。例如，在日本，直到最近皆有所謂的「45.47 體制」，形成極有限的空運市場；另一方面在美國，鑑於 1978 年的管制解除法，國內空運市場實際上已成為一個自由競爭市場。

　　再者，國內的空運市場受該國地理條件的影響很深，譬如日本是個山岳國家，極難尋妥理想的航空站設置處，而東京或大阪的平野地帶雖是建設航空站的理想處，但因人口密集，易造成噪音公害，在此情況下，日本的主要航空站皆對飛機起降予以最嚴格的管制，政府雖視空運市場的自由化為理想，但依目前的實際狀況是有其困難。

　　在提及空運市場的相關問題之際，也必須將定期空運和不定期空運市場予以個別考量。定期空運是在一定的需求預測下，在一定期間特定的時日內實施最低限度的連續運輸，而不定期空運是以實際需求的存在為前提，實施單方面的輸運。美國的 NACA（National Air Carriers Association）以不定期空運市場特殊性為理由，積極倡導不定期空運的自由化。縱使不定期空運自由化，彼此市場也不同，並不會對定期空運有任何的影響。然而實際上，定期空運和不定期空運彼此間展開了激烈的競爭，定期空運於是也採用低額運費，爭取不定期空運的旅客；另一方面，不定期空運企業則藉由動用議員之遊說，試圖成為定期空運企業。除就概念上的區別外，就今日定期空運企業的市場狀況看來，除了特殊的情形以外，空運市場仍有分為定期、不定期的必要，即使兩者的差距正逐漸拉近。

第三節　空運市場與空運企業

　　空運企業是在空運市場藉由所提供的航空器來輸運的，在提供市場的運輸中是有其必要的要素及特性。

　　首先要例舉的第一要素為安全。缺乏安全的運輸是沒有市場價值的。但就空運企業而言，並無法提供完全安全的運輸保障。就所發生的空難事故的原因看來，並不能完全歸咎於空運企業。航空安全是要空運企業、飛機製造廠商及政府等共同作業才可達成，任何一方面的缺失皆可造成空難發生。空運企業研究過去的空難事故不僅是基於自身保護，就企業責任而言，也必須竭盡全力確保空運安全。

　　第二要素則在於運輸的確實性。若是旅客購入機票，依照機票所載的日期進入機場，但卻無法搭上自己原先預定的飛機，該旅客不管就精神、金錢、時間上都蒙受了損失。在美國，沒有通知航空公司就逕自取消原訂飛機班次的旅客不少，空運企業有鑑於此，常常接受超額預約，萬一所有預約的旅客都來的話，當然會有旅客搭不上飛機；美國政府鑑於此，規定空運企業必須有補償旅客損失的義務。

　　再者，旅客出國在回程或是再前往第三國時，常常會有取消或是逕行

變更行程的情形發生，IATA為了防止這種混亂的狀況，規定空運企業須義務地在機票明顯處要求旅客訂好去程或回程座位後，於某些路線地點，尚須於限定時間之內（通常是72小時），向航空公司再確訂，否則航空公司有權將原訂座位取消。

　　貨運的情況也是不容忽視，尤其是貨物在到達目的地前轉機的情形，其到達目的的時間和貨物的狀態都是很重要的。

　　第三要素是定時性。空運的特性之一是高速性，因此若是失去定時性就失去空運的意義了，但因航空的安全性乃優先於定時性，所以為了安全，定時性往往被犧牲掉。因為天候、戰爭，乃至飛機的故障，皆會延緩其出發和到達的時間，想必這也是旅客所能諒解的。

　　第四要素是航空站及陸上服務，特別對於不常搭飛機的旅客是較重要的。最近基於航空站安全的理由，使得航空站內的搭機手續較複雜，此外，對於提供旅客搭飛機訊息的傳達也是很重要的。

　　第五要素是航空器本身。航空器的機種對於熟悉旅行的人是重要的要素。近來，頗受好評的新加坡航空可說是因使用較新的飛機，但該公司某位高級主管就曾表示過，飛機雖換新的，但仍需注重空運企業的經濟效益，故飛機的更新是將 B747-200 機型換為 300 型，將 300 機型換為 400 機型，機種的更換變化並不大。

　　其次就空運市場的特性之一為無法貯存。500 人席的飛機只載客 100人，剩餘 400 席並無法保存到下次賣出，即無法予以貯存。飛機自出發地出發至目的地降落，其間的空席對空運企業而言，不僅毫無用處，也失去經濟價值。若是空運供給超過需求時，將會導致運費降低，機票價格下降，也是空運的一種特性。在無須降低機票價格的前提下，有效座席數的利用率，是當今空運企業極重要的課題之一。

　　特性之二則是對於空運的評價因人而異，空運企業光靠飛機的飛行是無法吸引顧客的，必須附帶各種服務，但其評價仍因人而異。例如，在機內是否應該放映電影，若放映的話應放映哪種片子等；供應哪種餐為了滿足大多數旅客，實有進行適當調查研究的需要。

　　特性之三強調運輸服務品質，若是在運輸中服務品質太差，使旅客留

下不好的印象,那麼這種印象是很難以抹滅的。飛機除了運輸無法更換其他用途也是空運的特色,所以為了空運企業的成功,就不得不在對顧客的服務上用些心。

特性之四在於運輸品質管理的困難。在運輸過程中,無法讓這些品質管理專家全程隨機監督,因此,空運企業就不得不用各種方法和手段來予以適當地管理。

特性之五在於可能無法按照原訂的時間、地點提供運輸。如戰爭突發或是天候惡劣也是原因之一,但政府方針或外交上的問題也會影響到運輸的實施。當然也會因空運企業本身的因素。

空運的特性多多少少也與其他運輸體系相似,但若是考慮到空運的高費用及便利性,其特性也就較明顯。

第四節　空運市場的新趨勢

✕ 解除管制

觀看空運市場之歷史演進,其雖具有管制的性格,但自從美國在1978年對空運企業管制解除以來,空運管制的解除似乎是世界空運的潮流。管制解除主要是在於確保空運航線的加入和退出的自由化,以及運費票價決定皆是由各空運企業自行作主。自實施以來,贊成、反對聲浪皆有。以下乃是雙方之論點概述:

贊成者的意見:

(a)空運已是成熟產業,無須再制訂規約予以保護。

(b)空運企業的加入和退出,以及運費的決定,最好是由市場的供需原則自行支配,政府的人為介入會妨礙到空運企業的效率。

(c)需求較少的區間運輸,小規模的空運企業也能配合需求飛航。

(d)競爭打破壟斷,不僅迫使服務品質提升,也使票價大幅下降,俾廣大的消費者受益,進而刺激運量及經濟成長。

反對者的意見：

(a)管制是為了防止空運企業的不當競爭及寡占，並非對空運企業的保護，而是為消費者的利益所必須實施的。

(b)過度的競爭，削減了大企業的利益，也導致企業間合併，長期下來對運費或是空運企業的員工皆有不良影響。

(c)小規模的空運公司無法獲得特定區間線的飛航保證，另一方面新增業者或是現有業者多集中於較大而有利可圖的市場，使小城市間的航線無人經營。

(d)空運企業無限制的加入和退出，會造成航空站營運的困難。

(e)阻礙飛機製造公司新型機種的開發。因為新增的小公司為易於與大公司相抗衡，多採用較為老舊的裝備降低成本，而一般大公司遭此競爭，多轉虧損，也無力繼續更新裝備。

自從美國空運管制解除後，是40年以來傳統政策的重大抉擇。但是新申請者雖多達25家，實際開航營運者尚不及三分之一，除少數公司稍有盈餘外，大多仍在艱苦中掙扎。

1985年11月6日會計院所發表的報告書，亦說明管制解除助長空運企業間的競爭，但卻使很多旅客受益，其原因可歸為每單位英哩的平均運費下降，以及可供利用的席數增加；再加上採取適合旅客喜好的服務，以及實行運航費合理化等。

另一方面，此報告書對於管制解除的利弊，僅以六年的實施經驗就下結論仍嫌過早，下列幾點值得探討研究。

(a)雖然帶給旅客方便，但因空運企業擴張過速，以及為了競爭並維護其市場占有率，卻帶給空運企業財務困難。

(b)需求多的區間線班次時間較佳，而需求少的冷門區間線不是班次起降時間較差，就是航線無人經營。

(c)關於運費在特定區間的不公平現象漸增。

(d)大規模空運企業存在已開始引人注目。

(e)在空運企業的合理化過程，勞務費用低廉。

(f)經由代理店的賣出額急增。

(g)代理店的手續費漸增。

(h)電腦成為經營的重要工具。

(i)小規模航空企業漸已制度化。

但是最近由於飛機班次的延誤、空運企業的不實宣傳、無故停止航運，以及機票退款等糾紛，招致顧客均不滿，所以必須研商出改善的方案。

放射線狀的航線導向

自從美國空運管制解除後，發生三種令人注目之現象：一是放射線狀航線導向。二是 CRS（Computer Reservation System，電腦預約系統），三是購併（Merger and Aquisition）情形增加，即大規模的航空公司併吞小規模的航空公司。

放射線狀航路因又類似車輪的構造型態，在美國又稱車輪狀（hub and spoke）航路，是一種以軸心點為中心的運輸路線。在這種設計下，託運的貨物並不從起始點直接運送往目的地，而是先將所有託運的貨品集中於集貨中心，然後再分門別類送往各目的地。當它在航線網路中每增加一個城市時，只要增加從集貨中心到該域市的一條航線即可，無須開闢其他航線。例如：在美國專營航空貨運的聯邦快遞（Federal Express）以孟斐斯為中心，將從各地貨物集中於孟斐斯，在此分別將貨物依目的地做分類後，再運送往飛航於各目的的班機上。而在孟斐斯的集中作業則是在夜間進行，至隔日的特定時間內可將貨運往目的地，這種作業方式收到很大的成效。

這種運輸方式對於專以旅客為運輸對象的空運企業也有好處。如圖1-5-1，若是在ac、bc分別運輸的情況下。將b視為軸心，進行ab、bc運輸的話，則 bc 的運輸可視為是合併 ac、bc 的運輸一起進行的。如此一來，可以提高利用率，對空運企業而言是極有經濟性的有利運輸。再者，若是將所有的運輸都集中於 b，以 b 為軸心做來回運輸的話，空運企業的利益又更上一層樓。

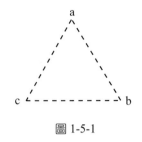

圖 1-5-1

　　由於這種運輸網路的經濟效益，在美國各地的空運公司競相利用此項優點進行運輸，卻造成美國空運網路的複雜。而軸心點的主要航空站的飛機起降頻繁、混亂，更造成旅客直飛機會喪失，轉機次數增加，浪費時間。因而航空專家們預測，未來將會增加兩地直航的班次。

電腦訂位系統（CRS)

　　針對航空運輸的發展，以及隨著航空公司電腦作業自動化時代的來臨，首創電腦預約制的美國航空公司（American Airlines）負責提供資訊、情報給全球 650 家航空公司，23 所汽車租賃公司，12,000 家旅館等地。它將航運作業的資料庫與高效能的 Sabre 電腦化訂位系統，和遍布全美各地旅行社的終端機網路做整合性的連接，不僅可以機位預約和銷售機票，也可進行旅館訂房、劇場等娛樂票券的預約。

　　自從航空管制解除後，造成航空票價的複雜化以及為了擺脫人工訂位等不利因素，使得美航的CRS發揮了強而有力的效能，也增加了該公司的銷售額。自美國空運管制解除後，採用流行一時的新型經營型態的航空公司（如：Peoples Express、Air due、Air Atlanta）先後遭失利後，提高了投資者的警戒心，連金融界也不打算涉足新航空公司的設立行列，而航空公司的購併案也告一段落，因此CRS遂成為空運企業間為生存、競爭的重要工具，尤其是經由旅遊代理店的機票銷售額超過了 8 成以上的情況下，對航空公司而言更顯得重要。

　　早期美國的 CRS 除了美航的軍刀系統（Sabre）以外，另有聯合航空（United Airlines）的阿波羅系統（Apollo），兩者占了美國CRS市場的60%以

上。其餘的尚有德克薩斯航空（Texas Air）的系統Ⅰ（system one）、環球航空（TWA）和西北航空合作的巴新（pars），達美航空和西方航空（western airlines）的 datas2 等。這些都是在 CRS 的原有機能中，還兼備旅行代理店業務管理機能，試圖涉足代理店業界。

歐洲的航空公司對美國 CRS 登陸歐陸極度恐慌，試圖藉由各國政府間的交涉，爭取時間獨自開發 CRS，但是後來卻改變策略，轉而拉攏美國的 CRS，遂形成阿瑪迪斯（Amadeus）和伽利略（Galileo）兩個不同系統的集團。阿瑪迪斯是受美國德航的系統Ⅰ支助，由歐洲地區德、法航、北歐航空公司及西班牙航空公司所合作發展的電腦作業系統。而伽利略系統用的是聯合航空的阿波羅系統，由英航、荷航（KLM）、瑞士航空（Swiss Air）共同使用。

亞洲地區由中華航空公司和亞洲另五家航空公司——新航、國泰、馬航、菲航、汶航，利用巴斯（Pars）原有的軟體成功地研發出 Abacus（算盤），不但能提供該六家航空公司班機時刻表、機位餘額、票價等事項的查詢，由於連線的關係，服務範圍更擴及亞、歐、美各洲航空公司。

目前臺灣地區 60% 的旅行社用的皆是先啟資訊的 Abacus 系統。不過自 87 年 2 月 28 日起，Abacus 已與總部設於美國的 Sabre 合併，對 Sabre 而言，無異是進軍亞太地區最省力的方式；對 Abacus 而言，Sabre 以電腦聞名全球，可成為其後盾和靠山。這次合併，更名為 Abacus International 的先啟資訊系統更強，可提供客戶更好、更快的服務及多樣化的產品。

🛩 代理店制度

第二次世界大戰後 40 年間，國際航空運輸協會 IATA 代理店制現也已面臨到轉捩點。直至目前，IATA 的代理店制度對世界航空事業有著莫大的貢獻，IATA 代理店制度仍舊被多數的國家所採用。全球依照 IATA 所核定的代理店、客運代理店約有 5 萬家，貨運代理店有 4 千餘家。

IATA 所指定的代理店，得受各航空公司委託，代銷機票或代理貨運業務。其業務重點如下：

㈠發行機票。

㈡接受 IATA 所規定的佣金。

㈢每半個月與航空公司決算並支付票款。

㈣應按照 IATA 規定的價格，代售機票及收取貨運運費。

㈤每年 12 月 1 日前向 IATA 支付會費。

　　臺灣地區民國 79 年統計，旅行社的增設已突破 1,000 大關，但其中僅63 家是 IATA 所核准的客貨運代理店，由此可知其審核選擇之嚴格。期望成為 IATA 代理店者須向代理店調查會議（Agency Investigation Panel）或 IATA 代理店管理部長（Agency Administrator）所管轄的代理店委員會（Agency Board）提出申請。如被核准認可後，發給證書，方可得到 IATA 的保障，享受客（貨）的佣金。

　　由於旅行社拓展國際旅運業務皆寄望成為 IATA 指定的代理店，所以業務實績（業績，財政情況人事）之優良與否成為獲選的必備條件。

　　美國也是 IATA 代理店制度的實施國之一，那些受 IATA 核准的代理店因違反美國的獨占禁止法而引發多起訴訟，後因敗訴，IATA 遂廢止了在美國的代理店制度，取而代之的是 Passenger Network Service Corporation（PNS）以及 Cargo Network Service Corporation（CNS）負責處理將代理店的情報提供給航空公司，因此，美國 IATA 代理店制度可說是完全崩潰了。

　　航空公司為了因應航空管制解除，就不得不重視旅行代理店銷售的體系，也就使得其只好加盟 IATA 的代理店制度。但因不加入 IATA 的航空公司也不少，遂造成代理店佣金制度的混亂，於是 IATA 代理店制度是否持續維持則面臨一大考驗。

　　因為不屬於 IATA 會員的航空公司自不受 IATA 代理店制度的約束，競爭也較自由。為了將空運企業和代理店之間的交易簡易化，遂產生 BSP（Bank Settlement Plan）銀行清帳制度和 CASS（Cargo Accounts Settlement System）制度，前者是以旅客運輸為對象，後者是以貨物運送為對象，對有資格代理機票及運貨單等運輸證券的代理店，則可做合理的分配，而對代理店繳納的運費以及代理店佣金的給付，則是委由銀行為仲介，並藉由電腦來處理一切事宜，因此代理店的業務管理日趨合理化。

　　BSP 現包括日本在內已有 17 個地域實施，占了 IATA 代理店地區的 80%，而 CASS 最初開始實施於日本，現已有 4 個地區在實施，但還不像 BSP 那般大眾化。這兩者對於未加入 IATA 的空運企業或代理店也有適用的可能，因為加入 BSP 或 CASS 就等於是遵從了 IATA 代理店的規定。

　　空運企業和代理店之間最難辦的是在於代理店的佣金費用上，因為過去必須嚴格遵守 IATA 對代理店的佣金費率規定。但美國的民航委員會於 1978 年予以否決，加上今日空運企業的激烈競爭，代理店手續費統一已近乎不可能了。

　　一般而言，航空公司付給代理店銷售機票的佣金為國際線 10%，國內線 5%，此外對於指定的代理店在銷售超過某一程度的配額，另有 3% 的銷售獎金（over-ride）給付（即俗稱之後退款）。這兩種佣金費用的給付都是逐年升高，依照 1988 年上半期統計，在美國的航空公司機票總銷售金額雖達 205 億美元，但對佣金的支付則高達 22 億美元，比 1987 年上半期增加 17%。而這種佣金給付在美國航空公司的支出項目中雖僅次於人事費用和燃料費，但在各國航空公司極節省人事費用以應付日益高漲的燃料費之際，是亟待解決的問題之一。

　　所以為了避免對代理店過度依賴以及節省這種佣金支付的開支，各航空公司也紛紛採取若干因應措施，例如機票銷售管道的多樣化、直接預約系統軟體的開發、加強個人商務旅遊市場的開發等。當然，這對占了航空公司機票銷售率達 85% 以上的代理店來說，的確是件隱憂。但上述這些措施實行的可能性效果如何，尚待觀察，所以目前的情況還需維持好一陣子，即使航空公司對代理店的佣金給付制度不滿，仍須強顏歡笑，「善待」其代理商。

空運企業聯盟

　　為了應付市場的競爭及降低成本，國際間的航空公司也開始從「競爭者」變成合作者，紛紛採取策略聯盟的經營方式，且已逐漸形成三大聯盟的經營體系。目前最大的航空公司聯盟——「星空聯盟」，由美國聯合、德國航空、泰國航空、北歐航空、加拿大楓葉航空，加上新加入的巴西航

空、全日空、紐西蘭航空、澳洲安捷航等9家所組成，使得環球航線更完整，全球有超過700個航點，提供旅客一票到底、全球共用貴賓室、旅客可透過任何聯盟成員班機，獲取飛行里程數累積，並晉升為尊貴級會員身分。此外，提供旅客更多更便利的服務尚包括：增加航班、簡化票務及訂位手續、提供更方便的接駁服務，及優質的行李處理和地勤服務。

另一航空界大聯盟則是於1998年9月下旬才成立的「寰宇一家」，則由美國航空、英航、國泰、加拿大國際航空及澳航5家航空公司所組成，全球擁有632個航點，也能提供旅客多項同樣的服務。

至於曾經積極籌組的「航翼」聯盟，則由結盟多年的美國西北航空及荷蘭航空所主導；由於荷航已與義大利航空完成策略聯盟，西北航空1998年10月份也與大陸中國國際簽約策略聯盟，原先計畫當西北航空與美國大陸航空也完成策略聯盟後，這5家航空業者即宣布組成「航翼」聯盟。未料美國司法部對於西北與大陸航空聯盟有意見，認為可能違反「反托拉斯法」形成壟斷，而與西北、大陸航空訴訟，所以從未正式宣告成立。

至於國內的情形，則分別以合併、路線聯營、入股來達成相互結盟的目的。例如立榮、大華、臺灣已合併成立榮航空，而復興與華航聯營北高線、與遠東聯營北南線，長榮也曾與立榮聯營北高線，與大華聯營北南線；至於入股方面，長榮擁有立榮、臺灣、大華各42%、29%、24%的股權。

第五節　空運費率

空運費率可分為每一旅客為單位的客運運資，即俗稱之機票價格（fare），以及以貨物運送為徵收單位的貨運運費（rate）。有關貨運費的徵收單位，在美國的國內空運是以磅為計算基準，但 IATA 及美國以外的主要地區則是使用公斤為計算基準。

空運市場中，除了美國的國內空運市場以外，對於貨運運費和機票價格，任何空運公司皆無法自行決定，多是藉由各國政府的介入，循著一定的程序所裁定的。但是各國政府多多少少受了美國空運法令限制解除的影響，客貨運的運費也漸傾向由空運企業自由裁定，今後這種趨勢也將更具

體化。

　　航空運輸成本指的是航空運輸業的經營過程中，航空運輸能力生產、銷售所需的所有經費，可分為總成本及單位成本。單位成本為已分攤於每一產品單位的費用支出，在制訂空運費率時，僅供參考比較之用。總成本乃表示費用支出的總數。總成本在計算應獲得的收入內收回。應獲得的收入，為合理的總成本支出加合理的盈餘報酬。單位成本可分為直接成本（變動成本）與間接成本（固定成本）兩種，間接成本不隨業務量大小而變動，乃為經營整個事業而支出，如管理費用、業務費用、財務費用。

　　變動成本為空運費率的最低限度，一切經競爭、優待、折扣等減低之費率，以直接成本為限，因低過直接成本，必致虧損。包括飛機起飛至降落間的成本，隨產量的多寡而增減，占全部成本60～70%，包括飛行費用（燃料及駕駛薪津），飛行設備的養護費、折舊費等。

　　空運企業每家的經營體質不同，故其成本計算方式雖各不相同，但影響其成本的變動因素，大體可分為四項。

　　㈠經濟環境的變化

　　這種環境變化包括薪資費用、燃料價格、飛機降落及停留費、保險等調整，都會影響航空公司的經營成本，此外，也必須考慮到海、陸運輸的競爭力。

　　㈡所使用航空器的機種類型

　　不同機種的航空器價格自是不同，其酬載量、運輸能力、燃料消費量、巡航速度等皆不同，而航空器的性能優越與否則是和價格成正比。航空公司選擇飛機機種有其考慮的因素：⑴考量航程，一般可分為越洋長程、中程、短程；⑵考量載客數，一般可分為50、70、100-120、150-180人座等；⑶直接營運成本（direct operation cost），所謂直接營運成本是指一架航機可以正常執行飛行任務所需耗損的成本；此成本並不包含飛行組員薪資、各項保險等費用。以上三項因素，即可算出每一個「座位／里程」的成本，也就是平均載運一個來客一公里所需的成本──「延人公里」，此

費率成本加上航空公司預期利潤，即可算出票價。因此這三項因素，也是飛機製造公司用來爭取航空公司採購的不二法門。

　　㈢航空線路結構

　　飛航兩地之間距離以及地區性的航空交通管制狀態，會影響其巡航速度，在機場上空飛機等候的時間越長，會造成平均巡航速度降低。而飛機離陸、爬升、下降、著陸因需要時間，所以兩地間距離越長，其平均速度越大。

　　再者，旅客及貨物的實際裝載重量也影響飛機的最大航程，因為長距離運輸必須有足夠的燃料。為了減少飛機的酬載量，只有減少燃料的裝載量，此外對於短距離及交通量少的地區，基於成本的考量，則無法增加班次。

　　㈣航空企業的政策

　　這當然與航空公司本身的政策方針有關，這些政策包括了新飛機的購入計畫、營業政策、服務計畫以及飛機的使用計畫等。此外，機票的價格、運費的設定基準、促銷活動的水準及方針，也直接影響到企業的經營成本。

　　上述經營成本的變動因素雖然與航空費率制訂密切相關，但航空運費制訂的要素主要可分為五項。

　　㈠航空運輸成本及合理的盈餘報酬

　　企業的成長、發展中若無法獲得合理的利潤，則無法達成，如何使投下的資本回收並獲得利潤，也是任何企業所關心的。所以航空運費的決定必須在成本上附加合理利潤才行。

　　㈡季節性需求變化對價格的決定

　　需求高則運費高，需求低則運費低，所以在旅遊淡旺季時，機票的價

格也不同。

(三)負載率和供需關係

運輸能力當中,商品的銷售量是以其負載率(load factor)來做測定的。因航空運輸具有生產和消費同時完成的特色,所以其實際負載率的預測是決定航空運費的重要因素之一。這種負載率的探討可以參考過去的實績、貨客需求等關係。供需關係指的是對於航空旅客、貨物的運輸實績和需求的成長預測(潛在需求)。而航空公司所提供的供給量均衡關係,也是以這種供需關係為基準,來設定運費的水準及運費體系。

(四)航空運輸的公共性

航空運輸具公共性,因此票價的設定有時也受到政府管制,特別是國內空運市場,業者更是無法任意調整運費。不過也有越來越多的政府逐漸改變票價的管制。

(五)航空運輸費率和一般物價的比較

由歷年的統計得知,物價上漲波度一定比航空費率的上升還大。航空運費相較之下,則顯得低廉。

空運企業的盈餘報酬可分為路線別和總體兩種情況。在交通量稀疏的路線經營的航空公司,必視此路線為賠錢路線。有時為了政治或大眾輿論要求等原因,只好繼續營運下去。此路線的虧損勢必有賴企業的全體總盈餘的貼補才得以生存,所以一般而言,空運企業的盈餘計算還是採路線別較為合宜。這種因應政策上的要求,所需經營的路線,政府必須給予補貼。如此一來,才可提升該企業和其他空運企業的競爭能力。

1. 國際旅客票價

航空運輸業務多以經營客運為主,貨運為副。除了專營的航空貨運公司,航空公司所得收益大部分皆從發售客票得來。目前世界各航空公司發行機票在全球兩點間的客票已逾55萬種,貨運價也超過25萬種之多。如此複雜情形豈非無從說起。目前國際機票價格大多是依照IATA所制訂的。

其制訂的程序相當複雜，先由航空公司根據成本原則，擬定各航段的運價，報由國際空運協會審議；經該協會表決通過後，由申請的航空公司根據該協會的決議，申請有關國家的政府批准，待獲得全數關係國家的批准後，再由該協宣布生效實施。任何一國政府的不同意，新運價即無法實施，故國際客貨運價的調節，通常需要一段較長的時間，如圖 1-5-2。

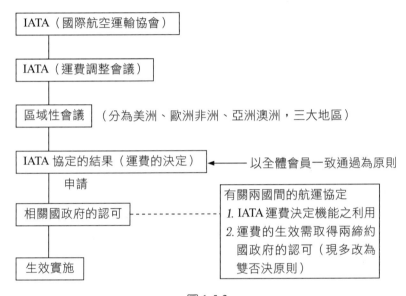

圖 1-5-2

但是最近由於會員間利害關係趨於複雜，遂產生一種小地域（sub-area）方式或限制協定（limited agree）制度的解決方案。

有關國際的航空票價，基本上分為頭等、經濟艙二等。但自 1970 年廣體航空器之引入，為了對抗包機運輸，遂推行 GIT 票以及契約團體旅遊，因此又將機票分為頭等、商務、經濟艙之等級。所謂 GIT 票價（Group Inclusive Tour Fare）是以一定人數的團體為條件的一種特殊運輸票價。即在特定的航線為鼓勵度假旅行或特別季節的旅行，或基於其他理由所實施的優待票價。而契約團體旅遊票（Contract Bulk Inclusive Tour）則是比 GIT 票價更適用於大型團體的一種優待票價，現在由於 GIT 票價擴大用途，兩者已統合為一

了。此外也有航空公司為了讓旅客享受更高品質的服務與環境,將國際航線上述三個艙等改制為兩個或四個。如澳洲安捷航空將頭等和商務合併,名為「Spaceship Business First」的頭等商務;而國內的長榮航空則在商務艙與經濟艙之間增加一個豪華經濟客艙,讓旅客能以經濟艙的票面價享受商務艙的舒適。

直至最近,由於空運企業間競爭激烈,種種優待票因而推出。預先購入遊覽機票(advance purchase excursion fare)的制度於 1979 年率先應用在日本和加拿大之間,那是必須在特定期間購入機票才可享受特價。而青年票(youth fare)首先在 1980 年初的日本與歐洲之間流行,規定 12 歲以上 26 歲未滿的青年才可購買。另還有 1983 年日韓間採用的學生見習旅行票,以及 1981 年適用於日美間的配偶機票(spouse fare)供給全票旅行者的配偶使用。此外家庭票價(family fares)、移民票價(emigrant)、學生票價(student fare)、勞工票(labour fares)均酌予減價優待。

又在 1987 年以個人旅客為對象,以將其安置在經濟客艙(為了團體旅客而設之末尾席)為條件,推行經濟客艙優待票價計畫。

但是在日本方面,團體旅遊票的使用情形,太平洋地區為 75%,日歐間 70%,其他地區大概也占了 65%,而在團體旅客票超額賣出時,一部分的團體旅客會被 up grade(如由三等升二等,二等升頭等)至高票價普通旅客的客艙,對於普通旅客而言,尚欠公平,宜應對付全額票價旅客更禮遇才是。況且若與其他運輸企業的票價或消費者物價指數相比較,其每年機票的調整幅度更顯得低廉。這種結果,與航空器的不斷改革與空運企業間的激烈競爭有絕大的關係。

在這之前,IATA 設定了美元或英鎊的機票費率,各空運企業雖可依此來換算自國之通貨,但自此方式遭廢止後,機票票價為了空運企業間的聯運,以及計算票價之便,必要有一相同尺度,遂創設了 FCU(Fare Construction Unit)的計算單位。照著 1973 年當時的費匯比率計算,1FCU=1 美元=291 日元=0.38377 英鎊=3.25 馬克。

之後,隨著匯率的變動,當時所定的比率與實際情形相差太大。本國通貨價值上升(通貨膨脹高)的空運企業,為了不蒙受損失,遂按照當地發

售的機票票價計算，事實上，當地國票價的設定仍不得不按照FCU，所以若是換算成實際的匯率，機票價格在不同的國家仍有相當的差異，因此這種現象雖遭旅客不滿及批評，卻又有些旅客取巧至便宜的第三國購買機票，或是造成便宜機票的輸入，此種情形至為氾濫。

IATA為了要緩和這種矛盾現象，核准了票價調整係數的引用，調高實際匯率低的國家之當地機票的售價，調降實際匯率高的國家之當地機票的售價。雖然往返的目的距離不變，但造成其間價格差異仍大。

這種問題不僅是旅客，就連對負有公共使命的空運企業而言也是嚴重的，基於此，IATA的票價調整會議中也不斷地對這種現象進行討論，結果認為FCU的改變及新制度的引用是必要且迫切的，FCU廢止的替代案，乃是IATA考慮引用的SDR票價，所謂SDR乃是從國際貨幣基金（IMF）中特別導入的，是目前最安定的國際貨幣的換算單位。

IATA 於是在票價調整會議中決定採用 SDR 票價，空運企業換算成自國貨幣時，可依照 IMF 所決定的 SDR 換算匯率。SDR 的價值也可能會變動，但因其價值是平均主要貿易國的通貨所決定的，所以變動幅度比起現實的通貨還小。另一方面，空運企業的結算若是依SDR，企業本身的匯兌損失亦不大，這就是採用SDR的優點。但是只要物價持續不斷波動，則是否要採用 SDR 就值得再研究了。

最近歐美各國對票價範圍（fare zone）的觀念甚強，那是因美國在空運管制解除之前所採用的SIFL（Standard Industry Fare Level）國際票價版，和SFFL（Standard Foreign Fare Level）有類似的原因，所以一開始便被美國和ECAC（歐洲民航會議）間所採用，在 1987 年遂被列入 ECAC 的會議紀錄並被採用。

按照 ECAC 的紀錄，是以普通票價為基準，訂定合理的範圍，例如可以普通票價的65%至90%為一般折扣票價（general discount fare），45%至65%為特別折扣票價（deep discount fare）的範圍，若是在這範圍內的折扣，空運企業可自行裁決，自由採用新票價。SIFL不僅對於票價降低，就連票價的調高也同樣適用，是種介於需政府認可的票價調整制度和解除票價管制兩者之間的新制度。

在設定票價的前提下，空運企業有著對每一旅客實收淨額（yield）多

少的問題。因為若以普通票為基準來看的話,有旅行折扣等多種折扣制度的存在,再加上扣除支付給代理店的手續費,這些都是空運企業的經營所必須注意到的。而空運企業所提供的運輸因無法保存,所以說控制實收淨額和負載率(load factor)乃是決定空運企業的經濟命脈,一點也不為過。因此空運企業為了效率經營,無不希望能自由決定票價的調整,但是同一飛機卻搭載有支付不同票價的旅客,似難稱公平,所以關於這點實有規範的必要,故附帶某種目的或某種條件下的票價調整範圍,對空運企業及旅客皆為有利。

然而在美國的空運企業,為了求取實收淨額及負載率的最大值,分別將路線別、月別、週別、時間別、職業別、年齡別等的旅客資料輸入電腦中,並將此與票價連接使用。

雖然如此,新的票價制度還是自1989年7月起正式實施,目前整個航空票價的計算體系已歷經了三個階段:

(一) 1973年2月以前。

(二) 1973年2月至1989年6月的FCU制度。

(三)目前所使用之NUC(Neutral Unit of Construction)制度,調整後的票價計算也比以往更精確,但其票價計算的基本原則仍不變。尤其 NUC 制度中所採用的匯率,按照各國的通貨膨脹及匯率調整情形,一年變動四次,所以彈性較大,也較能符合現實的需求。此外,針對投機取巧到票價便宜的鄰國購買機票或是輸入機票的情形,遂增加了「International Sale Indicators」,使票價的計算會因機票的開票地和付款國不同而不同。但已於2004年10月取消。

2. 國內航線票價

國內航線機票票價的決定,常常是繫於一國的政策而定,通常仍行空中管制的國家其國內航線票價則由政府統一規定,此乃為避免只有少數航空公司寡占的空運市場,聯合壟斷集體抬高票價之故。所以我國的國內航線客運機票價一直按照政府實施的統一票價制度。交通部曾對天空開放政策展開全面檢討,使得國內航空票價將不再採取齊頭式平等,而改為依各航空公司營運狀態,作不同考量。因此未來國內票價可能只訂定上限,並

給予業者30%的調整空間，讓營運狀況不同者可以在票價上區分出來。

3.貨運費率

(1)國際貨運費率

貨運費率的制訂和實施手續不分國內外航線，基本上是和客票票價類似，唯獨不一樣之處乃在於貨物是按重量或體積來計算金額的，所使用的單位有公斤制的，但在美國國內卻是以磅為計算單位。基本上貨運費率可分一般貨物費率（general commdity rate）、特殊貨物費率（specific commodity rate）和品目分類費率（exception, commodity classification rate）這三項。

一般貨物費率是最基本的收費方式，凡是其他費率不適用的貨物皆可適用。是按「重量收費」的，以每公斤若干元計算運費，依託運貨物的淨重為準。而特殊貨物費率是針對大量運輸可能性高的貨品，如食品類、纖維製品以及機械類等，其目的是要誘使大眾多利用空中貨運。相對的，品目分類費率則是適用於動物、貴金屬以及定期刊物等特殊交易貨物資率。比較起一般貨物費率計算，不同的貨物，其運費的差距有時甚大。

費率的制訂是有其一定標準的，例如，45公斤未滿、45公斤以上、100公斤以上、300公斤、500公斤以上等的貨物，按所定的重量上、下限收費，而重量越大者，因有優待費率，不見得相對收費高。

另外值得一提的尚有超值費率（valuation charge）和ULD（unit loading devise）費率。空運企業對於載運貨物或行李的損害有負賠償之責，若不是故意或重大過失所致的毀損或遺失，是有最高賠償額的限制。但對於受委託的高價品運輸時，託運人預付運資並已申報貨物的價值時，則不在此限，例如貨物的價值如超過20美元以上，並經貨主交運申報價值者，航空公司對於超值部分按0.4%加收超值費。

ULD則是由貨主或其代理人自行將無數小件貨物，按照航空公司規定的規格固定於貨盤（pallets）或裝入貨櫃（lgloo or container）或貨箱內，使能便利搬運及裝機作業者，航空公司皆訂有特別費率優待。航空貨運承攬拼裝業者，即利用零星攬貨而予以整件打包空運，以賺取特別費率的差額。此種貨物單位的空運深受航空公司的歡迎，稱為ULD。

(2)國內貨運費率

國內貨運價的制訂，因牽涉較少，由航空公司擬定後，經政府主管機關核定，即可公布實施。我國目前的貨運費率大體如下：（中華航空公司運價規則）

①貨物不分類，費率以每公斤若干元計算，運價以新臺幣「角」為計價單位，尾數不足五角者一律進位為五角，超過五角不足一元者一律進位為一元。

②新聞報紙、雜誌、書籍、盲人用書等均以一般貨運價五折收費，其計算方式為一般運價之半乘以貨運的重量後，再以上項規定進位，其他印刷品仍比照一般貨運價收費。

③活生動物運價為一般運價的雙倍，活生動物限家禽、家畜，如雞、貓、狗、猴等。

④除第②、③項所列貨品外，其餘貨品一律按一般運價收費。

第六章　空運責任與航空保險

第一節　航空事故與空運責任

　　航空運輸企業的主要任務是將人或物安全地運送至目的地。即使是集結最新科技的航空器，其運送途中仍有發生問題的可能。如航空失事致人死傷，或毀損動產不動產時，法律規定採絕對責任主義，即不論故意或過失，航空器所有人依民用航空法應負損害賠償責任，其因不可抗力所生者亦應負責。自航空器上落下或投下物品，致生損害亦同。乘客於航空器中或上下航空器時，因意外事故致死亡或傷害者，航空器使用人或運送人應負賠償之責，但因可歸於乘客之事由或乘客有過失而發生者，得免除或減輕賠償。

　　之所以訂定這些賠償責任，乃是因航空事故一旦發生，其傷亡人數及所造成的損失都極大，這從歷年的航空空難史上可以得到驗證。鑑於此，而強制賦予航空運輸業者之責任所然。

　　現行制度之下，航空運輸業的責任在國際航線上則按照國際空運組織種種規約，國內航線則依各國的國內法而有所不同。

第二節　國際線乘客賠償責任限度

　　1929 年於波蘭首都華沙簽訂的《華沙公約》（The Warsaw Convention）全文共計 41 條，自第 17 條至第 30 條皆關於運送人責任的規定條款。對航空公司職員、代理商、貨運委託人、受託人及其他有關人員的權利與賠償義務，均有明確規定，以補助各國國內法的不足。世界主要空運國大都加入。一般航空公司均將其內容摘要加印於機票內。

　　《華沙公約》中規定，如旅客交運的行李遺失，倘非交運時曾投保價

值險（亦有限度），不問該行李價值如何，均按其重量賠償。目前 IATA 規
定每公斤賠償250法郎，約合20美元。目前各航空公司對旅客行李遺失賠
償最高每公斤20美元，行李遺失後，在未尋獲前，航空公司可發予旅客
「日用金」，供旅客購買日常用品，通常為50美元。如旅客行李遺失後21
天，仍無法尋獲時，航空公司始辦理賠償手續，並向保險公司領取賠償
金，給付旅客。而航空公司對隱藏的損傷不負賠償之責（如易碎品）。遺失
行李如經數家公司聯運而無法證明責任時，其賠償費用原則上按比例分擔。

至於旅客的傷亡賠償，依照《華沙公約》規定。航空公司在無故意及
重大過失的情形下，則採責任限額之賠償，最高為12萬5,000法郎（約合1
萬美元）。

《華沙公約》於1955年修定後另訂立之《海牙公約》，則將責任限額
抬高2倍即25萬法郎。而在美國國內則因《海牙公約》引起爭議，於是美
國民航局規定，凡航行美國的航空公司須簽署遵照1966年《蒙特婁協定》
（Montreal Agreement），按照此約定，其賠償對象的旅客全部行程要由美國出
發，或目的地美國，或中途在美國停留，則不論飛機在何航段失事，賠償
時均受美國法律的管轄，其最高責任限額為7萬5,000美元（含訴訟費在內）。
若是不包括訴訟費則為5萬8,000美元。而不簽署此協定之航空公司則被拒
絕航行美國。

第三節　我國航空損害賠償辦法

世界各國大多數已經批准或加入1929年之《華沙公約》與1955年之
《海牙公約》；所有飛航美國的航空公司也都簽訂1966年的《蒙特婁協
定》。這些條約皆載明了國際運送的責任與賠償，全世界通用。而我國雖
是《華沙公約》簽署國之一，但至今仍是非公約國，我國民航法所定之
「賠償責任」仍是特例。民國71年5月27日，行政院通過修正「航空客貨
損害賠償辦法」，對民用航空法更作了具體的規定，其辦法要點如下：

㈠航空器使用或運送人對每一乘客之損害賠償標準，其為死亡或重傷
者，最低新臺幣75萬元，最高不得超過新臺幣150萬元；非死亡或非重傷

者，最高不得超過新臺幣 50 萬元。

㈡航空器使用人或運送人對於載運貨物或行李之損害賠償標準，貨物及登記行李為每公斤新臺幣 1,000 元，隨身行李每一乘客為新臺幣 2 萬元。

㈢航空器使用人或運送人應依所定之最高損害賠償額，投保責任保險。

㈣航空器使用人或運送人因故意或重大過失所致之損害，其賠償責任不受本辦法所定最高賠償額之限制。對其受雇人或代理人執行勤務時之故意或重大過失，應與自己之故意或重大過失負同一責任。

㈤航空器使用人或運送人對於乘客及載運貨物或行李之損害賠償，除因涉訟或其他正當原因者外，應自接獲申請賠償之日起 3 個月內支付之。

㈥航空器上工作人員損害賠償，準用本辦法之規定。

第四節　航空保險

早在各國於 1929 年簽署《華沙公約》當時，即認定航空器之危險，因此，若航空運輸業者之責任有限的話，就應設有保險制度。

由於近 70 年來航空科技迅速進步，現在雖已沒有人將民間的航空器視為一危險物體，但航空器航行於空中可能面臨各種危險，包括航空器自離開陸地或水面起飛開始，迄至著陸或著水之間可能發生各種危險，站在航空運輸業者的立場而言，無論是地上危險或空中危險，均可獲得充分的保險，而航空保險（Aviation Insurance）正是專為承保有關航空器危險而設計的保險。這也是因一旦發生災害，其賠償額或損失極其龐大。導致航空運輸業者實無足夠能力應付之，或導致經營危機。因此航空運輸業者除了一部分較特殊的業者，幾乎依賴保險業者支付賠償額，但如此一來，勢必加重保險業者的負擔，所以保險業者也有必要分散其風險，減輕其負擔。

航空保險以所承保之標的，包括有形如財物、無形的利益或責任之性質。

大體而言，有關機體保險及貨物運輸保險，仍在海上保險範疇，有關責任保險與人身意外保險則屬意外保險領域，雖然至今仍未能單獨成立一個體系，不過就航空運輸業之日趨重要，航空保險遲早將獨立成為一個保

險體系。目前的航空保險種類可分下列各種：

（一）飛機機體保險（Hull Insurance）

承保航空器所有人、租用人或受託人、航空事業經營人，其航空器於飛行中（flight）或滑行中（taxying）或停泊中（on the ground）所引起機體本身之全毀或損壞的賠償責任。此種保險的保單，多採此一切險條件，若是機體全毀則賠償全額之保險金，損壞時則負擔修理費。

但對於因下列三類危險之損害，仍予除外不保：

1. 戰爭、罷工、騷擾及民眾暴動。

2. 自然耗損、機件或電子設置等之損壞。

3. 原子能污染危險。本項為所有航空保險單之標準除外危險（standard exclusion risk）。

（二）不堪使用損失保險（Loss of Use Insurance）

此種保險承保航空器因不堪使用，而因修理導致停航所發生之收益（revenue）損失。此保險單多載明每週或每日（per week or per day）之補償金額。

（三）乘客及乘客行李責任保險

（Passenger and Passenger Baggage Legal Liability Insurance）

此種保險為承保航空事業經營者對其乘客及乘客行李損失的賠償責任，也是所有航空保險中，所占比例最大的。

但不包括機師及隨機人員之行李在內。保險人之賠償責任以被保險人應負的法律賠償額為限，包括依國際公法或本國之法定責任額，其標準通常限定為每一飛機、每一乘客及每一意外事件之最高金額。

（四）第三人責任保險（Third Part Legal Liability Insurance）

承保航空事業經營者，因航空意外事件所致第三人之體傷或死亡或財損應負的法律賠償責任。所謂「第三人」，係指被保險人之受雇人及乘客以外之其他人。尤其在人口密集的上空所發生的航空意外，因會導致航空

事業經營者付出鉅額之賠償，所以通常此種保險設有最高賠償之責任限額。儘管如此，其最高賠償額仍是十分龐大的。

㈤郵件責任保險（Mail Legal Liability Insurance）

承保航空事業經營者，對由其載運之貨物、郵件及其他物損失的賠償責任。通常郵件運輸都是由航空運輸業直接與郵政當局簽署運輸契約後執行，而郵政當局對於郵件所負之責任則係依照郵件運輸管理相關規定，所以航空運輸業者的郵件賠償責任保險乃以此為前提，作為投保給付的標準。而且由於其保費較低廉，保險契約並不和其他航空保險一併處理。

㈥飛機場所有者或經營者責任保險

　　（Airport Owners and Operators Legal Liability Insurance）

承保所有者或經營者，不論公營或民營，對下列損害之法律賠償責任：

1. 飛機起飛或降落因指揮錯誤而引起的體傷或財損之賠償責任。
2. 飛行器及其設備因使用該機場而引起之損害賠償責任。
3. 因提供正常服務而引起的體傷或財損之賠償責任。

㈦產品責任保險（Products Legal Liability Insurance）

承保飛行器製造廠商因飛行器全部或部分設計缺陷（faulty design），或因修理或零件換裝不當所致的損害，包括飛行器不堪使用損失、乘客死亡或全傷，及第三人體傷或財損。每一次事故之產生最高責任額為500萬美元，最高保險金額有時超過1億美元。

㈧個人意外傷害保險（Personal Accident Insurance）

此種保險可分為下述兩類：

1. 乘客傷害保險（Passenger Accident Insurance）承保乘客因航空意外事件而造成下列傷害之賠償責任：

　　(1)死亡，或永久全殘，或喪失雙手，或喪失雙眼。
　　(2)喪失一手、一足，或一眼失明。

　　(3)臨時全殘。

　　(4)臨時部分殘廢。

　2.機員傷害保險（Crew Accident Insurance）承保範圍同乘客意外傷害保險。

(九)執照喪失保險（Loss of License Insurance）

　　承保飛機之駕駛員因意外或疾病而喪失其飛行執照，以致不能飛行時之收入損失。

(十)戰爭危險保險（War Risks Insurance）

　　航空保險原先之規定，只需交付低廉的外加保險費（nominal extra premium），戰爭危險即予以承保，惟自1968年12月在黎巴嫩首都貝魯特意外事件（劫機，Beirut incident）之後，航空保險業一致協議，將戰爭危險自所有航空保險單中除外不保。該除外條款名為：「戰爭、劫機及其他戰爭危險除外條款」（war, hi-jacking and other perils exclusion clause），依據本條款規定，除外之危險包括下列各項：

　1.戰爭、侵略（不論宣戰與否）外敵行為及任何持械惡意行為。

　2.罷工、騷擾及民眾暴動。

　3.劫機非法扣押沒收或充公。

　　戰爭危險保險即為承保普通航空保險除外不保之危險而設計，惟並非一張保險單承保全部戰爭危險，而是分別（separate）承保。但保險人對劫機及非法扣押之索賠則有所限制，即必須經合理確定，認為該機已不可能復歸於被保險人者，始得由保險人賠償。

(土)貨物保險（Cargo Insurance）

　　航空貨物保險，專為承保貨物經由空中運輸（sending of cargo by air）時之損害賠償而設計。保險人所保之危險，多採用一切險保件承保，通常也都包括共同海損在內。

�±搜索救助保險（Search & Saving Insurance）

　　當航空器失事之地點不確定時，則需進行搜救工作，縱使失事地點查出後，在前往救助時仍伴隨著若干困難。此外搜索或救助皆需花費一筆不小的費用，擔付這種費用即是搜索救助保險的功能。此種保險通常不管是在搜索或是救助仍採取限額之給付。

第七章　航空貨運

第一節　定　義

空運貨物（Air Cargo）在國際上的定義，通常僅指各種經由航空運輸的貨物（在美國稱 Air Freight），並不包括郵件及包裹。而航空貨運即是指航空貨物之運輸。

航空貨運自噴射客機加入後，不僅快速且縮短空運時間，也因裝載量增加等優點，而成長快速益趨普遍，市場因之不斷擴大。通常以客運為主的航空公司也兼營貨運，更因空運貨源不斷擴大，已為世界各國航空運輸業者所重視，除了大型貨機應運而生，或將客機改裝，以適應裝載及貨主的特殊要求。

第二節　航空貨物種類

航空貨運的最大特性即是其運航快速，可縮短運輸時間，所以對於需爭取時效的緊急用品以及不適於長時間運輸的貨品，如新鮮食品、花卉、動物、放射性物資、新聞紙類等，能適時運達爭取時機。

然而空運的運費高以及機體空間不良等因素，也是航空貨運發展的阻礙，但近年來航空器之進步以及大型化、裝載量大的貨機問世，造成運費減少，大大地促升其利用價值。

目前，航空貨運的貨物種類如下：

汽車及其附屬品、零件、機械、印刷品、電子電器用品、衣類、靴類、道具類、金屬製品、相機及底片、花生、苗木、水果、蔬菜、體育用品及玩具類、動物、化學製品及原料、塑膠類、醫藥品、器具、食品。

國際「航空貨運」（Air Cargo）的運輸量增加，成長速度極快，其優點

計有：

㈠航空貨運快速，可使庫存（Inventories）、管理成本減至最小，甚而減少倉庫的建造。

㈡空運包裝成本較海運為低，可節省包裝費用。

㈢航空貨運的破損及遺失率較海運低，故其保險費率通常也較海運低。

㈣空運可縮短運輸時間，使季節性或需爭取時效以及不適於長時間運輸的貨品如新鮮食品、花卉、動物、放射性物資、新聞紙類等，能適時運達。

㈤國際商品市場態勢瞬息萬變，利用航空貨運交貨迅速，可把握最佳時機，使產品搶先投入有利市場，並可避免失去既有市場。

㈥因運輸與銷售運轉迅速，業者對生產計畫易於控制，可使工廠維持正常運作，亦可加速企業資金周轉。

㈦利用快速的航空貨運進口原材料或零配件，可避免原料短缺停工之虞。

㈧各國對進口貨物的禁令漸寬，也使得貨物運輸量運輸範圍擴大。

第三節　貨物運輸機及運輸業

起初航空貨運乃是基於利用客機的剩餘空間所從事的運輸而已，直到航空貨運的需求增加，才促成貨物專用運輸機的開發及出現，更喚起航空貨運的快速成長。

客機專用的貨物裝載空間因機種而異，如 B747 型機可茲利用的空間最大，雖然其貨物的載重量近達 20 噸，但因貨物裝載處只限於機身下層（上層客艙下層貨艙），大型貨物或重量大的貨物則無法利用。有鑑於此，專營貨物的運輸機（又稱全貨機）加強機艙底部的強度，並將貨物的裝載處置於機身中央，並擴大艙門入口。再者，為了空間做最大利用，在機內採用全自動裝載系統，此專為貨物運輸機設計使用的全貨機即擁有 115 噸的裝載量。

另有一種介於客機與全貨機之間的機種稱 Combi，即是 Combination Airplane 之略稱，可說是客貨兩用的機種，機身分為兩部分，上層為客艙，下層為貨艙，並加強機體底部的強度。

此種機型的導入，是基於貨物運輸需求減少的情況下，也可載運旅客，做充分利用。此乃是基於貨物市場、季節之變動而導致旅客和貨運的需求變動所開發的機種，可提高飛機的利用率。然而航空站的旅客和貨物的搭載場所不同，這是值得克服的問題。但由於其經濟效率頗高，KLM 及 British Caledonian Airways 等歐美航空公司莫不多加利用。

在客貨兩用機出現之前，即利用 QC（quick change）機。所謂 QC 機，即是能在短時間內將客機改裝成貨機使用之飛機。提高飛機的使用率，即白天為客機，到了晚上則當貨機使用。

現正研究以飛行船作為未來全貨機之使用。因飛行船的起降無須一般噴射式飛機所需的跑道，而飛航速度不夠快是其缺點，若能研究開發成功，這對於貨物運輸上可能又是一次革命性的變化。美國的 NASA（National Aeronautics and Space Administration）正在研究開發中，據說未來的飛行船將利用氦氣飛航。

航空貨物運輸業中以飛虎空運最為聞名，而戰後的美國航空貨物運輸業有 Slick、Airlift International、Seubord World，則以軍用品運輸最為活躍。現今這些空運公司除飛虎空運外多已沒落，但繼之而來美國的空運管制解除，產生了些新型的航空貨物運輸業，計有 Federal Express、Burlington Northern Air Freight、Emery Air Freight 等。

聯邦捷運運輸（Federal Express）於 1973 年原是飛機租賃公司，但由於 1977 年有關貨物空運的管制解除，即轉而經營航空貨物的運輸，由於採用 hub and spoke 的獨特經營方法，近年來業績成長快速，在 1986 年的航運收入中，竟比飛虎還多，並於 1989 年買下飛虎。

聯邦捷運運輸急速成長的原因在於從事為小宗貨物快速運輸。小宗貨物指的是 70 磅（約 32 公斤）以下，或是 150 磅以下的貨物。這種貨物通常都是企業界所需急速轉達的文件，在我國類似的快遞公司也有如雨後春筍般，紛紛地產生。

聯邦捷運運輸在美國則是採放射線狀的運輸網路方式，所以能成功的

背景是源於美國郵務的效率差。但其運輸型態也不是沒有問題，由於飛機的使用只限於夜晚，故飛機的利用率大為減少，因此，也嘗試著在白天或沒貨物運輸的週末，進行旅客運輸。

目前新型的航空貨物運輸大半都是經營小宗貨物運輸。但是 Airborne Express 和 Emery Air Freight 因是航空承攬拼裝業且擁有自己的飛機，故可以經營大宗貨物的運輸。

在歐洲及亞洲各地，小宗捷運運輸最為活躍的空運企業則有 DHL World Courier Express，是起源於 1969 年，美國西岸和檀香山之間的快遞服務的企業。其「DHL」乃來自於三位創始人 Dalsey、Hillblom 和 Lind 的姓氏字首。當初快遞服務的型態乃是藉由員工攜帶貨物搭乘客機而達成，自 1980 年代開始，才擁有自己的運輸機。

DHL 雖為美國公司，但在歐亞地區的小宗貨物運輸量比例上，仍占一席地位。

在歐洲則屬 XP Express Parcel System 的小宗貨物運輸較為活躍。但因能使用的航空運輸機有限，其在運輸量的比例上並不算高。

第四節　航空貨運承攬業

航空貨運業務由通運商代為安排，類似我國報關行及空運承攬業，因其能累積大量貨物並且自備內陸運輸工具，透過其安排所獲得之費率可較一般費率為低。該貨運承攬運送業者以拼裝（Co-Load）集貨，再以其本身為集運人身分，將所集之貨物一併交付航空公司承運。此時，該業者稱為航空承攬拼裝業或航空集運人（Consolidator or Air Freight Forwarder），也屬於直接運送人，該貨物稱為「拼裝貨物」（Consolidated Cargo），而航空公司卻成為間接運送人。此種交運方式乃是目前最常見的。依照我國民用航空法第 2 條之規定：「稱航空貨運承攬業，指以自己之名義，為他人計算，便民用航空運輸業運送航空貨物而受報酬之業務。」因此有別於一般的民用航空運輸業。

航空貨運承攬業者將攬得之零星貨物集中拼裝，自屬於託運人身分，

整批交運可享有優待費率，亦有以所享費率差額部分分給各託運貨主者。大多國家的該業公會訂有拼裝費率表，由民航主管機關核定實施。目前我國雖無公訂拼裝費率表，但在空運市場中早已由航空公司與拼裝業者間取得某種默契而各別使用拼裝費率。

拼裝業雖然並不是實際從事運輸的事業，但卻要有能力完成貨物至目的地的運輸，所以除了空中運輸，也需涉及內陸運輸，一般來說都能具備內陸運輸工具。

美國的 Airborne Express 和 Emery Air Freight 這兩家航空貨物運輸業由於自己備有飛機，雖也有經營拼裝業，但都是自己承擔運輸業務。航空承攬拼裝業有別於航空貨運代理店（Air Cargo Agent）。所謂的航空貨運代理店則是經航空公司指定代為承攬貨運業務，並經航空公司授權簽發提貨單、運費報價等以賺取佣金，另並代託運人預訂艙位、安排航線、辦理進出口運輸文件等，以收取服務費的公司。換句話說，是航空公司的代理人而已，其和託運人簽訂的契約條件全由航空公司代為履行。

第五節　航空貨運展望

航空貨物運輸未來在空運分野上的發展是不可限量的，根據 ICAO 的統計，除去郵件的定期貨物運輸，1975 年至 1985 年為止，世界平均每年成長率達 9.5%，特別是亞太地區的成長更高達 14.7%。ICAO 並且預估，若維持每年 9% 的成長率，在 1995 年世界的定期貨物運輸將達 674 億噸。

因此，航空貨運業在未來是屬於成長產業之一，然而航空貨運並無法單獨採單一的獨立運輸型態，基於貨物的綜合流通型態，應該與其他運輸業保持密切的關係，謀求合作發展。

另一方面，空運企業也有面臨興衰之際。再者，由於業者間激烈競爭、電腦等新科技之應用、謀求合理的經營體系，以及新行銷策略的研究等，都是企業生存、發展的必備條件。

第二篇

航空客運業務

前　言

　　航空公司為企業組織，組織型態極為精密，區分為企劃、航務、機務、運務、會計等部門，以及各分支機構。但與機場有關的客運業務大抵只包括航務、機務、運務三類。此三大服務部門不僅在其他企業中所無，就連同樣是運輸業的陸運、海運的部門中也有所不同。此外，設於市區營業所的訂位組與票務部也是其他行業所沒有的特殊部門，非有專長則無法勝任。本篇則針對航務、運務、機務、訂位、票務的業務概況做一介紹。

第一章　　運　務

　　航空客運的運務處設於航空站內，直接負責處理旅客出入境的事宜，其運務（traffic）所指為顧客服務，就 IATA 解釋，可包括航空公司的一切商業活動。因其涵蓋貨運，範圍較廣，今多已改稱為顧客服務。蓋其業務又多以客運為主，貨運為副，故本文所述係指狹義的客運服務。

　　航空公司在機場的業務，除辦理提供飛機在機坪上應用的一切地面裝備服務外，並負責協助旅客通過檢疫、海關及移民方面的出入境檢查，此外也包括訂位、售票業務，以及對臨時決定旅行的顧客在機場提供服務，故運務工作實為服務工作與營業業務重疊。

一般運務工作的範圍概括如下：

(一)櫃臺（check-in counter）

機場各航空公司的櫃臺乃是負責處理旅客機場報到手續。計有──

　　1. 審驗出境旅客證照：包括護照效期、前往國家的簽證及效期、外籍人士出境（入境停留是否逾期，外僑出境須有出境登記）等，上述作業如有疏忽，即使旅客到達目的後仍會受困擾，甚至被拒入境，遣返原地，責任雖均由旅客自負，但航空公司有時將受牽累，甚或受罰金與停航的處分。

　　2. 核驗出境旅客的機票：機票是否有效、優待票價機票使用須照規則、是否有續程機票（視前往國家之規定），亦可對需要者售其機票。目前雖改用的電子機票因紀錄視存在存於航空公司的中央訂位系統裡，櫃台人員則依據他們電腦的電子機票，進行旅客是否可登機的審核。

　　3. 托運行李：檢視行李能否受理（破損、易碎品之托運品請旅客簽名）行李過磅檢查或增收超重行李費、特殊行李之處理（超值品、寵物）、安全有顧慮者，得以拒絕受理。

　　4. 劃位：旅客辦理劃位時，通常可允許選擇座位，包括前座、後座、靠窗、靠走道的位置等，但得先到先選。又絕不可有站票。有些旅客的劃位作業在訂位時即已事先完成。

　　5. 其他較特殊的要求：特別餐（如有素食者、回教徒、印度人時）、TWOV（Transit Without Visa）旅客之處理（TWOV特別是指須經由美國至第三國而無美國簽證者）。旅客辦理報到是先到出境大廳的航空公司櫃臺，再憑有前往國家簽證和護照、訂位 OK 的機票搭乘聯（flight coupon），辦理行李過磅、繫行李牌（Baggage Tag）、畫座位、領登機證（Boarding Pass），隨即至海關接受行李檢查。報到時間通常於起飛前 120 分鐘開始，至起飛前 30-40 分鐘結束（視國情、航線與各公司政策、環境決定），藉以確定該班機乘客人數，對有訂位而未到的旅客應即除名，如有候補旅客即遞補，chech-in 結束後，隨即印製旅客名單供航空站當局及機上服務人員使用。由於電子機票的廣泛使用，相關記錄存在航空公司的訂位系統裡，旅客可以在機場的各航空公司櫃台前的自動報到亭自行劃位，自己列印登機證，節省了旅客在櫃檯前排隊等

待的時間。

㈡聯檢（C. I. Q.）

　　其職掌包括協助並指導櫃臺旁的團體客人辦理托運行李檢查手續；勸導辦妥報到手續的旅客，盡早進入移民局辦理出境查驗手續；並設法疏通移民局及安全檢查（包括人身及隨身行李檢查）間之流移；出境旅客在上述地區發生狀況時，協助解決排除；安全禁制物品代保管托運的處理；登機開始後找尋尚未登機的旅客，協助盡速至登機門搭機以及其他狀況的處理（登機證上漏蓋章、急病就醫）。

㈢登機門（boarding gate）

　　即在候機室提供旅客服務，並協助老弱婦孺旅客登機。登機前廣播登機，在必要時並得做班機最新動態的廣播（尤其是班機延誤時）。在登機門支援其他職員工作。在某些航空公司中，並沒有專司之負責者，通常是在櫃臺工作告一段落後，由櫃臺人員兼任。

㈣清艙（cabin-check）

　　1. 過境班機清點過境人數與艙單人數是否一致。
　　2. 清點留機的航員人數與 G/D（General Declaration）一致。
　　3. 旅客登機前會同清艙官清查機上人員人數。
　　4. 清點登機旅客人數與實際辦理報到的出境人數及過境人數相符合後，放行飛機。

㈤貴賓服務〔VIP（Very Important Personnel）Service〕

　　大多是招待政府要員或與公司業務往來有重要關係的人物，以及用以接待準備搭機或下機過境休息的貴賓及頭等艙旅客使用。貴賓室中除了整潔的維持，書報、雜誌的陳列，並對使用貴賓室的旅客提供飲料，以及解答與解決貴賓室旅客的詢問與要求。

(六)失物尋找（lost and found）

失物尋找中心（亦稱行李組）為航空公司專門處理遺失行李之尋找、損失賠償的機構。航空公司每日承載旅客眾多，處理托運行李難免發生種種可能的失誤，如掛錯行李籤、裝錯班次、運錯目的地、旅客誤取、裝卸時損傷或被竊等，因此須有此機構負責處理。如果行李未到，則先盡速代為尋找，同時對旅行中的旅客亦可先行支付少許臨時補償費，以供旅客暫先購買因行李未到所缺之盥洗應用小物品。

其工作項目大致包括：

1. 協助尋獲或後到的行李驗關，並交予快遞公司送到旅客家中或直接交給前來提行李的旅客。

2. 協助領取先後到的遺忘行李。

3. 受理外站轉運行李並處理之。

4. 航員手槍的存關手續。

5. 支援其他部門工作，如協助處理轉機旅客的手續等。

6. 行李損害的賠償交涉。

(七)空中廚房（flight kitchen）

指專製供應機上所需餐飲的廚房而言。由於各航空公司每日班機甚多，機上皆須供應餐點飲料，數量頗為可觀，也是各航空站的主要設備之一。因餐點的優劣為若干顧客選擇航線條件之一，自設廚房製作，除可便於控制品質，也免盈利外溢，且可兼營代理其他公司班機之所需，為航空公司營運作業中重要的一環，稍具規模的各航空公司均設謀求自行經營。

目前國內有四家「空廚」，計有圓山空廚（現已不再營運）、復興空廚、高雄的立榮空廚（原馬公空廚）及由華航與香港太古集團合資成立的華膳空廚。另外長榮航空所屬的長榮空廚，則於86年中開始營運。

(八)機坪勤務（kamp service）

飛機停留機坪時間不論久暫，所需準備工作甚多，諸如供應旅客扶

梯、地面電源車、冷暖氣車、加油加水、簡單的例行機務檢查、清洗廁所、上餐、裝卸貨物、清理機艙等，均須有各式裝備共同提供服務。飛機停留機坪時間不論久暫，不同機種的作業程序各不相同。

在航空公司中有一套既定制度，按實際經驗預訂執行各項工作的進度表，並須由各項工作人員密切配合，如稍有脫節，將使班機延誤；究竟是何種原因，也可按此項進度表追查責任，並謀改進。由於地面勤務工作也是一種專門企業，多數公司均採自辦，如飛航臺北的聯合航空公司；但也有另行投資組織地勤服務公司者，如中正國際機場的桃園航勤公司。此項企業不但可替本公司或母公司班機服務，也可以爭取代理其他公司業務。除需有若干特殊裝備外，大部分為提供勞力的服務，僅略需專門知識而已。

㈨載重平衡 LD（Loard Control）

LD 屬於「荷重」的範圍，負責處理旅客、貨物、郵件等的裝載、飛機載重量的平衡，以及飛機出發後，有關各種運輸電文的發送等。

LD 的作業程序可分三段敘述：

1. 開櫃臺前（即在旅客開始報到之前）
(1)根據訂位資料中旅客的特殊需求（如特別餐、VIP 等）輸入電腦。
(2)並事先將團體客人的座位給鎖定，目的在將團體客人安排在同一區（zone）。
(3)將飛行狀態（flight status）的編輯控制開放，以便櫃臺人員辦理劃位（check-in）作業。

2. 開櫃臺期間
(1)根據出境旅客的訂位目的地、人數、估量及通知旅服組準備行李櫃。
(2)根據貨物的出貨重量、裝櫃情況、班機旅客出境人數預估的行李重量，考慮飛機的平衡原則，決定貨物的放置位置。
(3)過境班機視情況需要調整貨物的位置，以求飛機平衡。

3. 櫃臺作業結束
(1)將飛行狀態編輯的控制權收回，停止櫃臺劃位作業。
(2)並經由 Monitor Acition 印出飛機上的人員數、載重量等數據和明細。
(3)將裝載清單（load sheet）送機長簽收，以作為飛行的參考。
(4)班機起飛後，下達放飛機（release flight）的指令。

第二章　航　務

第一節　機上工作人員

一架飛機上的空勤組員，包括機艙組和座艙組兩個部門。座艙組主管對旅客的服務，由座艙長領導。機艙組則負責航行駕駛方面的工作，其組員的構成包括：(1)機長或稱正駕駛；(2)副駕駛；(3)空勤機務員或系統操作員；(4)領航員。

1. 機長（Caption or Pilot in Command）：機長是在飛機執行任務時負責機上旅客、貨物安全，以及需掌握所有飛行狀況，並負責指揮監督機內所有工作人員，可說是機內的最高責任者。

2. 副駕駛（Co-pilot or First Officer）：其主要功能為輔助機長，當機長無法執行任務時，即由副駕駛充任，所以常常需隨時觀察機長的操作，以便應對，並從中習得機長業務。

3. 空勤機務員或系統操作員（Flight Engineer）：其主要功能乃確認並維持飛機執行任務時，各種儀器的正常運作，飛行前後檢查機體及各系統完備與否，對飛機的性能管理負責，但一般小型客貨機上及新型客機上，並不設空勤機務員。

4. 領航員（Naviagator）：輔佐機長執行飛行路線的正確航法，在過去是國際航線必備的航員之一。現今除了小型客貨機，就連一般新型或長程噴射機內，由於導航系統的發達，已不再設置領航員。

機艙組員均須經民航局的嚴格學術科考試，並經空勤體檢及格，發給執照，始能執業，空勤體格每隔半年即須檢查一次，如稍有不合，又非短期可治癒者，即不能再服空勤。民航公司本身也有個別考驗與帶飛的規定，逐步晉升，由小型機種轉為較大型機種，由貨機而客機；且每換飛一

新機種，均須經過嚴格的學術科考試。因責任極重，故其管制考核極為嚴格。

　　座艙組員（Cabin Crew）：通常由一位座艙長和數位男（Steward）女（Stewardess）空服員組成，每一位空服員以能照料25位乘客為原則，是屬於空中服務的工作，有隸屬於運務者，也有單獨成立一部門者，端視公司規模而言。其主要工作為在機上對旅客提供服務，如旅行常識與簡單的醫務協助。此外，如遇緊急事故必須迫降海上或陸地，座艙組員應根據平日訓練程序，在機長指導之下扶助旅客迅速安全撤離飛機，並得配合機上情況，利用廣播向旅客報告這架飛機的目的地、飛行高度、速度、所通過地點，以及在適當情形做例行性廣播。空服員雖不需經過民航局考試，也不需領取執照，但必須經過航空公司的嚴格訓練，包括學科與術科作業程序實習、游泳、配酒、緊急救生等訓練，此外也須空勤體檢合格，方能擔任工作，惟視力要求稍寬。

　　空中服務在固定路線有其一定的服務型態，其內容隨著機種、路線、飛行時間長短而有不同，但一般的服務順序則類似。大抵如下：

✈ 飛行前準備

　　㈠按照班機時間，提前3小時會合，並完成出入境的相關文件填寫。

　　㈡參加飛行簡報。除了對座艙組員實施人數清查、任務分派、各種攜帶物之點檢、服裝儀容檢查，並與機務員一起接受講習，其內容包括機種、飛行時間、航路及目的地的氣象、飛行高度、速度、緊急時的安全對策等。

　　㈢之後前往機場辦理搭機手續，並於起飛前1小時抵達登機門。

　　㈣進入機內後，先將自己的用品放妥後，檢查機內設備是否正常、用品數是否齊全、機內清潔狀態等。

　　㈤機內的準備結束後，全體人員各自就位，準備歡迎旅客上機。在旅客上機時，協助座位引導、手提行李放置，較重的行李可置於座位底下，較輕的可放在頂上的行李架（Hatrck/Stowage Bin）內。

　　㈥待上機的乘客都就位後，則開始分發報紙、雜誌等。

(七)依照地勤人員所提備的旅客名單，實際對照人數，確認無誤後，通知機長，並接受關機門「Door Close」的指示。

(八)機門關上後，對乘客用英、日、中語等廣播，其內容包括歡迎搭機、飛行目的、相關訊息的提供等。

(九)之後並示範救生衣、氧氣罩的使用方法，現已有機上是直接使用VTR透過螢幕讓乘客了解。

(十)飛機起飛準備的最後一道程序，要確定乘客的安全帶是否繫好、機內整理是否完成、禁菸燈號是否已打出，之後，隨即坐在椅上，等待起飛。

飛行途中

(一)飛機起飛呈水平飛行後，關上「Fasten Seat Sign」燈，提供旅客熱毛巾（hot towel）。

(二)發給乘客耳機（earphone）使其能收聽機內的音樂，也能觀賞電影用。

(三)各式飲料、果汁、啤酒等的提供。

(四)供餐。除了特定提供部分乘客在搭機前即選定的餐飲外，一般大概會有兩種餐飲種類供乘客選擇。

(五)機內免稅商品的銷售。

(六)為了方便就寢的乘客，除了將燈弄暗，並提供毛毯、枕頭（長程飛行超過8小時的情況下）。

(七)放映電影。電影的聲音是藉由耳機傳送，並不會打擾到就寢的乘客（長程飛行超過8小時的情況下）。

(八)將機內燈弄亮，再度提供熱毛巾（長程飛行超過8小時的情況下）。

(九)供餐時間廣播（長程飛行超過8小時的情況下）。

(十)提供餐點（長程飛行超過8小時的情況下）。

(十一)發給乘客入境申請資料表（ED卡），並協助其填寫。

(十二)著陸準備。一連串服務結束之後，開始機內最後的整理，首先收回耳機、雜誌、毛毯、枕頭。

✈著　陸

㈠當飛機抵達跑道時，臨別廣播，並要求乘客在飛機停穩前，不要離座，之後協助乘客取回行李、打開機門、協助乘客下機、道別。

㈡全體工作人員下機，辦理入境手續，搭上專車，前往旅館。

第二節　航機簽派（Flight Dispatch）

航空公司的航機派遣及飛行計畫，係由航空器簽派員（Operations Dispatcher，簡稱 OD）擬訂。簽派員必須具有飛行員及領航員所應有的一般航空知識，經民航局嚴格考試後發給執照，方可執業。

OD 的主要任務為飛行計畫與航機簽派，必須事先根據天氣狀況及預計裝載客貨重量、自起飛至到達應攜多少油料、每一航段使用多少時間、消耗多少油料、如何起飛進入指定航路、至何處飛何高度、迄到達目的地為止，每一航段於事先均經精密計算，詳細訂出航行計畫。經由飛行員的審查後，飛行員即據以執行任務，除起降及有特殊情況時，由塔臺或航管人員指示操作外，極少變動。目前由於電腦作業用途日廣，航行計畫及簽派多由人力改用電腦，航空簽派也多遙控，故其監視與管制幅度日益廣大，的確較經濟有效，航行計畫既定，即可向機場民航當局申請飛行。通常班機起飛前半小時均應完成上述手續，飛行員再行檢查飛機，進入機艙做起飛前的各項準備。

OD的另一項任務為督導飛行監守（flight watch）。一架飛機自滑出停機坪起，OD 或飛行監守人員均在地面用無線電監聽其動態。飛機到達某一位置，必須向地面民航管制單位作口頭位置報告，由航管單位利用印字電報轉達各公司航務簽派單位，直到安全通過一定的區域，該區的監守人員方可安心。此項區域之劃分與航管有關，也與公司政策有關，並即解除對該機監守的責任。飛機在空中發生任何特殊情況，飛行員均須向有關航管人員報告，必要時並可轉達公司 OD。如飛機有輕微故障，但尚可安全飛

行，須由地面準備零件以便抵達時迅速修理更換，或航行途中有旅客突生疾病需醫生照料，監守人員於接獲通知後，立即轉達有關單位人員待命，一俟飛機降落，即可展開工作。所以 OD 除須掌握各種飛航事項，直到飛機降落，更需扮演連接地面與空中任務交接的角色。

第三章　空運行李

　　大量空運時代中，航空公司的設立增加，不僅飛機多而班次頻繁，加上廣體客機的引入，載客量大增，而每架飛機帶來的旅客，其行李多達數百件，對應不暇的大量旅客行李有秩序地安排裝卸，使得旅客達到省時、安全與舒適的飛行，也有助於我國空運產業之發展。

　　旅客所攜行李，除小件由旅客自行隨身攜帶外，大件者在機場報到櫃臺交運，由航空公司發給行李票，行李票為兩聯，一聯持交旅客保管，一聯黏貼於行李上。有關空運行李的規定，國際線與國內線略有不同，採用何種規定，則視旅行地區而定。茲分別說明於後。

第一節　免費行李（Free Charge Allowance）

　　行李係指旅客在其旅途中為了穿著、使用、方便、舒適而須攜帶之物品，包括託運行李和未託運之客艙手提行李。

✈ 託運行李（unaccompanied baggage）

　　免費運送行李即指旅客無須額外付費，即可托運的行李限量或容量。目前除搭乘美國國內線及越太平洋區至遠東國家與中美航線班機，行李限制自 1977 年 6 月起採論件之體積計，而其他地區仍採計重制。免費行李托運限制各家航空公司的規定並非一致，如有需要應洽各航空公司，現行多數航空公司的規定大致如表 2-3-1 所示。美國運輸安全局 Transportation Security Administration（TSA）自 2003 年起，在全美各機場對旅客託運行李進行檢查；針對由美國離境之旅客行李，TSA 建議勿將行李上鎖。如果行李箱的鎖具因為行李安全檢查需要而被破壞，TSA 將不負毀損理賠責任。

✈ 客艙手提行李（Hand Baggage）

指旅客自行攜入客艙，置於座位旁邊不需額外計費的需用物品，也稱為非托運行李（unchecked baggage），也有重量限制，不能超過 7 公斤，體積須合於國際航線機內手提行李規定以不超過 56 公分、36 公分、23 公分（22 吋、14 吋、9 吋），單邊長寬高總和不超過 115 公分（45 吋）之手提行李（登機箱）等物品為限。現行規定所攜物品以手提包、外套、護膝毯子、雨傘、手杖、小型照相機、望遠鏡各乙件，以及準備在機上的讀物為限。如有超過，除需轉為托運，仍必須繳付額外費用。

表 2-3-1　免費托運行李之限制

艙等	計重制（美洲以外地區）	計件制（北中南美洲）	
頭等艙	40 公斤（88 磅）	兩件，每件行李重量不得超過 32 公斤（70 磅）	單件單邊長寬高總和不超過 158 公分（62 吋）
商務艙	30 公斤（66 磅）	兩件，每件行李重量不得超過 32 公斤（70 磅）	
經濟艙	20 公斤（44 磅）	兩件，每件行李重量不得超過 23 公斤（50 磅）	
兒童	同上	同上	同上
不佔位嬰兒（不論艙等）	10 公斤（22 磅），以及一部摺疊式嬰兒車。	一件，每件行李重量不得超過 23 公斤（50 磅）	單件單邊長寬高總和不超過 115 公分（45 吋）

基於公司的營運政策，國內的華航與長榮因取消頭等艙的設置，故將經濟艙、商務艙的免費行李重量提升至 30、40 公斤

第二節　客艙站位行李（CBBG）

在指定儲放位置（旅客座椅下方、上方置物箱、客艙置物櫃）外，以特別方式處理且固定放置於客艙座位上之行李稱之為客艙行李。旅客因個人需要或行李特性需額外購買座位放置其隨身行李時，則該行李視為客艙行李。常見之客艙行李物品有：骨灰罈、神像、樂器等易碎或貴重物品，此行李之總重量不可超過75公斤（165磅），應有妥善包裝（有握把者為佳）使其能以安全帶繫妥，以避免破損傷及他人，或使座椅受到任何損傷，外包裝亦不得為玻璃材質，以利搬運置放。若該班機以 MD90 營運時，該行李之總重量不可超過70公斤（160磅）。凡客艙行李，其座位均安排於艙壁後之第一排或艙壁前最後一排。乘客應安排於客艙行李隔壁或前後排鄰近的座位，飛行途中旅客及客艙行李的座位不得任意更換。

為了事先安排運送客艙佔位行李，須於航班出發至少48小時前與航空公司司客服中心或營業所聯繫，且必須先獲得公司確認。

第三節　存關行李（In Bond Baggage）

凡入境旅客不擬攜進該國內的行李，得寄存於海關保稅倉庫。如此，可以省去海關申報、檢查及納稅的手續。通常，過境旅客如有較大的行李，在該國旅行期間內不必派上用場時，可存放於關棧內；存關後的行李，出境時將提單（bond claim check）交搭乘飛機的航空公司櫃臺即可，櫃臺人員會再交給旅客一個行李牌，並由工友運上飛機，旅客可以在目的地收到行李。如果是隨身行李，可在存關行李提取處，交出提單及簽收即可，手續十分簡單。

有一點需注意的是，行李存關時，如其中有一件行李是因要付稅而當時沒有足夠的現鈔，不準備再攜帶出境，千萬不要因此而存關改天再辦提領。在海關的規定上，存關行李再提出運用，手續較繁複，這可能耽誤旅客觀光的時間，也可能使旅客花費更多的錢。因為限量免扣稅的物品在提

取時仍需扣稅，例如：照規定每位旅客可有一條菸、一瓶酒的免稅放行，如果旅客僅帶一條菸和一瓶洋酒，將此免稅存關，以後再改變主意想提出使用時，必須要付稅。目前我國海關提取存關行李時間採 24 小時制，存關行李可在出境前一小時在機場申請退運。凡存關物品如逾 30 天尚未提取，由海關逕予處理不另通知。提取行李應繳驗護照，如不能親自辦理，可檢同收據、護照及委託書託人代辦（機場行李保管費以件計）。

第四節　超重行李（Excess Baggage）

旅客行李如超過免費重量時，其超過部分，不分等級，計算的單價是以單程經濟艙最高票面機票價之 1.5% 為基準。然而因為各航線的計價標準不同，若是旅客搭乘華航經濟艙從臺北至東南亞、東北亞與大陸等地，其每公斤行李的超重費用為 6 美元，若前往歐洲則每公斤行李的超重費用為 40 美元。

再者，行李限量可合併計算，但是合併計算行李的旅客一定要同在一起旅行，搭乘同一班次飛機，同日同時到達機場過磅。這種行李合併計算的方法，也適用於團體旅行，但是必須同時到機場辦理搭機手續。若是計件式的航線行李，係依據機票啟程點之費率為基礎。例如：旅客由臺北出發前往持洛杉磯，則每一件超重行李費為美金 115 元。

第五節　逾值行李

旅客有權個別填報行李價值，收取標準將依申報之價值，每美金 100 元須付費美金 1-0.5 元（不同航空公司之收費標準不一）。換句話說，價值 1,000 美元的逾值行李所需繳納的保險費用為 10-5 美元。但是此種保險的行李價值上限為不超過 2,500 美元，假如旅客仍嫌不夠的話，則可求諸保險公司。

旅客如果不保險，慎勿將金錢、珠寶、可流通票據、股票，或商業文書等貴重物品委交托運，一旦遺失，則按照航空公司以一般普通行李遺失的方法處理。每 1 公斤遺失行李，賠償旅客 20 美元。依此賠償辦法對旅客

極不划算，但極少有例外，故有貴重行李時，應在托運時向航空公司打開，並申報價值，出少許保險費用，但仍以隨身攜帶較保險。

至於易破損及敗壞的物品托運，如有損毀，航空公司不負賠償之責。

對於易碎品的處理，首先要了解，機場人員於從事地面裝卸工作時，縱然是小心輕放，可是在飛行期間，會因空中的氣流使得飛機振動，造成行李相互撞擊，即使貼了「易碎品」的行李也可能已四分五裂了。當旅客辦理登機手續時，除了會要求特別注意，如果航空公司職員及時發現行李中如有花瓶、瓷器、大理石之類的易碎品時，也會要求旅客簽署免責同意書（identity form）。因為，依照 IATA 的規定，除非旅客申報並額外加付行李費，否則航空公司對旅客寄存的易碎品是不必負責的。所以最好的辦法是盡量少帶易碎品旅行，如要帶這類物品，應於包裝時加防震的雙重包裝，如「外銷標準包裝」以防破損。若有較「貴」「重」的行李，如大提琴等昂貴樂器，乘客也可以另外付費買一張票，隨身攜帶放在自己隔壁的座位上。

第六節　寵物攜帶

航空公司原則上不同意攜帶狗或貓等隨旅客搭乘飛機。如旅客欲攜帶寵物同行，必須事先申請，又各航空公司、航線及班機接受託運寵物的規定亦不盡相同，如長榮航空於 2006.09.01 起停止接受寵物以客艙行李方式運送（除身心障礙者所需之功能型寵物以外，如導引犬；惟旅客需出具相關醫師證明文件）。且進入不同地區也有不同的規定，須事先向輸入國確認相關檢疫條件，通常需要一份「防疫注射證明」或「具結書」。有些政府規定所有入境獸類均須「檢疫隔離」一段時間。

有些航空公司只要旅客攜帶寵物的手續齊備，便允許旅客將小寵物置於適當的籠子內，放在座椅底下，視同手提行李。亦可比照行李托運方式，置於貨艙內的通風空間運送，多數貨機艙內有溫度及氣壓調整設備，可附載小動物。但無論客艙內或貨艙內運送，「寵物」及其裝載容器均不能算是免費行李，必須根據航空公司規定另外付費，若是在採計件付費航

線上，重量少於32公斤（70磅），則寵物與籠子各算一件（即使寵物裝於籠子內），重量超過32公斤（70磅）則收取三件行李的超重費。有些航空公司甚至規定小動物送入貨艙前須注射鎮靜劑。

第七節　違禁品限制

違禁品的限制可分為兩類：一是禁止攜帶，另一是禁止使用。違禁品的禁止攜帶，是為了維護全機旅客的安全，故規定在飛行中，不得攜帶危險物品，諸如壓縮氣體、腐蝕劑、爆炸品、軍械、易燃物、毒品、放射性及電磁性的物品等。此外，並避免在機上操作及使用自備的手提收音機及電子計算機、手機，以免對飛機上的航行儀表產生干擾，故在飛機上也禁止使用。另外，液體、膠狀物品及液化氣體，如以容器裝妥且每樣不超過100毫升，可放入隨身手提行李中。這些容器需以透明、附有拉鏈之塑膠袋妥善裝載，塑膠袋總容量不得超過一公升。

若攜帶鋰電池搭機，則需參考各航公司的規定，例如備用（鋰）電池，電池容量小於100Wh，僅限手提。

第八節　行李遺失或受損之賠償

行李遺失、延遲應即刻告知航空公司人員。如行李仍留在飛機上，可以很快尋獲；若仍然找不到，航空公司會採適當的處理，請旅客填寫「行李問題報告表」P. I. R. Form（Property Irregularity Repor）。但旅客須說明行李的式樣、顏色、大小及內外識別標記，行李內所放物品等，以便繼續尋找。

此外有關行李遭竊、運送延期，皆可向航空公司求償，通常行李遺失求償限額，經濟艙以不超過400美元為限，頭等艙以不超過600美元為限，而每1公斤的賠償額係依據華沙公約（Warsaw Convention）為20美元，不過在美國境內多數航空公司賠償每一旅客750美元。俾便遺失的行李能快速尋獲，行李內外的個人識別標記極為重要，凡搭乘國際線的旅客，最好還是把姓名和地址都標示在行李的外層或內裡。

　　若手提行李損壞，因手提行李是指由旅客帶入客艙自行保管的行李，故航空公司將不負手提行李遺失損害的責任；除非您的手提行李的損害是因為航空疏失所造成，航空將依照符合現行國際航空法規之應負權責範圍內予以有限責任的賠償；若托運行李的損害，航空公司須檢查該件行李以鑑定損壞程度，提供修繕行李之免費服務。若託運行李箱無法修復，航空公司則會將該行李箱的使用情況予以賠償。此外，如行李是經由數家公司聯運時，行李的服務異常應向行程終點的最後一家航空公司申報。

第四章　　機　　務

　　機務乃為航空部門中高度技術性且分工又細的專業工作。從簡單的清掃飛機乃至複雜的雷達、發動機檢修、翻造及程式設計，非由訓練有素的專業人員無法勝任。為了飛航的確實與安全，及提升飛機機體的品質，機務也是航空部門至為重要的一環。

✈ 機務的組織及功能

㈠修護部門

　　修護部門包括的範圍甚廣，除了可分為基地修護、機坪修護、專業修護及品質管制等各部門，每一部門下又可劃分若干專業部門，舉凡電子、車床、油縫、機工、焊二、鉗工、儀器、電器、氣動附件、儀表、螺旋槳、發動機、液壓、輪胎等，皆可形成一小部門。通常設有翻修廠的，其分工更細。因機上的所有裝備、零件如有損壞，大都需拆換送專業修護工廠修理，自行修護除了需增儲多種裝備與零件，還需專業人員，若一公司所擁有的飛機數過少或是設於海外的營業處，基於成本考量，甚少自設專業修護廠，皆委託有設備的公司代為修護。

㈡補給部門

　　負責修護部門所需的各種零件、器材等補給。為了修護一架飛機，需要儲備許多零件，形成資金擱置比率過高，為此，同業間皆有相互支援的辦法。如此一來，各公司除了減少器材的庫存量，也是經濟運用資金的方法。

✈ 機務作業

一般而言，航空公司的機務作業，對於各機種的檢修、檢修方法及內容、品質管制查核等，皆有一定程序，而且也須按照民航局的規定，執行檢修。對於檢修過程、零件更換等更須詳細地記錄，若是重大修理後，還需經政府相關部門派員檢驗，試飛後，方可參與營運。

茲將航空公司的維修作業分為平時檢修與定期維修做一介紹。

(一)平時檢修

平時檢修的項目包括：
・飛行前檢查與飛行後檢查。
・機體內外的清潔。
・燃料、潤滑油等補給，食物的裝載。
・救生用品（救生艇）的裝載。

所謂的平時檢修大都以飛機每次飛行前的檢查為主，檢查程序相當於定期檢修的「A」級。

(二)定期檢修

相對於平時檢修，定期檢修更是保持飛機妥善的最佳制度。每一機種的定期檢修期不同，各公司的維修制度雖類似，但皆按照使用時間分各種等級檢修（一般可分 A、B、C、D 四級，如中華航空公司的檢修等級表），各級檢查項目均有其詳細規定，主要是針對重要部分及各種系統進行目測檢查及機能試驗。

表 2-4-1　中華航空公司檢修等級表

檢查 飛行小時 \ 機型	727	707	747	737	A300
一級檢查（A）	65	80	350 小時	125 小時	250 小時
二級檢查（B）	250	280	131 天	—	—
三級檢查（C）	1,100	1,000	13 個月	2,500 小時	2,500 小時
四級檢查（D）	11,000	10,000	25,000 小時	1,600 小時	4/8 年
階段翻修	—	—	14,000 小時	—	
全機防銹處理	5,500	5,000			

　　有關飛機的檢修作業階段（如圖2-4-1），除了定期檢修，還需實行進廠翻修。飛機使用越久，其各部機件與結構的檢查工作越仔細，甚至需進行大翻修。大翻修即進行機體的總分解，因費時甚久，故亦影響營運收入。為此，航空公司大都採取階段翻修，將機體的作業分為幾個部分（4部分或7部分），利用夜間飛機停留地面時，階段性地進行分解作業。

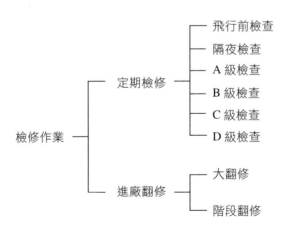

圖 2-4-1　飛機檢修作業階段

第五章　訂位組

　　航空公司預約已因航空運輸的特性而漸形發達，今日已成為航空運輸上不可或缺的項目。在航空公司負責預約服務，屬於訂位組的業務，除了接受旅行社及旅客的訂位與相關業務，尚包括起飛前機位管制、出境護照通報、團體訂位、替客人預約國內及國外旅館及國內線班機。

　　㈠訂位組的組織及職掌

　　1. 經理、副理、督導：主管及監督訂位組一切業務。
　　2. Reservation Agent：接受訂位與相關業務。
　　3. Queue Agent：與外站辦公室的機位及電訊處理，起飛前四天開始追蹤機位。
　　4. Group Agent：接受旅行社團體訂位與年度訂位、統計及追蹤。
　　5. Telex Handle：旅館租車代訂及國內線等代訂。

　　以上之組織及職掌並非一定，端視公司組織大小而有所變更。

　　㈡旅客預約記錄（PNR）

　　PNR（Passenger Name Record）係記載旅客預約時的相關記錄，在電腦預約系統中，透過 CRT（Cathode Ray Tube），依照從航空公司傳來的電報訊息所做成的。其內容包括旅客姓名、電話號碼、行程訂位來自何處、電腦代號附帶服務項目及相關資訊。

PNR 例子

一、旅客姓名
　　1. 1 YEH/ANLUMR

  2. 1 ANG/YUHSLAMRS

  3. 1 YEH/TAECHULMSTR

  4. I/1 YEH/TAEHOONMSTER

二、預約日期及電腦代號

  TPEKELL 20AUG RDTKZU

三、行程

  1. KE 612 Y FR 24SEP TPESEL RR3 1105 1550

  2. KE 006 Y FR 24SEP SELLAX RR3 1920 1640

  3. AA 350 Y TR 28SEP LAXJFK HK3 1230 1840

四、旅客資料

  1. FONE-TPE-H 755 7070 C/O MR YEH-/TW

  2. TPE-P I/D P102172222 A220557000 A211451181

  3. SSRSFMLKEPN1 FVR 1 LIN/ANLUMR

  4. SSRVGMLKEPN1 FVR 1 YANG/YUHSIAMRS

  5. OSIKE NSST KE NN6 FVR ALL PSGR

  6. OSI YY 1CHD 1INF YEH/TAEHOON

【說明】

一、旅客姓名：

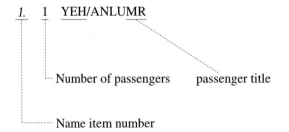

  由上可知，是一對夫婦帶著一個child-YEH/TAECHUL且是有位子的，而 Infant-YEH/TAEHOON 則是不占位，所以在其姓名前必須加一 Infant 之代號「I」以示之。

在旅客的姓名後應記載符合該旅客身分的 title 才是。

MR	—MISTER
MRS	—結婚女性
MISS	—未婚女性
MS	—則是 MISS 和 MRS 的合稱
MSTR	—MASTER
DR	—DOCTOR
PROF	—PROFESSOR

旅客姓名的記載應與護照上一致，東方人通常是姓在前，名在後，間再以 oblique-「／」作為區分。

二、預約日期地點及電腦代號

是在臺北的韓航預約的。預約時間 8 月 20 日。

電腦代號 RDTKZU。通常電腦代號是由 6 個字母或數字構成。

三、行　　程

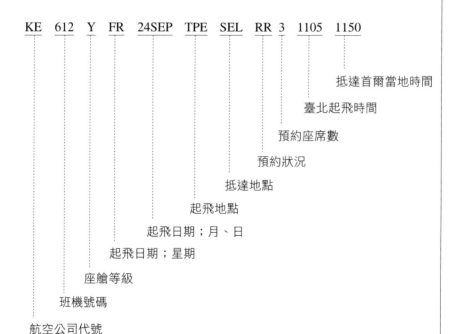

　　(1)航空公司代號（Airline Code）：航空公司代號通常由兩個字母構成，但也有以一個數字一個字母構成的情形，如 Texas National Airline——6B。

　　(2)班機號碼（Flight Number）：定期航空的班機號碼由三個數字構成，而 Extra flight 或 charter flight 則是由四個數字所組成的。

　　(3)座艙等級（Class of Service）：一般而言，可分 F、C、Y 三種，但以 F、Y 最普遍。

　　(4)起飛日期（Departure Date & Month）：起飛日期不管是星期、月皆是以英文縮寫代替，日數則是寫在月之前。儘管飛機的起飛日和到達日不同，還是以起飛日為標示。

　　(5)起飛地點／抵達地點（Boarding Point/Deplaning Point）：意謂起飛地點或抵達地點的城市或機場代號。當一城市只有一座機場時，直接填寫城市代號即可，若有二或三座以上的機場時，則使用機場代號（Airport Code）如紐約、東京皆是有兩個機場的城市。

　　(6)預約狀況（Status Code）：表示與最終預約時，所顯示的預約情形。通常表示的預約狀態有以下幾種：

　　HK—holds confirmed 乘客的預約已獲確認

　　HL—have listed 候補中

　　RR—reconfirmed 對於先前預約之再確認

　　PN—have requested, but the reply has not been received yet 向其他航空公
　　　　司要求訂位，而尚未獲回覆，等待中之意。

　　(7)預約座席數（number of seats）：此預約座，席數最多只可到 2 位數（99）。

　　(8)起飛時間／抵達時間（departure time/arrival time）：不管是從出發地的起飛時間，或是抵達地的抵達時間，都是以當地時間（local time）標示之。

四、旅客資料

(1)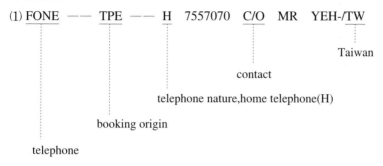

booking origin 表示預約的地點。

(2)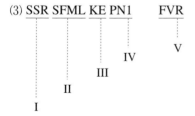

　　早期中華民國國民才須在訂位時，明列身分證代碼，因為航空公司須代旅客辦理出境通報手續。若是沒有 ID 號碼，不僅無法出境，就連預約也會遭航空公司取消。不過此項規定現已取消了。

(3) SSR SFML KE PN1　　FVR

          V

       IV

     III

  II

I

　Ⅰ：SSR——special sevice requirement
　　　針對乘客特殊需求的事項記錄，這些事項包括特別餐、輪椅、請求到達通知、重要訊息等，皆是以 SSR 的型態記錄。
　Ⅱ：SEML——sea food meal 特別餐之一。

Ⅲ：表示提供該項 special service 的航空公司代號。若是聯運的情形，
　　有兩家以上的航空公司皆提供該項服務時，即以「**YY**」表示。

Ⅳ：PN 表示 psssenger need 的 action coed,「1」表示一位客人之意。

Ⅴ：FVR for 之意。

(4) SSRVGML KEPN1　FVR

Vegetarian meal（詳情請見第三篇預約篇）

(5) OSIKE　NSST　KE　NN3　FVR　ALL　PSGR

Ⅰ：OSI——other service information

Ⅱ：NSST——no smoking seat

其他的 special serveice requirement code 尚有：

FRAV——frist available

GRPS——group passenger travelling together

SMST——smoking seat

STCR——stretcher passenger

TKTL——ticketing time limit

UNMR——unaccompanied minor

WCHR——wheelchair

Ⅲ：NN3 表示請求預約的 Action Code。

Ⅳ：PSGR——Passenger 之意。

(6)因嬰兒票只有成人票的十分之一，所以不能占有任何座位，也不能
攜帶行李，故航空公司在客人預約時，即會特別注意。

【PNR 範例】

D　1.　1CHAN/MICHELLEMS

　　　　LAXKE/SRS QQCKETP 14OCT RFZNMD

　　　　2KE 612 Y FR 24JAN TPESEL RR1 1105 1550

　　　　3KE　 6 Y FR 24JAN SELLAX RR1 1920 1640

FONE-TPE-H 7722443 C/O PAX-/TW

　2.　HKG-H 764 3333 C/O PSGR

　3.　TPE-P I/D NO F223478906

TKT-031DECHKG023RW T/HLDG YLXAS 2. * 1804407014632

RMKS-PAX OBD 23DEC LAXMKPD1400L/23DEC

　2.　R-MS CHAN TPELEPD1130L/20JAN

　3.　…PAX INTEND TO CHNG ITN IF POSS * TKS…TPELEPD1115L/21JAN

　4.　…Q OK…TPELWPD0904L/22JAN

　5.　…Q OK…TPELCPD1112L/23JAN

　6.　LMTC HOUSEMATE TPELWPD1454L/23JAN

　7.　R-PAX TPELKPD1535/23JAN

（三）Abacus 之 PNR

　　　Abacus 之 PNR 有分為小表及大表兩種。小表仍專供航空公司、旅行業等專業人士所使用，一般所謂之 PNR 也是指這種；大表則是給一般旅客所使用，為讓非專業的旅客能明瞭，內容較簡單，城市名稱、艙等及機型等並非用代號而是以全寫出現。表 2-5-1 及表 2-5-2 為同一組客人的行程，前者為小表，後者為大表。

表 2-5-1 abacus 之 PNR 小表

```
*A
  1. 1HO/ABCDMR 2. 1 HSIEH/SHUFENMRS 3. 1 HO/MARYMISS
  4. I/1HO/INOINF
  1 BR 211K 10MAR 3 TPEBKK  HK3  0830 1105 SPM /DCBR*CHWWXD
  2 TG 632M 17MAR 3 BKKHKG HK3  0840 1225 /TATG*J4URT4
  3 CI  608Y 17MAR 3 HKGTPE  HK3  1340 1510 SPM /DCCI*IBEXMJ
TKT/TIME LIMIT
  1. TAW05MAR/
PHONES
  1. TPE TRL 12345678 X223 MS HS-A
PASSENGER DETAIL FIELD EXISTS-USE PO TO DISPLAY
ITINERARY
TICKET RECORD -NOT PRICED
FREQUENT TRAVELER DATA EXISTS *FF TO DISPLAY ALL
GENERAL FACTS
  1. SSR BBML BR NN1 TPEBKK0211K10MAR
  2. SSR BBMLCI NNI HKGTPE0608Y17MAR
  3. OSI YY TKNO 2345678112 113
  4. SSR AUML BR KK1 TPEBKK0211K10MAR
  5. OSI TG PSGA BKK CTCP 1235467
  6. SSR BBML BR KKI TFEBKK0211K10MAR
RECEIVED FROM-HS
A2U8. A2U8*ANU 0130/05AUG98 UPMQOO H

A2U8.A2U8*ANU 0342 05-AUG-1998 680514
```

表 2-5-2　abacus 之 PNR 大表

DATE: 05 AUG 1998
ITINERARY
PAGE: 01
CONSULTANT NAME:
NU
ABACUS REF: UPMQOO

ITINERARY PREPARED FOR :
1 HO/ABCDMR   2 HSIEH/SHUFENMRS
3 HO/MARYMISS   4 HO/INOINF

DAY DATE	CITY/TERMINAL/ STOPOVER CITY		TIME	FLIGHT CLASS STATUS	STOP/EQP/ FLYING TIME/ SERVICES
WED 10MAR DEP	TAIPEI	TPE	0830	BR 211 ECONOMY CLASS	NON-STOP BOEING 747
ARR	BANGKOK INTERNATIONAL TERMINAL		1105	CONFIRMEO	03HR 35MIN
	HO/ABCDMR				ASIAN VEG.MEAL
WED 17MAR DEP	BANGKOK INTERNATIONAL TERMINAL		0840	TG 632 ECONOMY	NON-STOP BOEING 777
ARR	HONG KONG		1225	CONFIRMED	02HR 45MIN MEALS
	HO/ABCDMR				INF/BABY FOOD
WED 17MAR DEP	HONG KONG		1340	CI 608 ECONOMY	NON-STOP BOEING 747 400
ARR	TAIPEI	TPE	1510	CONF IRMED	01HR 30MIN
	HO/ABCDMR				INF/BABY FOOD
	FREQUENT FLYER-CI-CT6604281				

AIRLINE CODE
BR-EVA AIRWAYS   REF:CHWUXD TG-THAI AIRWAYS INTL LTD REF:J4AAPH
CI-CHINA AIRLINES   REF:IBEXMJ

第六章　票務組

票務組乃是負責接受旅行社或旅客票務方面的問題及一切相關業務，包括開票、改票、訂位、退票、確認等。

第一節　票務組的業務機能

1.電話服務：一般資訊之提供；票價的詢問、計算。

2.預約：預約訂位、確認、預約更改、取消。

3.檢查機票：旅客姓名、行程、效期、票號連號、背書。

4.票務

　(1)開票。

　(2)行程、航空公司、座艙等級之變更導致需付差額，所重新之開票行為，即俗稱之 reissuance。

　(3) MCO（The Miscellaneous Charges Order）雜費支付書：乃是航空公司對特定人發行機票、支付退票款或提供服務的憑證。

　(4) PTA（Prepaid Ticket Advice）預付款機票通知：航空公司或其代理店，在甲地以電報或郵件，通知乙地的航空公司，謂甲地的客人需乙地客人代付票款，如獲乙地客人允諾並代付後，乙地的航空公司即可要甲地的航空公司對甲地的客人發行機票。

5.退款：航空公司只針對其直接開票的對象退款，對於購自旅行社的機票，只有拿回原旅行社才可辦理退款；若是直接購於航空公司的機票，則在該航空公司的代辦處或分公司方可辦理退票。而對於買了機票而不飛，超過退票期限時則不得要求退票，機票的退票期限為機票過期後一年內皆可辦理。

6.遺失機票：其處理方式大致有兩種。

　(1)旅客機票遺失，要將機票號碼、開票日期告知當地所屬航空公

司，由其發 TELEX 至原開票的航空公司確認無誤。

(2)填妥「LOST TICKET REFUND APPLICATION AND INDEMNITY AGREEMENT」之表格，並先再買一張該航空公司的機票，順便於表格中註明，以便日後申請退款的憑證，通常退款時間約為四個月至半年不等。

(3)如為整團的機票遺失，則先獲得原開票的航空公司同意，重新再開一套機票，領隊無須先付款。

(4)回國後提示上述表格及再買的機票票根與護照等資料，向開票航空公司申請退款。

7. **收發電文**：票務業務常需與外站聯絡，收發電文已成每日例行的工作。

8. **旅遊券銷售**：旅遊券是指航空公司與相關旅遊機構（旅行社、旅館）簽約，藉此達到聯合促銷的目的，也可為 FIT 旅客提供較周全的服務。

9. **票款結算**：制訂每日機票銷售報表、檢查 APSR（Automated PAX Sales Report）匯款、收款。

第二節　MCO 的認識
（The Miscellaneous Charge Order 雜費支付書）

與航空旅行相關所發生的各種費用，大都可以用 MCO 支付，也是航空公司或代理店所發行的運輸憑證之一，目前被廣為使用。

對 MCO 需有正確的認識及使用方法，才能提高對旅客的服務。

㈠ MCO 的構成

1. **審計聯**（Audit Coupon）：是構成 MCO 的第一張，填發後撕繳回總公司，為作帳憑據。

2. **公司聯**（Agent Coupon）：也是填發後撕下，在發行地保存作帳用。

3. **交換聯**（Exchange Coupon）：旅客在使用時，需出示交換聯，以此換取 MCO 上所記載的服務項目。

4. 旅客聯（Passenger Coupon）：必須與交換聯同時出示用，驗畢即退還給旅客。

㈡ MCO 的種類

目前各航空公司所使用的 MCO 可分為一式四聯及一式七聯兩種。

1. 一式四聯之 MCO-1 Coupon：MCO 的使用目的在填發當時就已填妥後，只能按照已定之目的使用時，就用一式四聯 MCO，主要用在退款、PTA。

2. 一式七聯之 MCO-4 Coupon：MCO 填發時，並沒具體地定好使用目的。對在旅行途中所伴隨的諸項費用支付時，即可使用一式七聯 MCO。此外，已決定使用目的的 MCO，若使用目的有多項時，也可用一式七聯 MCO。

㈢ MCO 的使用目的

MCO 的使用目的是為了支付與航空旅行有關所發生的各項費用，具體的使用目的如下：

- ·旅客的各項運輸費用
- ·行李超重費
- · INCLUSIVE TOUR 的地面費用
- · RENT CAR 費用
- · UPGRADE CHARGE
- · ADDITIONAL CHARGE
- ·稅金
- ·退款
- ·旅館設備使用支出
- · PTA
- ·特定旅客額外設備使用費（氧氣、救護車等）
- ·其他（預約或行程變更手續費）

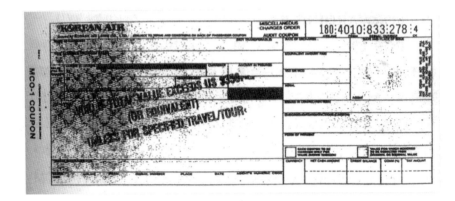

（四）MCO 填寫

1. NAME 姓名：MCO 上所記載的姓名和機票上所載的略有不同，不僅可記載個人旅客的姓名，就連團體旅客的姓名也可一併記錄。舉例：

HSIEH/JMR—謝先生（個人）

LEE/SHUFEN MS FOR 5 PSGRS —李小姐等 5 位旅客（團體）

PWCT-PSGR WL CONTACT

在PTA銷售情形下，若還無法確定旅客姓名，仍可以使用，但須事後補交名單，此時即以 PWCT 記載。

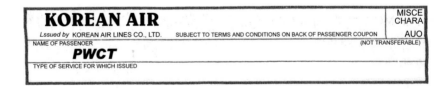

2. TYPE OF SERVICE FOR WHICH ISSUED 發行目的：MCO發行當時，在確定了使用目的後，即需載入。舉例：

FORWARDING PTA：以 PTA 為目的使用時。

或：

FOR UP-GRADE ONLY：座艙由「Y」或「C」升為「F」時，若當MCO的使用目的還未確定，而是對以旅遊途中所發生的諸項費用為支付目的時，則有以下未記載方式：

TRANSPORTATION AND/OR EXCESS BAGGAGE

或

TRANSPORTATION AND RELATED SERVICE

KOREAN AIR

Lssued by KOREAN AIR LINES CO., LTD.　SUBJECT TO TERMS AND CONDITIONS ON BACK OF PASSENGER COUPON

MISCE
CHARA

AUO

NAME OF PASSENOER　(NOT TRANSFERABLE)

TYPE OF SERVICE FOR WHICH ISSUED
PTA INCLUDING   TAX

KOREAN AIR

Lssued by KOREAN AIR LINES CO., LTD.　SUBJECT TO TERMS AND CONDITIONS ON BACK OF PASSENGER COUPON

MISCE
CHARA

AUO

NAME OF PASSENOER　(NOT TRANSFERABLE)

TYPE OF SERVICE FOR WHICH ISSUED
TRANSPORTATION AND/OR EXCESS BRGGAGE

KOREAN AIR

Lssued by KOREAN AIR LINES CO., LTD.　SUBJECT TO TERMS AND CONDITIONS ON BACK OF PASSENGER COUPON

MISCE
CHARA

AUO

NAME OF PASSENOER　(NOT TRANSFERABLE)

TYPE OF SERVICE FOR WHICH ISSUED
TRANSPORTATION AND   RELATED SERVICE

---

3. VALUE FOR EXCHANGE 票面金額：MCO是以票面上所載的金額而決定其使用目的，故對於金額的填入要非常小心，除需按照規定記載，並

需熟知記載方法才行，一般皆是以英文大寫表示金額，而且更改過金額的
MCO 視為無效。金額記載方式有以下兩種：

(1)付款國貨幣記載：在 MCO 填發當時尚未決定使用目的的情形，
或是使用目的是與旅行有關且在付款地開始使用MCO的情形下，
票面金額是以實際支付的當地貨幣記載之。

(2)使用國貨幣記載：MCO填發當時已決定了使用目的情形下，MCO
金額的記載是以開始使用時的當地國貨幣或是旅行開始後的首站
國貨幣。譬如由臺北到法國，採行預付款的方式發行MCO，則金
額上的記載不是新臺幣而是法朗。

4.票面金額記載方法：票面金額記載包括三個項目：Amount in Letters、
Currency、Amount in Figures。此外實際填寫的金額項目別尚有 Rate of Ex-
change、Equivalent Amount Paid、Tax on Mco、Total。金額記載應留意的事
項：

(1) AMOUNT IN LETTER 欄：須以英文字母大寫記載，且只能用一
行標出，剩餘未用空白的部分，要畫一條線以防止遭塗改。例：

150.00
ONE HUNDRED AND FIFTY……

或

ONE HUNDRED AND FIFTY ONLY 亦可

(2) CURRENCY 欄：記載票面金額的貨幣代號，通常只以 3 個英文
字母表示。例：新臺幣 NTD，美元 USD 等。

(3) AMOUNT IN FIGURES 欄：此欄雖是用數字填寫金額，但金額需
與 AMOUNT IN LETTERS 欄所載的一致，若是有發生兩者金額記
載有出入時，則是以 AMOUNT IN LETTERS 欄所載的為準。

(4)在使用目的未訂定的情況下所發行的 MCO，其金額填寫上限為
USD350.00，即使是以其他幣值支付，也不能超過。超過者，此
MCO 即視為無效。但在決定使用目的下的 MCO，其金額的記載

限額倒是沒有。

TYPE OF SERVICE FOR WHICH ISSUED				
VALUE FOR EXCHANGE	AMOUNT IN LETTERS **ONE HUNDREDAHDFIFTYOO/100**		CURRENCY **USD**	AMOUNT IN FIGURES **150.00**

RATE OF EXCHARGE
USD1.00=890WON
EQUIVALENT AMOUNT PAID
WON133500
TAX ON MCO

TOTAL
WON133500

(5)實際支付金額及稅金欄：乃是為了明瞭票面金額的實際付款幣值是多少所記載的。此外，稅金欄裡的金額並不包括在票面金額欄裡，卻包括在總金額（TOTAL）欄裡。例：

amount in letters→ONE HUNDRED AND FIFTY ONLY

currency→USD

amount in figures→150.00

rate of exchange→USD1.00=25NTD

equivalent amount paid→NTD3,750

tax on mco→NTD225（6%）

total→NTD3,975

5.交換聯使用方式：隨 MCO 使用目的不同所填寫的票面金額，使用方式亦不同，可分以下兩種：

(1)交換聯的金額指定式：MCO填發當時已決定了使用目的，即採用一式四聯的coupon-1，若是使用目的不只一項時，即用coupon-4。而 coupon-4 的交換聯有 3 張，依照不同的使用目的所需金額，則必須按照各交換聯的金額欄所指定的數額，而各交換聯的金額總數必須與票面金額一致才行。

因此旅客依照交換聯所示金額分次使用即可。此種 MCO 的使用

除需如下圖在每一交換聯的金額欄上標示金額，也同時需在□ EACH COUPON TO BE HONORED ONLY FOR VALUE SHOWH THERE ON 欄中，打上「╳」符號。收到這種MCO時，須先確定該交換聯上所標示的金額是否符合，再查看交換聯上金額的總合是否與票面金額一致。

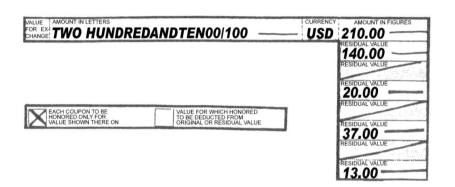

(2)尚未決定使用目的而填發的MCO-4，只需在票面金額上標示出金額數，無須標示出每一交換聯上之金額數。當旅客出示這種MCO時，收受者應先算所需金額，然後將之填入第一張交換聯的金額欄裡，並從票面金額欄的數額扣除所需金額，再將餘額用數字填入殘額欄（RESIDUAL VALUE）裡，並且在殘額欄左邊的 reservation data or redidual rule in letters 欄，用英文大寫填寫餘額。每當這種MCO填發時，尚需在下欄之□ VALUE FOR WHICH HONORED TO BE DEDUCTED FROM ORIGINAL OR RESIDUAL VALUE 欄裡，以「╳」符號標示出。收到旅客出示這種MCO-4時，要先確定使用目的是否與 transporation and related service 或是類似上述的項目，再確定是否有超過票面金額 USD350.00 之上限，然後再將所需金額填入交換聯中即可。

最後一張交換聯在使用時，若是其金額比第4張交換聯上所載金額還少時，即將此交換聯收回，另開一本新的MCO-4；在新開的MCO-4填入上一本 MCO-4 所載餘額後，再扣除所需金額即可。

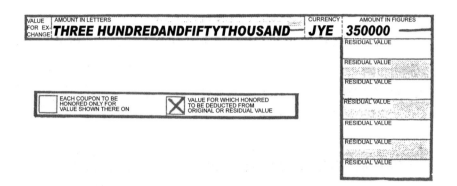

6. TO/AT：填發 MCO 時，在 TO/AT 欄裡已填寫指定的航空公司或地點時，則需按照所在指定的場所使用，此外之航空公司或地點則不受理。因此若是此欄沒有標示記載任何事項時，則表示在任何航空公司或地點都可使用。

7. 其他應注意事項尚有

　　(1) MCO 的有效期限自填發日起為期一年。

　　(2)不能當作匯款的目的使用。

　　(3) MCO 的退款只有在該發行之航空公司才可。

　　(4) MCO 上所填發的金額超過或相當於 USD5,000 時，應要得到填發航空公司的認可，方可收取，此種 MCO 也應在交換聯上附上該公司的認可證明才行。

　　(5)旅行社若沒發行航空公司的認可，便無法用 MCO 出其他航空公司的機票。

　　(6)塗改過的 MCO，一律視為無效。

　　(7)沒有旅客聯只有交換聯的 MCO，拒收。

　　(8)有特定目的使用的 MCO，交換聯上所載金額與實際所需金額不符時，其處理方式有兩種：若交換聯上的金額不足時，可向旅客索取現金補差額；若交換聯上金額有剩餘時，可再填發一本新的 MCO，於旅行再使用，直至餘額用完為止。

　　(9) MCO 的填發或使用皆須按照順序，不可跳號。而餘額用盡，所剩不需再使用的交換聯，即在填寫 VOID 後，一併與審計聯、公司聯同時撕下。

第三篇

航空客運票務

前　言

　　航空公司的主要收益來源是發售客票，其推銷客票業務的方式，則有直接的門市銷售、機場櫃臺出售，及戶外推銷。間接的則有同業代售、代理商代銷等。而與航空公司關係最密切的則是旅行社，擔任代理推銷或開票的工作，航空公司則付與其一定的佣金。

　　機票是搭機乘客與航空公司之間的一種運輸契約，只要旅客付款購買機票，航空公司就有義務履行契約所載的事項。但由於票務工作繁雜以及各航空公司競爭激烈，航線亦複雜，票價規定又經常在變，如何核算票價，均為票務方面應有的知識。由熟悉各種特別票及核算方法經驗的票務人員所開出的機票，必較新手為低廉，甚至對 FIT 消費者而言，如何以較低廉的票價享受同品質服務，則有賴經驗豐富的票務人員。

　　目前世界各航空公司發行的機票，在全球兩點間的客票已逾 55 萬種，甚至同一行程的票價也有高低之分。在如此複雜的情形下，茲就 IATA 國際航空公司與國內的一般航空公司規定說明之。

第一章　航空機票的結構與發展

第一節　機票的構成

　　航空公司發售的客票上須載明開票地點、日期、有效期限、等級、行程、旅客姓名、票價稅捐（我國的 6% 已於 1989 年元月取消）、機場稅、保險費、免費行李重量、起訖點、航空公司代理店、姓名、住址及運送契約。過去紙本機票是由四聯所構成，故應稱一本機票而不是一張機票。

　　㈠審計存根聯（Auditor's Coupon），BSP 機票自 2002 年 3 月起已無此聯

　　㈡公司存根聯（Agent's Coupon）。

　　㈢搭乘存根聯（Flight Coupon）。

　　㈣旅客存根聯（Passenger Coupon）。

　　但自 2008 年 6 月 1 日起，大部分航空公司跟從國際航空運輸協會（IATA）的宣告，已停止發出紙本機票，改為發出電子機票。故在機票使用上有些許的變更，上述四聯存根的使用要點已漸被遺忘，取代的是旅客收執聯與公司存根聯。

第二節　機票結構的發展

　　有關航空機票格式的演進，最早是由手寫機票開始的，期間隨著電腦開票系統的演進，經歷了幾次的變革，而發展成目前廣為使用的電子機票，茲將發展過程簡述如下：

　　一、手寫機票（Manual Ticket）：即是航空公司或者是代理旅行社票務人員利用手寫的方式所開立出的機票，是傳統紙張機票的一種，如下圖範例所示：

FROM TO		PASSENGER TICKET ANDBAGGAGE CHECK・ISSUED BY				ORIGIN/DESTINATION	AIRLINE DATA	DATE AND PLACE OF ISSUE
CARR	FAREICALC	**CHINA AIRLINES** SUBJECT TO CONDMONS OR CONTRACT IN THIS TICKET						
		ENDORSEMENTS/RESTRICTIONS(CARBON)					FLIGHT COUPON	
		NAME OF PASSENGER　　　　　NOT TRANSTERABLE			ISSUED IN EXCHANGE FOR			AGENT
		CALCULATION TICKET		ORIGINAL AIRLINE FONM SENIAL NO. PLACE DATE AGENTS NUMERIC CODE ISSUE				

X/O	GOOD FOR PASSAGE BETWEEN POINT OUTLINED	CARRIER	FILGHT/CALSS	DATE	TIME	STATUS	FARE BASIS	NOT VALID	NOT VALID	ALLOW	BAGGAGE
	FROM										
	FROM										
	TO		TOUR CODE								

TOTAL FARE
CALC

FARE　　CPN AIRLINE CODE　FEOM SERIAL NUMBER　CK
　　　　2　　000　　4234567890　　1
TOTAL　　DO NOT MARK OR WRITE IN THE WHITE AREA ABOVE

ADDITIONAL ENDOSEMENTS/RESTRITIONS(CARBON)

A12863596258153789E

二、自動開票TAT（Transitional Automated Ticket-TAT）：是由電腦開票機所印製的傳統紙張機票，整本機票係由具有複印功能之不同機票連鎖組成，與手寫機票一樣皆有四聯，如下圖範例所示：

ISSUED **CHINA ALRLINES** ENDORSEMENTS/RESTRICTIONS(CARBON) TOUR CODE NAME OF PASSENGER　---NOT TRANSFERABLE	PASSENGER TICKET AND BAGGAGE CHECK SUBJECT TO CONDITIONS OF CONTRACT ON PAGS2&3 FLIGHT COUPON NO　3 CONJUNCTION TICKET	ORIGIN/DESTINATION AIRLINE DATA ISSUED IN EXCHANGE FOR	DATE AND PLACE ISSUE BOOKING REFERENCE

X/O	GOOD FOR PASSAGE BETWEEN POINT OUTLINED	CARRIER	FILGHT	CLASS	DATE	TIME	STATUS	FARE BASIS	NOT VALID BEFORE	NOT VALID AFTER	ALLOW
	BAGGAGE　CHECKED PCS WT UNCHECKED UNCHECKED		PCS	WT	UNCHECKED	PCS	WT	UNCHECKED	PCS	WT	UNCHECKED

FARE	FARE CALCULATION TPE　CI　HKG188.94 CI　TPE Q2.56 188.94NUC380.44END ROE34.457000 SITI	
EQUIV FARE PD.　　EQUIV FARE PD.		
TAX	CPN　AIRLINE　FORM AND SERIAL NUUER　CK	FORM OF PAYMENT
TAX	3　　297　　2418723451020	ORIGNAL ISSUE
TOTAL	DO NOT MARK OR WRITE IN THE WHITE AREA ABOVE	

A2589638529638529E

三、電腦自動化機票含登機證（Automated Ticket and Boarding Pass-ATB）：ATB格式機票亦可成為紙卡機票（CARD STOCK），係利用非複印之紙卡所

印製,每一機票聯之使用皆須獨力開立,電子自動化機票含登機證在內的只有一聯,它的特徵是票的紙質較厚背面有一長型的磁條,用來在登機門前輸入證明旅客以登機用的。如下圖範例所示:

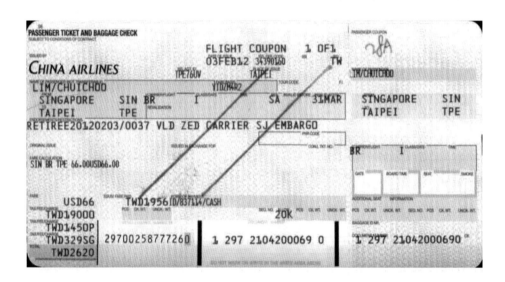

四、電子機票(Electronic Ticket-ET):電子機票沒有任何紙本憑證,只要旅客用口頭告知自己的姓名和搭乘的班次或訂位代號,就可以在報到櫃臺取得登機證。有的甚至可以自己在網路上選座位列印登機證。目前大多航空的訂位系統只能開立不超過16個航段的電子機票,超過的話(如環遊世界的機票)仍以紙本方式發給。如下圖範例所示:

· 1 CHEN/CHIACHUMR
　1 CI 641 C 16JAN TPEHKG HK1 0800 0945*2 C CABIN
　2 CI 642 C 19JAN HKGTPE HK1 2055 2225*5 C CABIN
　OWNER-CI K2PY4N
　TST-DATA STORED
　TKT-001 K/1.1/2972640847266 /E08TPEUJ
　GEN FAX-001 SSR FQTV CI HK CIWA0544862-CHEN/CHIACHU MR
　002OSI CI A/ TAW12JAN/
　003OSI CI A/ CTCP TPE GODLEN MDMORY TRAVEL SERVICE
　251854443TSENGM S

第三節　機票使用要點

　　傳統紙本機票之審計存根聯與公司存根聯應於開票後撕下，交由旅行社或航空公司保存或歸檔，並將旅客存根與搭乘票根一併交予旅客使用。搭乘票根則必須依照由出發地的順序使用，並且保存所有未經使用的票根與旅客存根，旅客在機場辦理登機手續時，應將旅客存根及搭乘票根一併交予航空公司，否則航空公司有權拒載。但電子機票則省略上述的程序，使用電子機票時，乘客需持著訂位收據或是訂位代碼到航空公司櫃檯辦理登機手續，航空公司確認之後，就會發給登機證。但在使用電子機票時仍有幾點注意事項，否則會被拒絕搭乘：

　　1.機票不可轉讓他人使用，對於冒用所引發的死亡、受傷、行李遺失、損毀及延誤，或遭他人冒名退票等事，不管原持票人事先是否知悉，航空公司概不負責。

　　2.逾期的機票。

　　3.未辦理預約訂位，飛機又在客滿的情形下。

　　4.折扣優待票限制內的。

　　5.未依照由出發地的順序使用。

第二章　機票的種類

航空機票的種類是由不同票價及適用條件而區分，大體上可分為普通票（Normal Fare）、特別票（Special Fare）、優待票（Discounted Fare）三類，由於各類運輸條件不同，又細分為各種不同的票價，茲分別說明如下。

第一節　普通票（Normal Fare）

普通票也稱為全票（Adult Fare），即為每一等位之一年有效期限機票，凡年滿 12 歲以上的旅客，均應購買全票，而且只能占有一個座位；又依照機艙等位而言，可分為頭等、商務、經濟三種。

㈠頭等艙（First Class）

係指能享有比較高級的服務，包括寬敞舒適的座位、免費托運 40 公斤的隨身行李、免費供應佳餚、酒類、飲料。其在發行機票的「等級」（Fare Class）欄中，頭等略號「F」，另一種 first class premium 如同頭等艙，但收費比頭等艙更昂貴，僅部分航空公司有此艙等位，其略號則為「P」，稱特頭等艙。鑑於提升營運績效，目前部分的航空公司已取消此艙等，如華航與長榮。

㈡商務艙（Business Class）

此等位的票價有時與經濟艙相等，有時略高，端視各航空公司的規定，乃是為適應商務旅行，在機上有較舒適隱密的安排，緊接在頭等艙後面，1983 年 4 月首由新加坡航空公司推出，頗受歡迎，其他航空公司亦跟進。商務艙的等級代號有「C」和「J」（Bussiness Class Premium）兩種，免費托運行李重量為 30 公斤，另有代號為「D」或「Z」的商務優惠艙。

（三）經濟艙（Economy Class）

緊接著商務艙，飲食略遜於 J 與 C 艙，在東南亞、東北亞地區飛行班機上免費供應飲食，在此外地區之酒類飲料即須收費，但飛航美國線的大部分航空公司，對此仍然免費供應；其免費托運行李重量為 20 公斤，「等級」欄的略號是「Y」。另一種「M」（Economy Class Discounted）乃是比經濟艙等位票價為低的票價等位。

至於，等位「K」（Thrift Class）即平價艙，因票價很低，艙位設在機尾，座位雖與 Y 艙相同，但在機上不供應飲食，旅客必須自備或付錢，一般情形只限於美國國內航線。

另外，「R」（Supersonic）即是超音速班機，並不表示艙位，因只適用於遠距離飛航，僅在橫渡大西洋航線上有此種班機。其票價之計算是頭等艙票價的兩倍，例如從 NYC 至 LON 的 O/W 票價即高達 3,000 美元。因協和客機不再飛行，現已無此種艙等票價。

第二節　優待票（Discounted Fare）

係指以普通票價作為基數而打折扣的票價。

（一）半票或兒童票（Half of Children Fare，簡寫 CH 或 CHD）

就國際航線而言，凡是滿 2 歲未滿 12 歲的旅客，必須和購買全票的父、母或監護人搭乘同一班機，同等艙位，即可購買其適用票價 50%的機票，如同全票占有一座位，享受同等免費行李。就國內航線而言，各國規定不一，歲數與百分比不盡相同，但票價的百分比為 66.7%。

（二）嬰兒票（Infant Fare，簡寫 IN 或 INF）

凡是出生以後，未滿 2 歲嬰兒，由其父、母或監護人抱在懷中，搭乘同一班機，即可購買全票 10%的機票，但可能依不同航線或不同票種而有不同的折扣，其年齡以旅行日為準，即使在旅途中持票人已超過 2 足歲時，

仍不必補票。但不能占有座位，也不能攜帶行李，僅以手提行李的名目下，攜帶搖籃及嬰兒用品。航空公司在機上可免費供應紙尿布及奶粉，但旅客必須在出發前 7～10 天申請，另外亦可事先向航空公司申請搖籃。每一旅客只能購買嬰兒票一張，如超過一人時，第二個嬰兒則需購買兒童票。又無人陪伴的兒童及嬰兒之一般規定：

　1. 需有送機及接機者。

　2. 三個月以下嬰兒，各航空公司皆不接受。

　3. 若有需求務必與有關航空公司連繫是否需要其他證件、文件，或是否需要專人陪伴旅行。此外美加之間的航線，或是加國內航線，嬰兒票則免費；而橫渡太平洋時，嬰兒票價計算至 SFO；橫渡大西洋時，嬰兒票價可計算至 YUL 或 BOS。

㈢老人票（Old Man Fare）

　係指部分航空公司針對其國內航線的老人所發行的優待票，1978 年 10 月我國規定，65 歲以上之老人（限中華民國籍）可憑身分證購買國內航線半價優待機票搭機。而美國西北、達美航空也自 1988 年推出 60 歲以上乘客，依搭乘等級、時間之不同，國內線給予七至九折的優待。

㈣青年票（Youth Fare）

　為便於青年人休假出遊，規定某一年齡的青年可買青年票，但不能訂位，須等到有空位方可搭乘。

㈤學生票（Student Fare）

　凡年齡屆滿 12 歲以上，未滿 26 歲之在學學生，得購用頭等或經濟等級之七五折機票，且有些地區對年齡限制甚至於寬至 30 足歲，或學生機票是只要有學生身分即可申辦，且不一定要留或遊學才能使用，一般度假、工作照常可用。學生機票通常由航空公司和國際學生組織簽約議定票價，須持有國際學生證 ISIC 卡或 GO25 青年證才能購買。票價依淡旺季分為三個不同波段的價格，在淡季未必便宜，旺季時可能比散客優惠，其優待折

扣甚至能提高至50%，且能享有較高的行李托運公斤數。

(六)船員票（SHIPS CREW GROUP Fare，簡稱 GS）

有關船員票，依照 IATA 規定，凡遠行遠東與歐洲間或 TC-3 地區的船員團體，其人數在 20 人以上者，得享有五五折或六五折優待。又自 1971 年 4 月，起在 TC-3 地區及飛越太平洋航線，新設七五折之船員個人優待票價，即經濟艙之船員票，其免費托運的行李重量通常可達 30 公斤。

(七)家庭旅行票（Family Plan Fares）

為家庭旅行所適用的優待票價，只限於在美國及加拿大之國內航線及一部分國際航線才有此種優待制度。即家庭成員中的一人購用全票後，其餘的家人得購用規定的減價優待票。

(八)旅行嚮導票（Tour Conductor's Fare，簡稱 CG）

此乃航空公司為協助及促使向大眾招攬的團體能順利進行，適用於領隊的優待票。IATA 規定：

10 至 14 人的團體，得享有半票一張。

15 至 24 人的團體，得享有免費票一張。

25 至 29 人的團體，得享有免費票一張及半票一張。

30 至 39 人的團體，得享有免費票兩張。

若是兒童票（半票）即以兩人折算一人，但嚴格規定這種優待不能影響票價之減低。

(九)移民票（Emigrant Fare，簡稱 EM）

移民票限有移民簽證之旅客使用，凡持有中華民國護照的旅客，移民美國均可購買移民票，但其限制是必須單程旅程，不可加價延伸航點，旅途中亦不得停留。

(廿)代理店優待票（Agent Discount Fare，簡稱 AD）

凡在旅行代理店擔任遊程策劃、設計及銷售等工作達一年以上者，得申購打二五折的優待票。因此，有四分之一票（Quarter Fare）之稱。但 IATA 指定的代理營業所，每年只能購買兩張，效期自發行日起三個月為限，其目的為利用國外旅行、提高代理店職員的業務知識。

第三節　特別票（Special Fare）

指除了普通票與優待票外，訂有特別運輸條件的票價，即在特定的航線為鼓勵度假旅行或特別季節的旅行，或基於其他理由所實施的優待票價。例如：旅遊票價（Excursion Fare）、遊程票（Inclusive Tour Fare）、團體包辦遊程票（G. I. T. Fare）及社團同業團體票（Affinity Group Fare）等。IATA 對於特別票價方面，有種種限制及規定，諸如：適用地區、適用期間、最低停留日數、效期、團體人數，能與其他票價結合與否、孩童及嬰兒票之適用與否、中途下機停留、團體或個人行動、旅程變更、最低遊程價格、陸上住宿及運輸工具的安排等，都有詳細規定。以下列舉一般常見的特別票價。

(一)臥舖票（Berth Charge）

凡欲在中太平洋航線上利用臥舖者，必須提出醫生證明及購用頭等票，並另外收取臥舖費用。

(二)環行或環球票（Circle Trips and Round the World Tours）

該種票價會因不同的航空聯盟或航空公司的規範有不同的票價，得由專業的票務人員或是經常自助旅遊的旅人才能規劃出適當的航段與優惠的票價。

㈢夜間票（Night Coach）

因若干航線日間生意興隆，夜間回程時刻生意清淡，若僅單程旅客搭乘，殊難維持成本，所以降低夜間票價來爭取旅客，亦頗受旅客的歡迎。近年來諸多的廉價航空均採用此種票價，又稱紅眼班機。

㈣團體票（Group Fare）

又稱為計劃旅行票，價錢最便宜但限制較多，有最低成行人數限制（至少10人），所有人需同進同出，不可退票、轉讓、更改回程時間等限制，若行程確定是較經濟實惠的選擇。

㈤航空公司職員票（Air Industry Discount，簡稱 ID）

凡在航空公司服務半年以上者（端視各航空公司規定）可取得免費票（Free Ticket），若自家公司與其他航空公司有相互簽約，方可申請其他航空公司之四分之一或十分之一折扣的優待票。此種票在旺季通常不得使用，也不能事先預約訂位。

第四節　電子機票（Electronic Ticket, ET）

所謂電子機票，是將傳統登載於機票上的資料改為儲存於電腦資料內，不再以紙張列印。旅客只需打一通電話告知訂位人員信用卡號及效期，就同時完成訂位、購票及後續行程更改等，不需親往開票櫃臺辦理機票相關事宜。

此外，若旅客需要，航空公司會按旅客指定的傳真機號碼、電子郵件號碼，傳送交付旅客行程表和收據，可免除旅客遺失或未攜帶機票的困擾，兼具方便、省時與安全等優點。旅客也可使用現金或信用卡直接在航空公司的營業所和機場櫃臺購買。旅客在機場辦理 CHK-IN 時，僅需出示旅行證件及原先購買電子機票的信用卡或訂位代號。

由於票務作業越來越方便，電子機票占總開票量的比例也越來越高，

有些航空公司甚至達九成以上。機票資料存於航空公司電腦資料庫中，服務人員只要透過終端機，即可查詢或控制電子機票使用狀況，方便開票、更改日期與退換票等作業。電子機票也可減少旅行和領票與管理成本，不需承擔遺失或被偽造機票的風險，一方面也節省遞送機票成本、提升清帳和會計作業的工作成效。

第三章　機票效期

第一節　機票有效期限

(一)普通票

1.以普通票價填發的單程、來回或環遊機票，自開始旅行日起一年之內有效。

2.機票未經使用任何票根時，即自填發日起一年之內有效。

3.機票中如包含有一段或多段國際線優待票部分，而其有效期限比普通票為短時，除非在票價書另有規定，該較短有效期限規定僅通用於優待部分。

4.旅客開始旅行後，不管票價調整、漲減皆不受其影響，但如於購票後、尚未開始旅行前票價調整，其漲減則需依照新票價之調整。

(二)優待票

優待票的有效期限，雖各依其票價另有規定，但通常有效期限較短。

第二節　有效期限的計算方法

(一)除非在優待票價另有規定外，皆以開始旅行之次日為有效期限的第一天。例如適用15天有效的旅遊票，如在7月1日開始旅行時，7月2日為有效期限的第一日，故有效期限即至7月16日止。

(二)機票如未經使用時，即以填發機票之次日為其有效期限的第一日。

第三節 有效期限期滿

所有機票的有效期滿為最後一天的午夜12時止，但於未滿者，一旦搭上班機後即可繼續旅行，即使中途期滿，只要不換班次，第二天、第三天亦可。

第四節 機票有效期限的延期

㈠班機客滿時

旅客於機票有效期限內欲旅行而向航空公司訂位，但因班機客滿，致未能於有效期滿前旅行時，航空公司得將其有效期限延長至有同等機位之日為止，但此延期以7天為限，且僅通用於普通票及一年有效期限的優待票。

㈡有下列情形時，航空公司可因其本身事宜不另收費而延期

1. 班機取消。
2. 因故不停旅客機票上所示之城市。
3. 無法依據時刻表做合理的飛行。
4. 換接不上班機。
5. 以不同機艙等位取代。
6. 無法提供先前已訂妥的機位。

㈢旅客於旅行途中生病時（下述規定並不適用於團體票，團體票另有規定）

1. 普通票的有效期限與普通票相同的優待票。
   (1)旅客因病不克於其機票有效期限內旅行時，航空公司得依其醫生證明書延期至康復而可旅行之日為止。

(2)病癒後恢復旅行時，其機票等位之機位客滿時，航空公司得延長其有效期限至有該等位機位班機的第一天為止。

(3)搭乘票根如尚有一個或更多的停留城市時，得延長至醫生證明書上可旅行日起三個月為限。

(4)此延長可不顧旅客所付票價種類之限制條件。

(5)在上述情況下，對於陪伴該旅客旅行的直系親屬之機票有效期限，航空公司亦得作同等之延期。

2.優待票

(1)除非其適用票價另有規定，航空公司對因病不克旅行之機票有效期限，得依據其醫生證明延期至旅客康復後可旅行日止。

(2)在任何情況下，有效期限之延期不得超過旅客康復可旅行日起7天。

(3)對於陪伴該旅客旅行的直系親屬機票有效期限，航空公司亦得作同等之延期。

㈣旅途中因故死亡時

(1)旅客因故死亡時，與其同伴旅行之其他旅客直系親屬的機票有效期限，可延長至完成其宗教與習俗葬禮為止，但絕不可超過死亡日起45天。

(2)換發機票時，必須提供旅客死亡國家管轄機關（依有關國家之法律指定核發死亡證明機關）核發之死亡證書或其副本給換發機票的航空公司。

(3)該死亡證明書或副本，航空公司應至少保留兩年。

㈤轉讓（Transfesability）

有權延期機票有效期限的航空公司，可將已辦妥延期的機票轉讓給其他航空公司搭載此旅客。

第四章　填發機票

　　早期的國際航空機票可分為兩大類：一種是自家航空公司的機票；另一種則是所謂的BSP的中性機票。但自從電子機票的大量發行後，取代紙本機票，其填寫的格式雖略有不同，不過卻大同小異。但因電子機票的格式設計上沒有進行標示，為了讓學習者有較清楚的概念，作者仍從紙本機票的構造介紹起，再衍伸到電子機票。

第一節　填發機票時應注意事項

　　㈠填發機票時所有英文字母必須用大寫字體，不可潦草。填寫姓名，姓在前，然後加一撇（／）接著寫名字，或名字縮寫（Initial）。

　　㈡避免塗改，因塗改可使機票變成無效。

　　㈢機票為有價證券，應妥予保管。

　　㈣如一本機票不夠填，須填第二本機票時，應按機票號碼順序填發，避免跳號。

　　㈤紙本機票在撕下審計票根與公司存根時，應注意避免將搭乘票根一併撕下，如有搭乘票根須作廢時，應一併撕下，與審計票根一併送航空公司，若為電子機票則可省略此程序。

　　㈥每一旅客使用一本機票，不可共用（包機除外）。

　　㈦如一城市有兩個以上的機場，而到達與離開的機場不是同一機楊時，應在城市名稱下面，填寫到達機場名稱／離開機場名稱。

第二節　出票方法

　　請參閱附表之機票，上圖為紙本機票審計聯，下圖為搭乘聯第一張

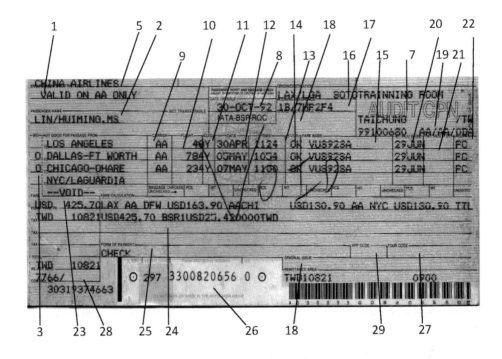

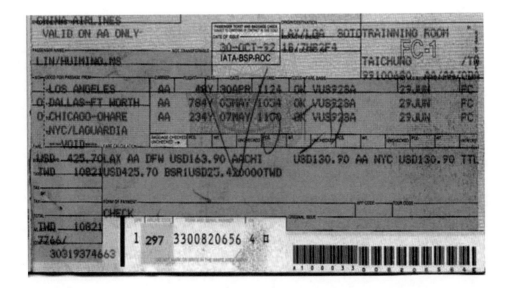

機票審計聯

✈ 機票搭乘聯

(一)轉讓與旅程變更限制〔Endorsements/Restrictions（Arbon）〕

例：

NON ENDORSABLE──不可轉讓

NON REFUNDABLE──不可退款

NON REROUTABLE──不可變更行程

VALID ON（CI）ONLY──限搭華航

VALID ON DATE/FLIGHT──限當日當班搭乘

EMBARGO PERIDO──禁止搭乘的時間

ENDORSED TO CI/SEL FRM KE/SEL──即表示在首爾的 KE 將載客權轉讓予在首爾的 CI，如此一來，旅客就有權搭乘 CI 的飛機。

此外，對於機票之有效期間及運費適用上之限制也可在此欄標示出來。

(二)旅客姓名（Passenger Name）

規定在書寫人名時除用英文大寫，並應將姓先寫在前面，名寫在後，同全本體例，再加上符合旅客身分的稱呼，如 MR、MRS、MSTR、MISS、MS、PROF、CAPT、DR、SIR、LOED、LADY 等。例如：

MS　　　12 歲（含）以上之女性旅客

MR　　　12 歲（含）以上之男性旅客

MISS　　未滿 12 歲之女性旅客

MSTR　　未滿 12 歲之男性旅客

此外，對於特殊需求者而需填寫的代號尚有：

1. LEE/MIN HO MSTR（UM2）

　　　　　　　　　　　Unaccompainied Minor

這是針對無人陪伴的孩童搭機時，航空公司可以採取適當的措施。

2. CHEN/Y MR（DEPO）

Deportee

針對非法入境的人或強遭遞解出境的人士，因為無法親身持有機票搭機或沒錢購買機票，航空公司須預先處理的情形下，皆以 DEPO 表示。

3. SMTH/CHIMING MR 3/DEC 83

適於青年票之使用，為了確認該旅客在機場搭機時的年齡是否適用青年票時，則在開票時即填上旅客之出生年月日。

㈢如有過境不停留者（x/o）

在城市前面加寫「X」即表示不准停留，若停留通常不加任何標示。所謂的不停留，即表示旅客只能在此城市24小時內轉機離開，且不能出境。如欲出境，即應在前站辦理 CHK-IN 時，就先表明，若是停留地的簽證也沒問題，通常只要補繳差額即可。

㈣填寫旅客擬停留或須換班機的城市全名（From / To）

務必依照票價計算時的城市順序先後旅行，不可更改，未填完之空白欄則以 VOID 表示，若是遇到一個城市有兩座以上的機場時，須在該城市之後，填寫旅客出入境時的機場代號。如 PARIS/CH DEGUALLE，如同時填兩個機場代號時──NEW YORK/JFK/LGA（JFK：入境機場代號；LGA：出境機場代號）。

㈤表示出票的航空公司名稱（Issued By）

即指發行本機票之航空公司，須填寫航公司全名。因每家航空公司的航線有限，票面上旅客的行程所搭班機並非全屬同一公司的班機，故出票的航空公司與旅客所搭乘的航空公司有時並非是一樣的。

㈥填寫連接機票的票號（Conjunction Ticket）

機票號碼須照先後順序而且連號，此乃因應行程較長，而一本機票不夠填，需用到兩本或三本機票時，為相互連接下去出票所填寫的。

(七)機票之航空公司或代理機票之旅行社名稱、機票聯代號、地點（Date and Place of Issue）

例如

SGR CPN→Passenger Coupon　　　乘客聯

FC-1→Fltght Coupon　　　　　　1

搭乘存根聯　　　　　　　　　　搭乘聯第一張

AIDIT CPN→Auditor's Coupon　　審計聯

(八)表示開票時的日期（Date of Issue）

是以日月年的順序填寫。

(九)航空公司（Carrier）：填寫旅客所搭乘航空公司的縮寫

一般而言，旅客只能搭乘Carrier所指定的航空公司，不得隨意變更，除非是因特殊事件（如旅客雖訂位 OK 且 Reconfirm，但因 Over-Booking，而無法上機時）而經由航空公司同意轉讓，才可變更 Carrier。若是出現「YY」的代號，即意謂可搭乘任何一家航空公司。

(十)班機號碼（Flight）填寫班機號碼

班機號碼應為三位數，如為個位數，也應在前加 0 補足至三位數，如遇行程中，有陸路或海路而不搭飛機時，則以 Void 表示。共用航班與加班機則為四位數。

(土)搭乘艙等（Class）：填寫訂位時的等位、情形，如：

1. 頭等艙
{
R　supersonic
P　first class premium
A　porpeller first class
F　first class
}

2.商務艙 $\begin{cases} \text{J} & \text{business class premium} \\ \text{C} & \text{bussiness class} \end{cases}$

（其他代號尚有 D、I、Z）

3.經濟艙 $\begin{cases} \text{Y} & \text{economy class discounted} \\ \text{K} & \text{thrift class} \\ \text{M} & \text{Economy/tourist class} \end{cases}$

（其他代號尚有 W、S、T、B、H、L、N、Q、T、V、X）

(±)出發日期（Date）：填寫啟程日期及月份

日期也務必為二位數，月份即以每月的前三個英文字母縮寫填寫。

(±)班機起飛時間（Time）：填寫啟程日當地班機的起飛時間（當地時間）

以四位數字表示，如下午 5 時半即為 1730。

(齿)表示訂位狀況（Status）：

如：

OK　　機位訂妥

RQ　　已去電訂位，尚未訂妥（候補中）

SA　　不得訂位的候補票，亦稱「空位搭乘」，必須該班次的旅
　　　　客均完成劃位後，如尚有空位，始可搭乘之票

NS　　（NO SEAT）嬰兒無座位

若(十)、(±)、(±)、(齿)皆未填寫，僅以 Open 表示，則表示旅客在購票時未明定啟程日期、班次。

(齿)填寫使用票價的等位縮寫（Fare Basis）

與「class」稍有不同，除了表示票價之等位，其內容尚包括票價折扣的性質、優待票的有效期限等。其代號（code）也包括三個部分。

1. Prime Codes-Fare Type Code 即與 class 欄所載的類似，表示艙等。

2. Secondary Codes-Qualification，位於 Prime Code 之後。

季節代號（Seasonal code）：

> H——有一種以上之季節性票價中最高者，旺季
> K——有二種以上之季節性票價第二高者
> J——有三種以上之季節性票價第三高者
> F——有四種以上之季節性票價第四高者
> T——有五種以上之季節性票價第五高者
> L——有一種以上之季節性票價最低者，淡季

夜晚代號（Part of day code）：

> N——夜間旅行票價

週末／平日代號（Part of week code）

> W——weekend 只限週末旅遊用
> X——weekday 除星期日外，平常皆可使用
> U——不可事先訂位票價，需空位搭乘

3. Discount Codes 表示各種優惠折扣。其代號：

> B：Budget Fare 廉價機票
> D：Discounted Fare 折扣票
> E 或 EE：Excursion 旅遊票
> P：Family Fare or Spouse Fare（家庭旅行優待機票）
> Z：Youth Fare（青年機票）
> AP 或 AB（Advance Purchase）：預購票
> AD（Agent Discount Fare）：代理店優待票
> CG（Tour Guide）：領隊票
> GV（Group Inclusive Tour）：團體票
> RW（Round the World）：環遊票

範例：

　　YHE 120：旺季旅遊票 120 效期

　　FE1M：頭等艙旅遊票 1 個月效期

　　YGV16：至少 16 人以上的團體票

　　Y/CH33：兒童票 67 折

　　YLEE17/AD75：淡季 17 天效期的同業優惠的旅遊優惠票，1/4 票價

　　YEE30CV10：17 天效期，須至少 10 人的團體旅遊票

（六）啟終點（Origin/ Destination）

　　填寫旅客旅程上的起點及最後一站的城市全名，位於其旁的 SITI 是 Sales Indicators 的縮寫，是票價制改為 NUC 後新採用的（詳閱第九章票價計算方法）。

　　（七）訂位代號（Airlines Data / Booking Reference）：填寫旅客訂位資料代號，通常是由 6 個英文字及數字所組成。

（八）原始資料（Orin," Issue）

　　旅客若因行程、艙等、旅行日期變更而影響票價，需依原始機票改票時，需填寫出舊機票的原票代號及票號，或交換券號碼。

　　原始機票在開出後，因某些原因（如 YE17 的優待票換為普通票時）必須重新再開票時，除了必須在「換票欄（Issue in Exchange For）」欄填寫原票代號或票號，還須在「Original Issue」欄填寫原票的開票地點、日期及代理店代號，而原票則由航空公司收回。

（九）開票日與開票地（Date and Place of Issue）

　　其內容包括：出票地點、日期、航空公司，而經由代理店發行的機票還須印上代理店的序號。

（十）機票之生效期（Not Valid Before）

　　填寫開始使用該段機票的日期，機票標註日期之前使用無效。

㈢機票之失效期（Not Valid After）

填寫終止使用該段機票的日期，機票標註日期之後使用無效。

一般普通票的有效期間自旅行開始之次日始，為期一年，所以不必特別填寫日期，但優待票的效期則較有限制，因而除了有日數上的限制，日期也有限制，甚至有些優待票更規定對於已定了行程的飛機班次、日期，不得變更。如於「Fare Basis」欄填寫YE17，則表示旅客票上行程之始末須於17天內完成。

㈢旅客托運行李限制（Allow）

填寫行李重量或件數。

Piece System：指飛航於美國、加拿大的班機、航次所適用的行李制度，不論搭乘的座艙等級，一律是2件，經濟艙、商務艙單件行李重量上限各為23與32公斤。

Weight System：除飛航上述地區，所適用的行李制度，頭等艙與商務艙的免費重量各為為40與30公斤，經濟艙的免費重量則為20公斤。

㈢填寫全程票價（Fare）

貨幣單位可用美元或本國貨幣。

實際付款幣值欄（Equiv Fare PD）：填寫旅客付款幣值及金額。

Tax 填寫旅客應付稅金。

Total 則是 Fare 加 Tax 之和。

各國的貨幣單位如下：

KRW	韓幣	GBP	英鎊
TWD	新臺幣	SGD	新加坡幣
USD	美元	EUR	歐元
JPY	日幣	HKD	港元
CNY	人民幣	THB	泰銖

㈣票價計算欄（Fare Calculation）

填寫旅客行程上的城市代號、搭乘航空公司代號及票價計算方法。

㈤付款方式（Form of Paymant）

CASH——表示用現金或旅行支票付款。

CHECK/AGT——用支票付款即用 CHECK 表示，而經由旅行社介入購票，則以 AGT 表示。CK 即 CHECK 之意。

TP11200456781134——以信用卡購票時，所填寫的 TP 則是某信用卡種類的代號，後面的數字則是此信用卡的號碼。

TP　　Universal Air Travel Plan（UATP）

AE　　American Express Card

DC　　Diners Club International Ccrd

VI　　各種 Visa Card

CA　　Master Card

JL　　Japan Airlines Card

MC　　Million Credit Service

PTAGT——表示以 PTA 的方式出票。

㈥機票號碼（Ticket Number）

有關機票號碼的解釋可分為兩種：
實體機票若非搭乘聯，含檢查碼總共有 14 位數。如

CPN	AIRLINE CODE	FORM AND SERIAL NUMBER	CHECK
	297	3300820656	0
	華航代碼	機票序號	檢查碼

如果是搭乘聯，CPN 上則會顯示第幾張的搭乘聯，如果不是搭乘聯，則 CPN 則不會顯示數字。

㈤團體代號（Tour Code）

大都用於團體票 Inclusive Tour，當購票的旅行代理店獲得航空公司認可，則航空公司會給予認可代號。這種Inclusive Tour認可代號則填寫於Tour Code 欄。例如：

IT　　　　　5　　　　BR　　　3
Inclusive　認可年度之末尾　長榮　認可的區域

這種票通常旅客必須按照票上的行程旅行，而無法更改行程或是日期、班次。

㈥航空公司與旅行社間之聯絡代碼（A/L Agent Info）

㈦機票價格核准代碼（App Code）。例如：因促銷機位對某團體提供優惠票價，業務部須先取得核准）

✈ 電子機票範例一

ELECTRONIC TICKET
PASSENGER ITINERARY/RECEIPT
CUSTOMER COPY

Passenger:	LIEN/PAUL MR			**Ticket Number:**	6951721143078	
Date:	02MAR16			**Issuing Airline:**	EVA AIRWAYS CORPORATION	
Issued Agent:	2DI8AV4			**IATA Number:**	34301654	
Tour Code:				**Name Ref:**		
Booking Ref:	RSJQPM			**FOID:**		
Frequent Flyer No:	BR1300010740			**Customer Number:**		

DAY	DATE	FLIGHT		CITY/TERMINAL STOPOVER CITY	TIME	CLASS/STATUS FARE BASIS/
WED	04MAY	BR2	DEP	TAIPEI TAOYUAN, TPE TERMINAL 2	1920	PREMIUM ECONOMY(L) LLXB3MRQ
	04MAY		ARR	LOS ANGELES INTL TOM BRADLEY INTL TERM	1620	CONFIRMED

Airline Booking Ref(BR):Z6VJNK   SEAT:26C   NVB: NVA:04AUG16 BAGGAGE:2PC
EVA AIRWAYS RESERVATION NUMBER (TAIPEI TAOYUAN,TPE): (886 2) 2501-1999

MON	20JUN	BR11	DEP	LOS ANGELES INTL TOM BRADLEY INTL TERM	1715	PREMIUM ECONOMY(L) LLXB3MRQ
	21JUN		ARR	TAIPEI TAOYUAN, TPE TERMINAL 2	2210	CONFIRMED

Airline Booking Ref(BR):Z6VJNK   SEAT:25H   NVB: NVA:04AUG16 BAGGAGE:2PC
EVA AIRWAYS RESERVATION NUMBER (LOS ANGELES INTL): 1-800-695-1188 / 1-310-362-6600

Form Of Payment:	AGT34301654
Endorsement/ Restriction:	NONEND/O/B VLD BR002/OB VLD 2016 ONLY/OB EMBG APLY/
Fare Calculation:	TPE BR LAX815.49BR TPE815.49NUC1630.98END ROE32.8636 XFLAX4.5
Fare:	TWD 53600
Taxes/fees/charges:	TWD 500TW, TWD 1186US, TWD 184YC, TWD 234XY, TWD 132XA, TWD 187AY, TWD 868YQ, TWD 150XF
Total:	TWD 57041

POSITIVE IDENTIFICATION REQUIRED FOR AIRPORT CHECK-IN

THE CARRIAGE OF CERTAIN HAZARDOUS MATERIALS, LIKE AEROSOLS, FIREWORKS, AND FLAMMABLE LIQUIDS, ABOARD THE AIRCRAFT IS FORBIDDEN. IF YOU DO NOT UNDERSTAND THESE RESTRICTIONS, FURTHER INFORMATION MAY BE OBTAINED FROM YOUR AIRLINE.

Notice:
CARRIAGE AND OTHER SERVICES PROVIDED BY THE CARRIER ARE SUBJECT TO CONDITIONS OF CARRIAGE, WHICH ARE HEREBY INCORPORATED BY REFERENCE. THESE CONDITIONS MAY BE OBTAINED FROM THE ISSUING CARRIER. PASSENGERS ON A JOURNEY INVOLVING AN ULTIMATE DESTINATION OR A STOP IN A COUNTRY OTHER THAN THE COUNTRY OF DEPARTURE ARE ADVISED THAT INTERNATIONAL TREATIES KNOWN AS THE MONTREAL CONVENTION, OP ITS PREDECESSOR, THE WARSAW CONVENTION, INCLUDING ITS AMENDMENTS (THE WARSAW CONVENTION SYSTEM), MAY APPLY TO THE ENTIRE JOURNEY, INCLUDING ANY PORTION THERE OF WITHIN A COUNTRY. FOR SUCH PASSENGERS, THE APPLICABLE TREATY, INCLUDING SPECIAL CONTRACTS OF CARRIAGE EMBODIED IN ANY APPLICABLE TARIFFS, GOVERNS AND MAY LIMIT THE LIABILITY OF THE CARRIER. CHECK WITH YOUR CARRIER FOR MORE INFORMATION.
IATA Ticket Notice:
http://www.iatatravelcentre.com/e-ticket-notice/General/English/(Subject to change without prior notice)

✈ 電子機票範例二

ELECTRONIC TICKET
PASSENGER ITINERARY/RECEIPT
CUSTOMER COPY

Passenger: ²	LIEN/PAUL MR	Ticket Number: ²⁶ 6951721143078
Date: ⁸	02MAR16	Issuing Airline: ⁵ EVA AIRWAYS CORPORATION
Issued Agent: ₁₉	2DI8AV4	IATA Number: 34301654
Tour Code: ₂₇		Name Ref:
Booking Ref: ₁₇	RSJQPM	FOID:
Frequent Flyer No: BR1300010740		Customer Number:

DAY	DATE ⁸	FLIGHT ¹⁰		CITY/TERMINAL STOPOVER CITY ³/⁴	TIME ¹³	CLASS/STATUS FARE BASIS/ ¹¹
WED	04MAY	BR2	DEP	TAIPEI TAOYUAN, TPE TERMINAL 2	1920	PREMIUM ECONOMY (L) LLXB3MRQ
	04MAY		ARR	LOS ANGELES INTL TOM BRADLEY INTL TERM	1620	CONFIRMED ¹⁴

Airline Booking Ref(BR):Z6VJNK　　SEAT:26C　　　　　NVB: ²⁰　NVA:04AUG16 ²¹ BAGGAGE:2PC ²²
EVA AIRWAYS RESERVATION NUMBER (TAIPEI TAOYUAN,TPE): (886 2) 2501-1999

MON	20JUN	BR11	DEP	LOS ANGELES INTL TOM BRADLEY INTL TERM	1715	PREMIUM ECONOMY (L) LLXB3MRQ
	21JUN		ARR	TAIPEI TAOYUAN, TPE TERMINAL 2	2210	CONFIRMED

Airline Booking Ref(BR):Z6VJNK　　SEAT:25H　　　　　NVB:　　NVA:04AUG16 BAGGAGE:2PC
EVA AIRWAYS RESERVATION NUMBER (LOS ANGELES INTL): 1-800-695-1188 / 1-310-362-6600

Form Of Payment:	AGT34301654 ²⁵
Endorsement/ Restriction:	NONEND/O/B VLD BR002/OB VLD 2016 ONLY/OB EMBG APLY/ ¹
Fare Calculation:	TPE BR LAX815.49BR TPE815.49NUC1630.98END ROE32.8636 XFLAX4.5 ²⁴
Fare:	TWD 53600
Taxes/fees/charges:	TWD 500TW, TWD 1186US, TWD 184YC, TWD 234XY, TWD 132XA, TWD 187AY, TWD 868YQ, TWD 150XF ²⁵
Total:	TWD 57041

POSITIVE IDENTIFICATION REQUIRED FOR AIRPORT CHECK-IN

THE CARRIAGE OF CERTAIN HAZARDOUS MATERIALS, LIKE AEROSOLS, FIREWORKS, AND FLAMMABLE LIQUIDS, ABOARD THE AIRCRAFT IS FORBIDDEN. IF YOU DO NOT UNDERSTAND THESE RESTRICTIONS, FURTHER INFORMATION MAY BE OBTAINED FROM YOUR AIRLINE.

Notice:
CARRIAGE AND OTHER SERVICES PROVIDED BY THE CARRIER ARE SUBJECT TO CONDITIONS OF CARRIAGE, WHICH ARE HEREBY INCORPORATED BY REFERENCE. THESE CONDITIONS MAY BE OBTAINED FROM THE ISSUING CARRIER. PASSENGERS

第五章　預約訂位

　　航空公司比起其他產業，最特殊的機能是其預約訂位的機能。據說航空公司的預約訂位業務始自 1919 年的荷蘭 KLM 航空公司。剛開始是以人工作業，後來由於電腦之尖端發展，才轉變成電腦預約系統（Computerizde reservation system）。

　　飛機票的訂位與火車票、輪船巴士票等訂位不大相同，旅客購買機票後，在規定的期限內，隨時都可向航空公司訂位，也隨時可以取消，甚至不取消訂約不登機，機票照樣有效。因而航空公司為了保障其利益，接受臨時削價拉客，且為補救此種可能的損失，不得不有超額訂位（over booking）的措拖；至於超額多少則視飛行的淡旺季及旅客種類做機動調配，大致說來約在一成左右。

　　航空公司的預約機能可說是邁向對顧客服務的尖端。除了為自己的旅客訂位，也可代替為在旅途中所需轉搭乘其他航空公司的訂位。此外有些地區，特別在美國所有航空公司都設置 Toll Free（對方付費）電話，不論在全國哪一處打電話訂位，電話費用皆由航空公司負擔。另外在旅行中所需的特別服務（如特別餐食、輪椅擔架），均可在訂位時說明，由訂位通知沿途各站有關單位並照料。

　　為加強訂位管制，航空公司在班機起飛前必須實際定期清查工作，並使用各種方法保持與旅客聯絡。起飛前 24 小時，並再做一次查詢工作，以確定旅客是否要搭乘預定的班機。旅客由別處來，也要求其合作，用電話自動向航空公司聯繫辦理再確認手續。目前臺灣地區由於出境證取消，代之的是直接由航空公司替旅客辦理出境通報，在預約或是再確認時，若沒有將身分證號碼轉報給訂位組，航空公司便無法辦理出境通辦，預約也可能遭取消。

第一節　預約的再確認（Reconfirmation）

通常是指國際航空旅客，在旅途中應照規定，在各中途停留據點的航空公司營業所辦理預約再確認手續，並可以了解該飛機起飛時間等最新消息。另一方面，航空公司保留飛機座位外，並可以叮嚀旅客，下一站的簽證及預防接種等手續是否辦妥，以及登記旅客的聯絡地點，以便隨時與旅客聯繫。因此，售票的航空公司或旅行社，應於旅客出發前，向其詳細說明有關規定，以免在途中發生錯誤，導致預約被取消。茲將有關再確認的重要規定，說明於次：

㈠凡搭乘國際航線的旅客，在行程中的任何據點，若停留時間在72小時以上，雖於購票時已辦妥預約手續（即在機票的預約內填有「OK」字樣），仍必須辦理再確認手續，以電話聯絡即可。如需變更行程更要及早辦理，並加貼標籤。

㈡若是旅客的訂位記錄（PNR）上有告知票號，且留有當地聯絡電話或已搭乘訂位記錄中的前段班機，回程就不必辦理確認手續。如未事先通知航空公司訂位人員，進行更改或取消班機，而未搭乘已訂妥的航班，相關續程及回程班機機位將被取消。

第二節　預約手續

凡在機票內填有「OPEN」字樣者，如前往航空公司營業所辦理預約搭機手緒，經航空公司預留座位者，即在機票黏貼「OK」字樣的標籤（Sticker），電話預約者即免此手續。若機位已訂滿則被列入候補（Stand-by），旅客可前往機場的航空公司櫃臺候等遞補，一俟有人退票（Cancellation）或No-show時，即可依序遞補。旅客在機場遞補乘機，稱為Go-show，在飛行旺季時，遞補乘機的機率通常不太大。

預約手續的方式通常可有三種：

㈠直接向搭乘的航空公司預約

一般而言，航空公司皆有其預約專用電話及部門（即訂位組），旅客直接打電話訂位是最便利的，幾乎所有航空公司都使用電腦預約系統，以數十名甚至數百名專門訂位人員負責擔任處理來自旅客或旅行社的預約電話。

㈡經由旅行社預約

出國旅行時，由於所需手續大都會委託旅行社代辦，自然機位的預約也是旅行社的服務項目之一，再者旅行社是航空公司的代理店，一般人買機票也大都是購自旅行社，旅行社為了招攬客人，也都盡其可能提供服務。但有時旅行社為廣大招徠，常未經取得航空公司同意就畫定機位，造成超額訂約，旅客無機可搭。

㈢經由其他航空公司預約

位在美國芝加哥的人士想經由洛杉磯到韓國首爾時，芝加哥——洛杉磯之間搭乘的是美國 American Airline，而洛杉磯——首爾之間，則是搭乘大韓航空公司的班機。

此時這位人士則可向先搭乘的 American Airline 的訂位組訂位，並可拜託其代訂洛杉磯——首爾間的大韓航空公司班機的位子。

目前航空公司訂位管制，也多採用電腦作業，只需將旅客行程資料送入電腦，隨即可顯示各班機的訂位情形。電腦資訊通常顯示日期、旅客姓名、行程、限制與訂位等級、報價、付款方式、何人訂位、電訊號碼，以及訂位資料修正、確認或取消，對旅客提供迅速而正確完美的服務。

第三節　預約服務項目

計畫搭乘飛機旅遊者若能有效利用航空公司的預約系統，也能替自己帶來不少便利。雖然航空公司的主要商品是機位的預約出售，但是為了服務旅客，幾乎所有的航空公司皆盡其所能提供所有服務項目及資訊。

航空公司訂位以外的服務項目如下：

(一)附帶服務（Auxiliary Services）

1. 旅館預約（Hotel Reservation）
2. 觀光預約（Tour Reservation）
3. 租車預約（Car Rental）
4. 其他交通工具的預約（Surface Transportation）

(二)特別餐（Special Meal）的提供預約

為因應不同旅客基於健康及宗教上等理由，所提供的特別餐預約服務，在訂位時（或至少在搭機前）應事先說明，航空公司皆免費提供服務。機內的特別餐種類如下：

1. BBML ─ Baby Meal
2. HNMI ─ Hindu Meal
3. KSML ─ Kosher Meal
4. MOML ─ Moslem Meal
5. NSMI ─ No Salt Added Meal
6. ORML ─ Oriental Meal
7. SFML ─ Sea Food Meal
8. VGML ─ Vegetarian Meal

(三)到達之聯絡服務

旅客若是想將自己抵達目的地的消息向其目的地的親友聯絡時，航空公司可利用當地分公司，替其傳遞抵達聯絡（Arrival Notice）的服務。

(四)需特別保護和注意的乘客

無成人陪同的孩童、產婦、身體殘障疾病、年老者等欲搭乘飛機前，事先告知航空公司，航空公司會採取適當的措施，在旅途中維護其安全。

㈤其他旅行情報

　　旅客在旅行時所需的匯率狀況、出入境手續、旅行目的地的各種情報等，航空公司幾乎都免費提供。

　　航空公司預約訂位的班機時間必須依照其所公布的時刻表（Time Table）來進行。這部分也是因航空運輸的公共性，須在事先即定好時刻表公布之。

　　各大航空公司的時刻表皆分為夏季（Summer Schedule，4月1日～10月31日）及冬季（Winter Schedule，11月1日～3月31日）兩種不同時刻，也有少部分國家只有實施 Summer Time 制度。預約訂位的班機時間皆是以當地時間為準，時刻表所標示的班機起降時間也是依照當地時間（Local Time）。

　　時刻表通常包括飛機班次，時刻表的有效期間、日期、出發時間和到達時間、出發地和目的地，以及經由地、機種等級種類等。預約訂位時必須依照時刻表所標示者，才能辦理預約訂位。

第六章　國際線旅客時刻表

　　航空輸送商品的品質構成要素中，最重要的在於班機航運 Schedule 的便利性。旅客選擇所搭乘航空公司的原因，除了有票價、機型、空中服務外，最重要的還是在於時間表內所公告的班機起飛降落時間的便利。

　　因為航空運輸具有公共性，所以航空公司必須把班機的運航時間公布於社會大眾，而旅客時刻表（Passenger Time Table）的功能即在於此。

　　航空公司的 Time Table 通常是以冬、夏季前為劃分原則，分為 Summer Schedule（夏季，4月1日至10月31日止）和 Winter Schedule（冬季，11月1日至3月31日止）兩種，這也和部分國家實施夏季日光節約時間（Daylight Saving Time）制多少有關。

　　Time Table 的構成內容包括班次號碼（Flight Number）、Time Table 的有效期間、飛機運航日期（Day of Operation）起飛時間和抵達時間、出飛地和目的地，此外尚有經由地、飛行機種、座艙等級等。

第一節　Flight Number 的構成原理

　　航空公司的 Flight Number 分為定期班機與不定期班機兩種。定期班機以3位數字構成，不定期班機則以4位數字構成。世界上所有航空公司的 Flight Number 構成原理大都相同。

　　Flight Number 的每個數字皆有其賦與的意義，所以只要一看 Flight Number 就可得知此次飛行班次的種類。以華航為例：

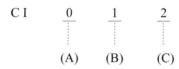

(A)乃表示飛機所飛往的地區

　　0 —— 美洲地區（北美、中美、南美）

　　1 —— 表國內線

　　2 —— 表國內線

　　3 —— 表國內線

　　4 —— 預備

　　5 —— 澳洲、南太平洋、北非

　　6 —— 東南亞

　　7 —— 日本

　　8 —— 中東、南非

　　9 —— 歐洲

(B)航空客機或貨機之表示

　　客機—— 0、1、2、3、4、5、6、7

　　貨機—— 8、9

(C)若以華航為例，則以臺北為中心，意味著從臺北出發的flight，或是抵達臺北的 flight，依照 IATA 規定：南向、西向的 flight 用單數表示，北向、東向的 flight 則以偶數代表。

第二節　出發時間和到達時間

　　空運一日千里，雖在短時間內可抵達世界各地，但因各地區時差不同，因此標示出發時間或到達時間皆以當地時間為主。

㈠ GMT 和 LOCAL TIME

　　為避免時差不同所造成世界各地時間換算的困難，故有設定標準時間的必要，位於英國格林威治天文臺上的原子鐘間即是世界之標準時間〔但據報導，格林威治天文臺所使用的六個原子鐘真空管即將失效，已由環球時間（Universal Time）所取代，其與格林威治時間相同，只是名稱不同〕。其所位經處之經線零度與換日線將地球對分為東西兩半球，格林威治以東的時區，定為正時區，以西的時區定為負時區。且為了方便國際間的交流，以日界線為界，凡向

東航行的飛機或船隻，經過該線要減一天，向西航行者，即加一天。航空公司的 Time Table 所標示的時間不是 GMT，而是當地時間。

(二) GMT 和 LOCAL TIME 時間換算

世界各國為方便文化及經濟交流，統一規定地區的時差及標準時間。經線零度，子午線時間即為 GMT 標準時間。自經線零度起，向東每增加 15 度（東經 15 度），即早一時，向西即晚一時，臺灣位於東經 119 度至 112 度之間，比格林威治時間早 8 小時。以＋8 代表其時差，換算公式為：

GMT =（LOCAL TIME）－（與 GMT 之時差）

從以下幾個例子可供參考：

1. 已知臺北與 GMT 的時差為＋8，台北 3 月 20 日上午 10 時，換算成 GMT 則：
   10：00 －（＋0800）
   ＝ 0200G──GMT 為同日的凌晨 2 時
2. 洛杉磯與 GMT 的時差為－7，其當地 3 月 10 日下午 6 時 30 分，換算成 GMT：
   1830 －（－0700）
   ＝ 1830 ＋ 0700
   ＝ 2530G
   ＝ 11 日 01 時 30 分──GMT 為次日凌晨 1 時 30 分

第三節　航空公司代號（Airline Code）

Airline Code 的正式名稱應為 Airline Designator，依照各航空公司的申請，再由 IATA 指定。

Airline Code 統一使用於預約、Schedule 的標示、Time Table、電訊、出票等業務上。航空代號的組成有 2 個英文字母或數字，也有由 3 個英文字

母構成的情形。例如：

CI － Chinese Airlines

JL － Japan Airlines

NW － Northwest Airlines

UA － United Airlines

AF － Air France

TG － Thai Airways International

6B － Texas National Airlines

（其餘請參見附錄）

第四節 城市／機場代號（City ／ Airport Code）

定期航空的就航據點，不論是城市或機場皆以3個英文字母作為代號，而且統一使用。City ／ Airport Code 也是經由飛航該地區的航空公司申請，並且獲得 IATA 的認可即行。

㈠ SINGLE AIRPORT CITY

像首爾、洛杉磯、香港等城市因只有一座國際機場，其 City Code 和 Airport Code 可合併使用。例：

Seoul——SEL（由於首爾的國際機場已搬遷至仁川，故其機場代號亦可為 ICN）

Los Angeles——LAX

Hong KonG——HKG

高雄——KHH

㈡ MULTI-AIRPORT CITY

當一個城市有兩座甚至三座機場，即稱為 Multi-Airport City，像東京、

紐約、巴黎、倫敦等城市即屬此類。在這種情形下，為了避免有所混淆，則將 City Code 和 Airport Code 各附予不同代號，分別使用。例：

Tokyo 的 City Code——TYO
其境內的兩座機場分別為 NRT 與 HND
Paris 的 City Code——PAR
其境內的機場有 CDG、ORY

第五節　座艙等級代號（Class Code）

各種機票通常包括各種不同的票價及待遇，按其航空票一般可區分為頭等（First Class）和經濟（Economic Class）兩等級。但由於票價種類多樣化，經營三等級的航空公司也不少。

Class Code：

A	First Class Discounted
B	Coach Economy Discounted
C	Business Class
D	Business Class Discounted
F	First Class
H	Coach Economy Discounted
J	Business Class Premium
K	Thrift
L	Thrift Discounted
M	Coach Economy Discounted
P	First Class Premium
Q	Coach Economy Discounted
R	Supersonic
S	Standard Class
T	Coach Economy Discounted

U　No Reservation Service

V　Thrift Discounted

W　Coach Economy Premium

Y　Coach Economy

第六節　飛機代號（Aircraft Code）

為分別各家飛機製造廠所生產的飛機機型、種類，遂制訂 Alpha-Numberic Code 以供採用，並於 Time Table 中也標示出就航的機種，如 B747、DC10、A300 等。

第七節　航權的獲得與限制

（The Freedoms of the Air/ Cabotage）

㈠航權的獲得

航權乃指允許通航的權利，依據國際公法規定，一國上空的領空權亦為該國主權之一，非經政府准許，他國航空器不得擅自使用、侵入。各航空公司在未開業之前，必須先獲得政府的准許。

根據 IATA 的航權行使型態，現行航權可分為六種。

第一種航權為超越領空權：由 A 國至 C 國，途中經由 B 國領空，並不在 B 國降落。如圖：

A 國 ────────▶ B 國 ────────▶ C 國

第二種航權為技術降落權（Technical Landing Right）：由 A 國至 C 國，因航程遙遠，必須中途在 B 國降落加油（Refuelling）及補充裝備（Maintenance），

始能繼續飛行，這種降落權不得在 B 國當地裝卸客貨及郵件。如圖：

A 國 ┈┈┈┈┈┈► B 國 ┈┈┈┈┈┈► C 國

　　第三種航權為卸落客貨權：由 A 國裝載乘客或貨物運往 B 國卸落，但回航時不得在 B 國裝載客貨郵件。如圖：

A 國 ◄┈┈┈┈┈┈► B 國

　　第四種航權為可裝載客貨郵件返回本國權：由 A 國至 B 國的客貨機，不可將來自 A 國的客貨郵件在 B 國卸落，但可裝載 B 國客貨郵件回航 A 國之權。如圖：

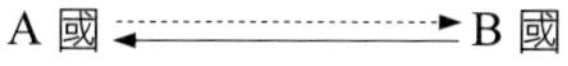

A 國 ◄┈┈┈┈┈┈► B 國

　　第五種航權為可卸落客貨並可裝載客貨飛往第三國：由 A 國起飛至 B 國的客貨機，可同時在 B 國裝卸客貨郵件，再續往第三國。此航權對於國際航空運輸至為重要。如圖：

A 國 ──────► B 國 ──────► C 國

　　第六種航權，乃自第三國裝載客貨郵件，飛往航空公司本國後，再運至另一國。如圖：

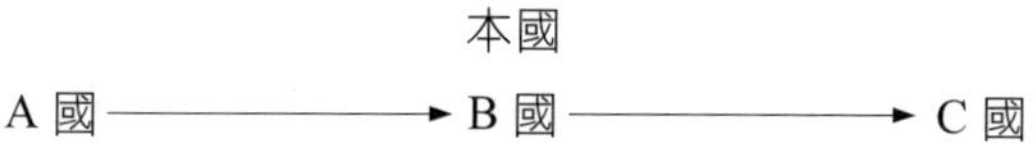

本國

A 國 ──────► B 國 ──────► C 國

(二)限制航權

各國政府為保護本國航空事業的權利，多禁止外航經營本國航線，而由本國航空公司經營，此即所謂限制航權（Cabotage）。

例如 KE002 的飛航路線是 TPE-HNL-LAX，但由於 HNL-LAX 是位於美國境內，KE002 只能卸落客貨，並不能無限制地裝載客貨再飛往 LAX。此即所謂的 Cabotage。

Cabotage 之間的航運限制可分以下幾種說明：

1. TPE　CI　HNL　CI　LAX　　（○）

由臺北出發，經由HNL再到LAX的華航班機，其乘客在飛機抵達HNL時可以下機，或再乘原班機飛抵 LAX。

2. TPE　CI　HNL　UA　LAX　　（○）
　　　　　　　　　　　AA

搭乘華航從臺北抵達HNL的旅客，若在HNL搭乘華航班機飛往LAX，則違反了 Cabotage，必須搭乘美國籍的航空公司才可，如 UA、AA。

3. TPE　X　HNL　CI　LAX　　（×）

非由臺北搭機而來的乘客，而是 HNL 的居民，若在 HNL 搭乘華航班機飛往 LAX，則違反了 Cabotage。

4. TPE　CI　HNL　JL　LAX　　（×）

從臺北搭乘華航的旅客，在HNL換搭非美國籍的航空公司——JL，前往 LAX 時，HNL—LAX 之間的航運則違反了 Cabotage。

此種航權限制只針對有償旅客的運輸，對於無償旅客的裝載則不牴觸。

第八節　班機飛行星期日數（Day of Operation）

班機飛行星期日數是以一星期為單位作為標示，一般 Time Table 也是以平常所用之星期日數作為標示，但在OAG上則是以數字代替文字使用。

OAG 上星期日數的標示形式：

1 ─ Monday

2 ─ Tuesday

3 ─ Wednesday

4 ─ Thursday

5 ─ Friday

6 ─ Saturday

7 ─ Sunday

X ─ Except

第九節　飛航時間計算法

世界各航空公司的時刻表所標明的飛機起飛時間（LV）及抵達時間（AR），都是以各航空據點的當地時間（LMT）為準，但在東西兩據點之飛航時間便有很大的出入。在同一距離的東西兩據點，由西向東飛行的時間，較由東向西飛行的時間多了一倍，或者較出發時間早到的現象。這都是時差所引起的問題，因此，明白了兩地的時差，計算實際飛航時間就容易多了。

飛航時間的計算方法皆根據下列三個步驟：

㈠先找出起飛地點 GMT 的時差，將起飛時變回 GMT 時間，如時差為負數，即將該數加在起飛時上；如時差為正數，即由起飛時間減去該數。

㈡再找到到達地點 GMT 的時差，將到達時間變回 GMT 時間（方法如上）。

㈢以到達的 GMT 時間減去起飛的 GMT 時間即為飛行時間。例如：

1990 年 12 月 2 日，華航 004 直飛舊金山，臺北起飛時間是 17 時 15 分，到達舊金山的時間是當日的 12 時，此時你的腕錶所指的卻是 0400，也就是臺北時間 3 日凌晨 4 時。由此我們可得到個結論是：

這班飛機的飛行時間是：

04h00 ＋ 24h00 ─ 17h15 ＝ 10h45

台北與洛杉磯的時差是：

04h00 ＋ 24h00 － 12h00 ＝ 16h

茲再舉例說明如下：

- 大韓航空（KE）027 次班機是星期日 23 時 50 分自紐約起飛，於星期二 7 時整飛抵首爾。其飛航總時間為多少？

　　將首爾到達時間和紐約出發時間均換算成 GMT

　　紐約 LV 23：50 ＋ 4 ＝ 03：50　　（星期一）

　　首爾 AR 07：00 － 9 ＝ 22：00　　（星期一）

　　22：00 － 03：50 ＝ 18：10----------答案

- 中華航空（CI）016 次班機是 10 時 45 分自臺北出發，於當日 14 時 40 分飛抵東京。其飛航總時間為多少？

　　臺北 LV 10：45 － 8 ＝ 02：45

　　東京 AR 14：40 － 9 ＝ 05：40

　　05：40 － 02：45 ＝ 02：55--------- 答案

- 中華航空（CI）018 次班機 16 時 31 分自臺北起飛，於當日 9 時 10 分飛抵檀香山。其飛航總時間為多少？

　　臺北 LV 16：31 － 8 ＝ 08：30

　　檀香山 AR 09：10 ＋ 10 ＝ 19：10

　　19：10 － 08：30 ＝ 10：40--------- 答案

- 中華航空（CI）061 次班機 21 時自臺北起飛，經中東地區，於翌日 10 時 15 分抵達阿姆斯特丹。其飛航所需時間為多少？

　　臺北 LV 21 － 8 ＝ 13：00

　　阿姆斯特丹 AR 10：15 ＋ 24：00 － 2 ＝ 32：15

　　（往西飛行需加一天）

　　32：15 － 13：00 ＝ 19：15--------- 答案

表 3-6-1　國泰航空的 Time Table

VALDITY DAYS OF From To	Service Dep.	Flt No	a/c Cl.	TRANSFER CITY Arr.Airport Dep.	Flt No	a/c	Cl.	Arr.
From TAIPEI (TPE) Continued								
To Manila (MNL)								
— —	1　45　1300	CX531	747 FCY	1430 HKG 1650	CX903N	L10	FCY	1835
— —	23　67　1300	CX531	L10 FCY	1430 HKG 1650	CX903N	L10	FCY	1835
— —	1234567 1550	CX405N	L10 FCY	1720 HKG 2100	CX905N	L10	FCY	2245
To Melbourne (MEL)								
— —	1　4　1920	CX451	747 FCY	2050 HKG 2220	CX101U	747	PCY	*0915
— —	2　　7 1920	CX451	747 FCY	2050 HKG 2220	CX101U	747	PCY	*1155
—	3　1920	CX451	747 FCY	2050 HKG 2230	CX103U	747	PCY	*0920
—	5　1920	CX451	747 FCY	2050 HKG 2245	CX103U	747	PCY	*0935
—	6　1920	CX451	747 FCY	2050 HKG 2210	CX103U	747	PCY	*1155
To Nagoya (NGO)								
— —	12　56　1720	CX530	L10 FCY	NONSTOP				2100
— —	34　7 1720	CX530	747 FCY	NONSTOP				2100
To Nanjing (NKG)								
— —	234 67 0900	CX403N	L10 FCY	1030 HKG 1215	KA322N	73S	Y	1525a
To Osaka（OSA）								
— —	1234567 1640	CX564	747 FCY	NONSTOP				2015
To Paris (PAR)								
—　　9Jun	2　1920	CX451	747 FCY	2050 HKG 2240	CX289	744	PCY	*0830 CDG
16Jun　—	2　1920	CX451	747 FCY	2050 HKG 2230	CX261	744	PCY	*0535 CDG
15Jun　—	1　2040	CX401N	744 FCY	2210 HKG 2300	CX261	744	PCY	*0635 CDG
—	3 5 7 2040	CX401N	744 FCY	2210 HKG 2300	CX261	744	PCY	*0635 CDG
—	6　2040	CX401N	744 FCY	2210 HKG 2315	CX261	744	PCY	*0635 CDG
To Penang (PEN)								
— —	1　5　1300	CX531	747 FCY	1430 HKG 1545	CX721N	747	FCY	2045
— —	2　6　1300	CX531	L10 FCY	1430 HKG 1545	CX721N	747	FCY	2045
To Perth (PER)								
—	1　5　1920	CX451	747 FCY	2050 HKG 2230	CX171U	747	PCY	*0550
To Phuket（HKT）								
— —	1　4 67 1225	CX565	747 FCY	1355 HKG 1515	KA781	73S	Y	1750
To Rome（ROM）								
—　　11Jun	2 4 6 2040	CX401N	744 FCY	2210 HKG 2300	CX291	744	PCY	*0920 FCO
13Jun	2 4 6 2040	CX401N	744 FCY	2210 HKG 2300	CX291	744	PCY	*0920 FCO

To Sapporo (SPK)										
	3 5 7	1115	CX407N	744 FCY		1245 HKG 1340	CXJL480	L10 FCY	1905 CTS
To Seoul (SEL)										
— —	1234567	1420	CX410	744 FCY		NONSTOP			1740
To Shanghai (SHA)										
— —	23 67	1300	CX531	L10 FCY		1430 HKG 1620	KA300N	L10 FY	1920a
— —	4	1300	CX531	747 FCY		1430 HKG 1620	KA300N	L10 FY	1920b
To Singapore (SIN)										
— —	1 45	1300	CX531	747 FCY		1430 HKG 1530	CX715N	L10 FCY	1855
— —	23 67	1300	CX531	L10 FCY		1430 HKG 1530	CX715N	L10 FCY	1855
To Sydney (SYD)										
— —	1 4	1920	CX451	747 FCY		2050 HKG 2220	CX101U	747 PCY	*1205
— —	2 7	1920	CX451	747 FCY		2050 HKG 2220	CX101U	747 PCY	*0855
— —	3 56	2040	CX401N	744 FCY		2210 HKG 2300	CX101U	747 PCY	*0945
To Tianjin (TSN)										
— —	3	1115	CX407N	744 FCY		1245 HKG 1440	KA336	73S Y	1835b
To Tokyo (TYO)										
—	1234567	1250	CX450	744 FCY		NONSTOP			1700 NRT

a-z for Daylight Saving Time Variations see page.2

*Indicates following day §2days later +3days later

N No Smoking flight T Trial No Smoking flight

表 3-6-2　大韓航空的 Time Table

Korea‧Japan←→USA　韓國←→美洲

KE002	KE012	KE016	KE026	KE028	KE060	Flight No.	便名	KE001	KE011	KE015	KE025	KE027	KE050
747 FCY	747 SUD FCY	747 FCY	747 SP FCY	747 FCY	DC10 FY	Aircraft Class	機種 等級	747 FCY	747 SUD FCY	747 FCY	747SP FCY	747 FCY	DC10 FY
月水金 Mo WeFr 土 Sa	每日 Daily	火水日 Tu-ThSu	每日 Daily	月水土 Mo-WeSa	每日 Daily	Departure Days	出發曜日	火木金日	每日 Daily	月水土	每日 Daily	月水土	每日 Daily

1900	1640	2020	1050	2010	2030		●	◑	●	◑	●	◑
						D 發 Seoul　　　著 A 서울（＋10）	1310	1840	0720	1725	0700	1700
							●					
2000						A 著 Tokyo　　　發 D	1000					
2130						D 發東京(+9)　著 A	0650					
											◑	
				0950		A 著 Anchorage　發 D			T		0420	
				1100		D 發명커리지(-8) 著 A					0310	
							◑					
0935					0900	A 著 honolulu　　發 D	0400					1120
1200						D發하뉴루루(－10)著A	0200					
2010	1030	1410				A 著 Los Angeles 로스열실(－7)　發 D 리스	2330	1250	2330			
			1040	2130		A 著 New York 뉴욕(－4)　發 D				1255	2350	

F：First Class　C：Prestige Class　※ Prestige Class is not availabe between Seoul and Tokyo

Y：Economy Class　T：Technical Landing

◑：Day after departure

●：Two days after first departure

第七章　航空時間表使用法
——ABC 與 OAG

　　每一家航空公司不管大小，都將其定期班機（Scheduled Flights）做成時間表用來廣告，通稱為其 On-line time table 或 Local time talble。其繪製方法不外乎下列三種：

　　1. 傳統性時間表：以班次為基準，由班機起飛地起飛時間、沿途各站的地名、起飛時間及到達時間逐一列出，至該班機的終點為止。

　　2. 電腦作業以起飛地為基準：依英文字母順序，以班機起飛地為大標題城市（Headline City），並以到達地為小標題城市（Sideline City），列出二城市間的起飛時間與到達時間；如 ABC 時間表。

　　3. 電腦作業以到達地為基準：亦依英文字母順序，以班機到達地為大標題城市，並以起飛地為小標題城市，僅列出二城市間的起飛時間與到達時間；如 OAG 時間表。

第一節　ABC 的研讀法

　　ABC 是指在於歐洲發行的航空指南 World Airways Guide 月刊，分紅、藍上下兩冊。藍色本即航空時間表，內容包括各國航空公司的定期航線時間表及有關資料一覽表（Quick Reference）；至於紅色本的 ABC 內容更豐富，包括了各航空公司的略號查對、電號及 TIX、營業所在地、各地時差、城市代號、各飛行航線、換機時間、兩點間距離、航空稅、通貨兌換率、特別票規定等，均有詳細記錄。

　　ABC 有 A 到 M 與 N 到 Z 二冊，全世界的國際航線與國內航線皆有。目前使用 ABC 的同業已有越來越多的傾向，茲就用 ABC 的判讀方法作講解。

　　㈠先了解 ABC 的目錄了解自己所需要的資料在何處可找得到，茲將其

比較重要而常用部分譯出如下：

CONTENTS──BLUE BOOK

HOW TO USE QUICK REFERENCE SEC-　　→如何使用 ABC
TION-see pages 71-75 in this book

General Information

Important Notes-refer before using Guide..........2
ABC Worldwide Hotel Guide Update Page........3
Airline of the World(Head Offices)......................5-11→全世界航空公司
Airline Designators(encoding).............................5-11　　（總公司）
Airline Code Numbers(decoding).......................12,13→航空公司名稱代號
Airline Designators(decoding)........................... 14,15　　及機票代號
Bank and Public Holidays................................. 16,17
International Time Calculator............................18,19→國際標準時間時差表
IATA...20
Aircraft Types...21→機種與機型
Minimum Connecting Times............................22-34
Two Letter State Codes(decoding)......................36→城市／機場代號還
Schedule Texts(Explanation of　　　　　　　　　　原與符號註解
Abbreviations)... 36
City/Airport Codes...37-43→城市／機場代號
Shared Airline Designator Codes........................44
Flight Routings..45-70→班機行程表

Quick Reference A-M

How to use...71-75→如何使用 ABC
Worldwide city to city timetables A-M
in alphabetical order...76-2500→班機時間表

　　㈡ABC 雖分成兩冊，但不管國界與地區，皆應先查搭乘班機城市，然後再於此城市下查下機城市，即可查到起飛、到達、航空公司及班機號碼等。

　　㈢茲將 ABC 目錄中比較常用部分以中文譯出如上以供參考。

CONTENS——RED BOOK

HOW TO USE QUICK REFERENCE SECTION-see pages 71-75 in Blue Book

Quick Reference N-Z

Worldwide city to city timetables N-Z in alphabetical order..........2502-4000

VALIDITY OF INFORMATION THIS MONTH

THROUGH FLIGHTS-published if operating or commencing
operation at any time during the period 1 February-26 March.
TRANSFER CONNECTIONS-published if openrating or
commencing operation at any time during the period
1 February-26 March.

Fares Section

LATA Traffic Conference Areas F2
Important/Stop Press F3
World Currency Conversion & Exchange Rates...............F4, F5 →世界各種幣對換匯率表
Currency Adjustments..F6-F11 →幣值調整表
Ticket & Sales Taxes F12
Airport Taxes...F13 →機場稅
Free Baggage Allowances & Excess Baggage Charges. F14-F18
Ticketed Point Mileages.. F19-F45 →機票所示城市間距離
Excess Mileage Percentage Table F46
IATA Reservations and Ticket Coding Directory F47-F51
Fare Notes F52-F105

Proportional Fares F106, F107

Validity Indicator for Special Fares............................F108, F109 →機票有效期
限表

Normal & Excursion Fares (Display Explanation) F110-F113

Normal & Excursion Fares including Visit U.S.A. Fares

.... F114-F507

North American Promotional Fares

American Airlines AA1-AA13

Alaska Airlines..AS1, AS2

Northwest Airlines NW1-NW10

Piedmont Airlines... P11-P14

TWA-Trans World Airlines. TW1-TW5

Car Hire-Directory and Rates

Hertz   Yellow pages

Europear   Gold pages

InterRent   Deep Blue pages

Advance Schedules

(Summer 1988)...OR1-OR48 →夏季時間預
告表

Airline Feature Section

The timetable network of individual airlines in alphabetical order AF1-AF96

Quick Reference Section—How to use

The ABC Quick Reference Section gives a world-wide coverage of flight information. Nearly 4,000 cities arranged alphabetically combine to give more than 91,000 city to city entries. The information you repuire is easy to find.

FROM each Departure City TO each Arrival City; which airlines fly the route and when they go.

The specially prepared example below shows how clearly and concisely this and other information is presented.

(A)

DEPARTURE CITY INFORMATION

Clock Time(e.g. +0200) vanation from GMT applicable during the period ofvalidity of this guide.

APT — Airport(and code where more than one airport serves the departurecity) with distance from City centre.

• highlights each airport at multiairport cities.

STR — Surface Transport City to Airport.

Three-letter codes(e.g. STO. ARN)

Identify Cities and Airports—See page 37.

STOCKHOLM TO PARIS

FROM STOCKHOLM SWEDEN (STO)　　　　　　+0200

APT•ARLANDA(ARN)25mls/41km. Check-in Dom. 10, Int. 30 · mins BAL-KAN 50mins.

•BROMMA(BMA)5mls/8km. Check-in 15mins.

STR　To ARLANDA AIRPORT

　　　Town Terminal, Vasagatan 6-14

　　　Report time Dom. 60; Int. 80 mins.

　　　SAS Terminal, Norrtull

　　　Report time Dom. 55; Int. 75 mins.

　　　To BROMMA AIRPORT

　　　Town Terminal, Vasagatan 6-14

　　　Report time 40 mins.

　　　Also serves UPPSALA

(H)

KEY TO FLIGHT INFORMATION

Shown at the top of the first column on each page.

Acft—refers to type of aircraft (see page 21)

Class—refers to inflight Class of Service (see decode below).

Stops—refers to number of stops enroute for through flights and transfer connections. For enroute stops see Flight Routings page 45.

(B)

ARRIVAL CITY INFORMATION

City name and code plus code and name of each airport served at multi-airport arrival cities.

PARIS FRANCE (PAR)　ORY-ORLY CDG-CH DE GAULLE

Validity		Days of	Flight			Stops
From	To	Service	Dep	Arr	No	Acft	Class

(I) TRANSFER CONNECTION FLIGHT INFORMATION

Flights are shown in chronological order of departure.

SINGLE CONNECTIONS involving one change of flight en-route are shown on twolines. The first line is from departure city to the transfer point and thesecond line from the transfer point to the arrival city.

DOUBLE CONNECTIONS involving two changes of flight en-route are shown on three lines. The first line is from departure city to the first transfer point, the second line is from the first to the second transfer point, and the third line is from the second transfer point to the arrival city.

Airport codes(e.g. FRA)are used to indicate transfer points.

Change of airport at a transfer point is indicated by the relevant codes(e.g. LHR, LGW)against the arr. and dep. times at the transfer point. Timesat point of orgin and final destination are shown in bold type. A minorityof transfer connections are via a higher fare routing. If in doubt, checkwith the initial carrier to verify if the standard fare applies.

(C) THROUGH FLIGHT INFORMATION

Flights are shown in chronological order of departure.

Through fight notes apply to the flight immediately above.

Departure and arrival times are shown in bold type.

For explanation of abbreviated Schedule Texts see page 36.

—	25 Jun 1 3 56	0850ARN	1220CDG	SK 562	D9S	CMB	0
—	23 Jun 2 4	0855ARN	1415CDG	SK 561	D9S	CMB	1
		SK 561-Op subj to comformation					
27 Jun —	123456	0900ARN	1230CDG	SK 561	D9S	CMB	0
—	2 4567	1700ARN	2020CDG	AF 791	727	CYB	0
—	1 3	2100ARN	0040CDG	AF 791	73S	fy	0

TRANSFER CONNECTIONS

(D) Single transfer via Frankfurt

—	1234567	1300ARN	1505FRA	LH 107	737	FY	1
—		1650FRA	1905ORY	LH 114	AB3	FY	0

(E) Single transfer with change of airports at London

—	5	1400ARN	1700LHR	BA 655	757	CM	0
—		1945LGW	2135CDG	BR 896	B11	Y	0

(F) Double transfer via Copenhagen and Amsterdam

—	26Jun12345	1415ARN	1525CPH	SK 411	D9S	FY	0
—		1615CPH	1830AMS	SK 555	D9S	Y	0
—		1920AMS	2020CDG	KL 333	DC9	CM	0

(G) Single transfer via Copenhagen

—	12345	1810ARN	1920CPH	SK 415	D9S	FY	0
—		2005CPH	2255CDG	SK 569	D9S	fyb	0

ALL TIMES ARE LOCAL CLOCK TIMES

EXPLANATION OF CODES AND SYMBOLS

DAYS OF SERVICE

1 = Monday,2 = Tuesday,etc.

(eg.1 3 567 = Monday, Wednesday, Friday, Saturday, Sunday)

STOPS

0 = Non stop,1 = One stop, 2 = Two stops, etc.

M = Multi-stop (more than 8 stops)

DAY INDICATOR

• Following day　#Third day

§ Fourth day　#arrival previous day

CLASSES OF SERVICE/RESERVATIONS

BOOKING DESIGNATORS

When the Class of Service/Reservations Booking De-signators decoded below aredisplayed as small letters (eg fy) this indicates the availability of an OFF PEAK

TARIFF

R　Supersonic Class

P　First Class Premium/Luxury First Class

F　First Class

A　First Class Discounted

J　Business Class Premium

C　Business Class/Coach/Economy Class on some flights/Sky Coach Class/ThriftClass(Brazil)

D　Business Class Discounted

S　Standard Class

W　Coach/Economy Premium Class

Y　Coach/Economy Class/Business Class on some in-ternational flights

B　Coach/Economy Discounted Class

H　Coach/Economy Discounted Class

Q　Coach/Economy Discounted Class

M　Coach/Economy Discounted Class

T　Coach/Economy Disounted Class

K　Thrift Class

L　Thrift Discounted Class

V　Thrift Discounted Class

G　Conditional Reservation

U　Air Shuttle(no reservations needed,seat guaranteed)

E　Air Shuttle(no reservatoins allowed)

◆　Shared Designator'flight—see page 44

Aircraft Types(e.g. D9S)—see page 21

Airline Prefixes(e.g. SK)—see page 14

City/Airport Codes(e.g. STO)—see page 37

FOR TARIFF INFORMATION AND MILEAGES REFER TO FARES SECTION.

(A)出發城市資料：STO 為出發城市 STOCKHOLM 之代號

　　+0200（為與格林威治時差）

　APT 為 Airport 縮寫。此城市有二座機場：ARN,BMA

　ARLANDA (ARN)　　25mls/41km,　　Check-in Dom 10；Int 30mins

　　機場名稱　機場略號　　距離市區 25 哩／41 公里　最少應在國內線班機起飛前 10 分鐘報到　最少應在國際線班機起飛前 30 分鐘到

　STR 為城市與機場間交通所需之時間

(B)到達城市資料：到達城市全名代號，如有二個以上機場時，則還需有機場代號。

(C)直達班機資料：以出發時間順序排列。

(D)在其他城市相同機場換接一次班機。

(E)在其他城市但不同機場（到達 LHR 機場，而由 LGW 機場出發）換接一次班機。

(F)在其他一個城市先後換接二次班機。

(G)同(D)。

(H)有關班機資料：有效期限　飛機飛行日　起飛時間　到達時間　航空公司班機號碼　機型　等位　沿途停留站數

(I)班機以起飛時間順序排列。其他如(D)(E)(F)(G)。

第二節　OAG 的研讀法

OAG（Official Airline Guide）可說是美國版，可分為二版。一版稱為 Worldwide Edition 的世界版，將除北美洲地區以外的國際航線與國內航線時間表列為一冊；另一版稱為 North American Edition 的北美洲地區版，另刊印加拿大、美國及墨西哥之間及其國內的時間表。

World wide OAG 可說是全世界國際航空公司的 Guide Book，每月發行一次，一年發行 12 次；至於北美版的 OAG，則分為一月發行一次與一月發行二次兩種。OAG 本身並不具備法的約束力，只是提供班機時間表、票價及其他相關訊息，供旅遊業、航空業者參考使用。

OAG 內容

OAG 的內容順序雖然在世界版和北美版有些不同，而且每月也有些微變更，但其內容大抵包括：

(一)各國所使用的貨幣單位（Currency Code）

(二)航空公司代號、機型、機種代號（Abbreviations and Reference Marks）

(三)編輯後變動事項（Stop Press）

(四)票價適用規定（Application of Fare Note）

(五)各國當地機場稅及相關附稅（Local Taxes）

(六)免費行李重量及超重費率（International Baggage Allowance and Rate）

(七)國際標準時間時差表（International Standard Time Chart）

(八)國際機場 CHK-IN 所需時間及免稅商店指引（International Airport CHK-IN Requirment, Airport Duty-free Shops）

(九)飛機機種等之統計（Aircraft Performance Statistics）

(十)換機所需最短時間（Minimum Connecting Time）

(十一)城市及航空公司約號一欄表（City/Airport Codes Listed Alphabetically By Code）

(十二)飛行路線（Flight Schedule）

㈓航空公司各營業處地址（Index of Airlines/Commuter Air Carriers/Scheduled Intra-state Air Carrier）

㈔航空公司所認可的信用卡（Carrier Acceptance of Credit Card）

㈕各國銀行及國家假日（Bank and Public Holidays）

如表：

Contents

Transportation Taxes	1250
Baggage Allowance	1257
Credit Card Acceptance	1261
Customer Service Information	1263
Airline Service Information Section	A1

Sections in blue indicate new and improved !!

✈ OAG 的使用方法

㈠ CURRENCY CODE

欲查各國所使用的貨幣單位及其代號，可參照「CURRENCY CODE」。
例：

Code	Currency-Country/Code
AED	Dirham-United Arab Emirates-AE
AFA/USD	Afghani-Afghanistan-AF
ALL/USD	LEK-Albania-AL
ANG	Guilder-Netherlands Antilles-AN
AON/USD	Kwanza-Angola-AO
ARA/USD	Austral-Argentina-AR
ATS	Schilling-Austria-AT
AUD	Dollar-Australia-AU
	-Kiribati-KI
	-Nauru-NR
	-Norfolk Island-NF
	-Tuvalu-TV
AWG	Aruban Guilder- Aruba-AW
BBD/USD	Dollar-Barbados-BB
BDT/USD	Taka-Bangaldesh-BD
BEF	Franc-Belgium-BE
BGL/USD	Lev-Bulgaria-BG

BHD	Dinar-Bahrain-BH
BIF	Franc-Burundi-BI
BMD/USD	Dollar-Bermuda-BM
BND	Dollar-Brunei Darussalam-BN
BOB/USD	Bolivanio-Bolivia-BO
BRC/USD	Cruzeiro-Brazil-BR
BRD/USD	Dollar-Bahamas-BS
BTN	Ngultrum-Bhutan-BT
BWP	Pula-Botswana-BW
MOP	Pataca-Macua
MRO	Ouguiya-Mauritania-MR
MTL	Maltess Lira-MT
MUR	Rupee-Mauritius-MU
MVR/USD	Maldivian Rufiyaa-Maldives-MV
MWK	Kwacha-Malawi-MW
MXP/USD	Peso-Mexico-MX
MYR	Ringgit-Malaysia-MY
MZM	Metical-Mozambique-MZ
NGN	Naira-Nigeria-NG
NIO/USD	Cordoba ORO-Nicaragua-NI
NLG	Guilder-Netherlands-NL
NOK	Krone-Norway-NO
NPR	Rupee-Nepal-NP
NZD	Dollar-Cook Island-CK
	-New Zealand-NZ
	-Niue-NU
OMR	Omani Riais-Oman-OM
PAB-USD	Balboa-Panama-PA
PES/USD	Peruvian Nuevo Soi-Peru-PE
PGK	KINA-Papua New Guinea-PG
PHP/USD	Peso-Philippines-PH
PKR	Rupee-Pakistan-PK
PLZ/USD	zioty-Poland-PL
PTE	Escudo-Azores-PT

(二) ABBREVIATIONS AND REFERENCE MARKS

1. 航空公司略號　例：

Airline Codes

	AA	American Airlines, Inc.
	AA★	American Airlines, Inc. (Flight numbers 2961, 2963, 2978 and 2980 Malev-Hungarian Airlines (MA); 6000-6001 Cathay Pacific Airways Ltd.(CX); 6007 and 6009-6010 Air New Zealand(NZ)
■	AA★	American Eagle(Flight numbers 3000-5799)
#	AB	Aaron Airlines Pty. Ltd.
	AC	Air Canada
	AC★	Air Canada(Flight numbers 1001-1006 Royal Jordanian(RJ); 1007-1012 Viasa(VA); 1013-1018 LOT-Polish Airlines(LO); 1019-1024 Finnair(AY); 1025-1030 Czechoslovak Airlines(OK); 1100-1199 Air Toronto(CS); 1200-1409 and 1425-1499 Air Ontario(GX); 1410-1424, 1900-1949, 1977-1981 and 1990-1999 Air Alliance(3J); 1500-1799 AirBC, Ltd.(ZX); 1800-1899 Air Nova Inc.(QK); 1950-1976 and 1982-1989 Northwest Territorial Airways, Ltd.(NV) #)
■	AD	Lone Star Airlines
	AF	Air France
	AF★	Air France(Flight numbers 038-039 Canadian Airlines International Ltd.(CP))
	AG	Provincial Airlines
	AH	Air Algerie
	AI	Air India
#	AK	Island Air
	AL	Alsair S. A.
	AM	Aeromexico-Aerovias de Mexico S. A. de C. V.

	CY	Cyprus Airways, Ltd.
	CZ	China Southern Airlines
	DA	Dan-Air Services Ltd.
	DB	Brit Air
	DC	Golden Air Commuter AB
■	DD	Command Airways, Inc.
■	DF	Aero Coach Aviation International, Inc.
	DI	Delta Air (Germany)
	DJ	North Cross Airways AB
	DL	Delta Air Lines, Inc.
	DL★	Delta Connection(Flight numbers 2000-2999 ■ Atlantic Southeast Airlines, Inc.(EV); 3000-3699 Comair, Inc.(OH)◄; 4300-4999 ■ Business Express(HQ); 5200-5999 Sky West Airlines(OO))
	DM	Maersk Air
	DN	Air Exel(Belgique)
	DO	Dominicana de Aviacion
	DQ	Coastal Air Transport
	DS	Air Senegal
	DT	TAAG-Angola Airlines
■#	DV	Nantucket Airlines
	DW	Dlt Deutsche Luftverkehrsgsellschaft MBH German Commuter Airlines
#	DX	Danair
	DY	Alyemda-Democratic Yemen Airlines
■	ED	CCAir Inc.
	EE	Euroberlin France
#	EF	Far Eastern Air Transport Corp.
	EG	Japan Asia Airways Co. Ltd.

【註】

★—(Following 2 character airline code)Code sharing carrier-indicates a flight operated by a different air carrier than the air carrier whose code is shown on the flight line.

　　EXAMPLE: DL　　Delta Air Lines, Inc.(Flight numbers 1-1299 & 1400-1949)

　　　　　　　　DL ★ Delta Connection (Flight numbers 3000-3499 Comair, Inc. (OH))

■—Indicates Part 204 commuter air carrier. A part 298 commuter air carrier which has been found fit pursuant to part 204 of the Economic Regulations of the United States Department of Transportation. Flight schedule listings for part 204 commuter air carriers are published in the Official Airline Guide chronologically with those of certificated air carriers.

×—Service temporarily suspended

◄—National Air Transportation Association, Inc.

§ —Carrier performs seasonal service only

#—Duplicated IATA two-letter airline code. For other(non-scheduled)carrier(not shown in OAG) refer to IATA traffic guide.

2.機型

Equipment Codes

Code	Jet Aircraft
AB3	Airbus Industrie A300(All Series)
B11	British Aerospace(BAC) One-Eleven(All Series)
CNJ	Cessna Citation
CRV	Aerospatiale Caravelle(All Series)
DAM	Dassault-Breguet Mercure
DC8	McDonnell Douglas DC8 Passenger(All 50 Series)
DC9	McDonnell Douglas DC9(All 10 & 20 Series)
DFL	Dassault-Breguet Mystere-Faicon 10/100/20/200
D1M	McDonnell Douglas DC10 Mixed Configuration
D10	McDonnell Douglas DC10 (All Series)
D8M	McDonnell Douglas DC8 Mixed Configuration (All Series)
D8S	McDonnell Douglas DC8(All 60/70 Series)
D9S	McDonnell Douglas DC9(All 30/40 & 50 Series)
	Propeller Aircraft Turboprop-Single Engine

BH2	Bell(All Series)
CNA	Cessna(All Series)
NDE	Aerospatiale AS 350 Ecureuil/AS 355 Ecureuil 2
PL6	Pilatus PC-6 Turbo-Porter
	Turboprop-Multi-Engine
AN4	Antonov An24
ATP	British Aerospace ATP
ATR	Aerospatiale/Aeritalia(All Series)
BEC	Beechcraft(All Series)
BE1	Beechcraft 1900
BE9	Beechcraft C99 Airliner

㈢ STOP PRESS

　　此部分是當 OAG 的編輯快完成時，所蒐集的資料有所變更，特將此變更部分刊印出。因此在查詢資料時，不妨再對照「STOP PRESS」，以確定此資料正確與否。例：

Airport Closure:

Lindeman Island, QLD., Australia(LDC)wilt be closed for construction until June 1992.

Equipment:

The following additional equipment will appear in this publication:

Turboprop-MultiEngine: MIH-Mil MI-8

Smoking Bans

At press time, the following countries/airlines have advised OAG of Smoking Bans in effect.

OAG advises you to check with your respective airline(s) for any additional restrictions.

Australia—All domestic flights and domestic segments of international flights.

British Airways(BA)—Smoking ban on all British Airways domestic flight segments operating within the British lsles.

㈣ APPLICATION OF FARE NOTE

在目的別班機時間表裡的班機標價資料（如：EX/1006）有部分指的是待標價。既然是優待標價就有其限制條件，此時就可參照「APPLICATION OF FARE NOTES」。例：

Fare Note Application

OAG Note No.			Applicable Periods			Length of Stay		Stop-Over Allowed	Advance Payment Reservation/ Ticketing	Cancellation/ Refond Penalty	Ad Sales Restricted
	S	JI	Periods	JI	Periods	Min	Max				
1061			◆			◆	21D	No	Yes	Yes	
1062	H		DEC15-APR30			4D	◆	Yes	Yes	Yes	
	L		MAY01-DEC14								
1063			◆			14D	120D	Yes			
1064	H		DEC09-DEC23			4D	45D	Yes	Yes	Yes	
	L		JAN02-DEC08		DEC24-DEC31						
1065			◆			1SA	◆	Yes	Yes	Yes	
1066	H		JAN01-MAR31			14D		Yes	Yes	Yes	
	K		JUL01-SEP30								
	L		APR01-JUN30								
1067			◆			1SU	3M	No	Yes	Yes	
1068	H	EB	MAY15-SEP14	WB	JUN15-OCT14	13D	3M	Yes	Yes	Yes	
	L	EB	SEP15-MAY14	WB	OCT15-JUN14						
1069			◆					Yes	Yes	Yes	
1070			◆			◆	◆	No	Yes	Yes	
1071			◆			◆	◆	No	Yes	Yes	
1072			◆			◆	◆	No	Yes	Yes	
1073			NOV30					Yes	Yes	Yes	

| 1074 | | ◆ | | | 5D | 6M | Yes | Yes | Yes | |
| 1075 | | ◆ | | | ◆ | ◆ | Yes | | | |

【註】
S：seasonal indicator 　　　EB：east bound
L：low, basic, off-peak　　　WB：west bound
O：shoulder　　　　　　　　NB：north bound
H：pcak　　　　　　　　　　OB：out bound
JI：journey indicator　　　　IB：in bound

(五) LOCAL TAXES

LOCAL TAXES 包括購買機標或是出入境時所應繳的 Transportation Taxes 及航空捐等。例：

Hong Kong—ADT：HKD 150 levied on all passengers leaving Hong Kong.

　　Exemption：TWOV passengers in direct transit not leaving the airport and infants.

Iceland-TT(Airport Service Charge)：ISK 1,150 on all international tickets, PTAs and MCOs with desinations outside Iceland, ISK 575 on transportation documents for children 2 to under 12 years. ISK 150 on all domestic tickets for adults, ISK 75 on tickets for children 2 to under 12 years for travel within Iceland and to Faroe Islands and Greenland.

　　Exemption：TWOV passengers travelling between the U. S. A. and other European countries who continue their journeys within 48 hours and infants.

India-ADT(Foreign Travel)：Levied on all passengers including infants for international travel to destinations in countries below.

　　INR 150-Afghanistan, Bangladesh, Bhutan, Maldive Islands, Myanmar(Burma), Nepal, Pakistan, Sri Lanka

　　INR 300-All other countries

　　Exemption：TWOV passengers not leaving the airport and continuing their journeys by same or 1st available connecting flight within 72 hours.

TT (Inland Air Travel)：10% on the value of domestic Indian fares only when tickets are paid in INR.

Exemptions：Blind passengers and stretcher cases, payments in. acceptable foreign currency made directly to Indian Airlines, payments against international credit cards in USD based domestic tariff and international tickets where the domestic Indian portion is in USD.

㈥ INTERNATIONAL BAGGAGE ALLOWANCE AND RATES

一般的免費行李托運限制，各家航空公司多少有些不同，但差別不是太大，若想更進一步明瞭實際情形，只有參照「inteniational baggage allowance and rate」。

㈦ INTERNATIONAL STANDARD TIME CHART

例：

Country	Standard Time		Daylight Saving Time	
	Hours from GMT	Time at 1200 hrs GMT	Hours from GMT	Effective Period (first and last day)
Sierra Leone	GMT	1200		
Singapore	+8	2000		
Solomon Islands (Excluding Bougainville Is.)	+11	2300		
Somalia	+3	1500		
South Africa	+2	1400		
Spain				
Canary Is.	GMT	1200	+1	Mar. 31—Sep. 28, 1991
Continental, Balearic and Mallorca Islands	+1	1300	+2	Mar. 31—Sep. 28, 1991
Melilla	+1	1300	+2	Mar. 31—Sep. 28, 1991
Sri Lanka	+5 1/2	1730		
St. Helena	GMT	1200		
Sudan	+2	1400		
Surname, Republic Of	−3	0900		

Swaziland	+2	1400		
Sweden	+1	1300	+2	Mar. 31—Sep. 28, 1991
Switzerland	+1	1300	+2	Mar. 31—Sep. 28, 1991
Syria	+2	1400	+3	Apr. 1—Sep. 29, 1991
Taiwan	+8	2000		
Tanzania	+3	1500		
Thailand	+7	1900		

(八) INTERNATIONAL AIRPORT CHK-IN REQUIREMENT AIRPORT DUTY-FREE SHOPS

位於國際主要機場，各家航空公司辦理 CHK-IN 所需的最少時間，以及機場內免稅商店之有無，皆標示出。例：

	Duty-Free Shop
Hanover, Fed. Rep. of Gprmany-LH: 20; BA: 30 mins.	Yes
Harare, Zimbabwe-QM: 60; QF: 80; TP: 90; AI: 180 mins.	
Havana, Cuba-IB: 30; CU: 60 mins.	Yes
Helsinki, Finland-BA, KL, LH, MA, SK: 30; AY: Dom. 15, Int 30 mins.	Yes
Hofuf, Saudi Arabia-SV: Dom. 90, Int. 120 mins.	
Hong Kong, Hong Kong-LH: 45; AZ, BA, CI, CP, CX, KL, NW, QF, TE, TG: 60;CO: 90; AI: 120 mins.	Yes
Honiara, Guadalcanal, Solomon Is.-FJ: 60 mins.	
Honolulu, Hawaii, U.S.-CI, NW, TE, WA: 60; CP, QF: 90; TV: Dom. 90, Int. 120 mins.	Yes
Houston, Texas, U.S.-KL: 60; BA: 30 1st, Business 30, Economy 60 mins	Yes
Invermess, Scotland-BA: 15 mins.	
lquitos, Peru-CF: 60 mins.	
Islamabad/Rawalpindi, Pakistan-SV: 120 mins.	
Isles of Scilly, UK-BA: 20 mins.	
Istanbul, Turkey-LH: 30; AZ: 35; BA, SK: 45; IB, JU, KL, RO, YK: 60, MA:90, KL, LY, SN, SV: 120 mins.	Yes

(九) AIRGRAFT PERFORMANCE STASTICS

其中包括不同機種之引擎數、飛機大小、酬載量及座席數等。

(十) MINIMUM CONNECTING TIMES

旅客之行和當中，需利用到轉機時，就要考慮其轉機所需之最少時間是否足夠。若不夠時，則無法達成轉機之目的。所以在安排行程時，不妨參酌一下，避免飛機轉接不上。

轉機所需最短時間之範例：

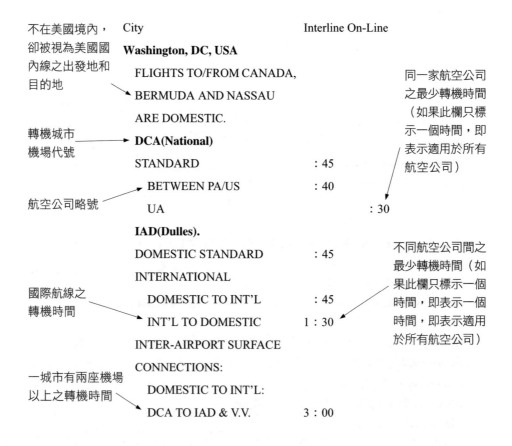

例：

City	Interline	Online
Tivat, Yugoslavia-Cont		
INT'L TO DOMESTIC	1：00	
EUROPE TO DOMESTIC		
JU		：40
Tokyo, Japan		
HND(Haneda)		
DOMESTIC STANDARD	：30	
JD		：25
INTERNATIONAL		
DOMESTIC TO INT'L	1：30	
INT'L TO DOMESTIC	1：30	
INT'L TO INT'L	1：00	
NRT(Narita)		
INTERNATIONAL		
DOMESTIC TO INT'L	1：30	
JL TO EG	1：15	
JL		1：10
NH		1：15
NW		：50
UA		：40
INT'L TO DOMESTIC	1：30	
JL		1：25
NW		：50
UA		：40
INT'L TO INT'L	1：00	
CP TO ALL	1：15	
NW		：50
UA		：40
INTER-AIRPORT SURFACE		
CONNECTIONS:		
HND TO NRT & V. V.		
DOMESTIC STANDARD	3：30	

DOMESTIC TO INT'L	3：30	
ALL TO AI	4：30	
JL		3：00
JL TO EG	3：00	
INT'L TO DOMESTIC	3：30	
JL		3：20
EG TO JL	3：20	
INT'L TO INT'L	3：30	
ALL TO/FROM CI	5：00	

【註】：通常國內的轉機時間在 20 分鐘以內，國際線為轉機時間在一小時以內者，並不標示出。

(二) CITY/AIRPORT CODES LISTED ALPHABETICALLY BY CODE

不管是 CITY CODE 或是 AIRPORT CODES 都是以 3 個英文字母所組成。例：

TOE	Tozeur, Tunisia
TOF	Tomsk, USSR
TOG	Togiak, Alaska, USA
TOH	Torres, Vanuatu
TOL	Toledo, Ohio, USA
TOP	Topeka, Kansas, USA
TOS	Tromso, Norway
TOU	Touho, New Caledonia
TOV	Tortoia-W. End Spb, Brit Virgin Is.
TOY	Toyama, Japan
TPA	Tampa/St. Petersburg, Florida, USA
TPC	Tarapoa, Ecuador
TPE	Taipei, Taiwan
TPP	Tarapoto, Peru
UBJ	Ube, Japan

UBP	Ubon Ratchathani, Thailand
UBS	Columbus/Starkville/West Pt, MS, USA
UCA	Utica, New York, USA
UCT	Ukhta, USSR
UDI	Uberlandia, MG, Brazil
UDJ	Uzhgorod, USSR
UDR	Udaipur, India
UEE	Queenstown, Tasmania, Australia
UEL	Quelimane, Mozambique
UEO	Kume Jima, Japan
UET	Quetta, Pakistan
UFA	Ufa, USSR
UGB	Pilot Point, Alaska-Ugashik, USA

(三) FLIGHT ITINERARIES

例：

Flight	Filght
CI-China Airlines	**CO-Continental Airlines**
	and Continental Express
★003 JFK SFO TPE	12 MNL HNL LAX
★005 JFK LAX TPE	15 SFO HNL SYD AKL
★006 TPE LAX JFK	16 AKL SYD HNL SFO
011 JFK ANC TPE	17 HNL SYD MEL
012 TPE ANC JFK	25 AMS LGW EWR
017 HNL HMD TPE	28 EWR LGW AMS
018 TPE HND HNL	34 DEN LGW AMS 3
065 TPE BKK AMS	Dis aft Sep 3
066 AMS BKK TPE	34 HNL DEN LGW AMS
106 KHH TPE HND	57
107 HND TPE KHH	Dis aft Sep 3
641 TPE HKG BKK	34 HNL DEN LGW 6

642 BKK HKG TPE	Dis aft Sep 1
644 HKT BKK KHH	35 AMS LGW DEN HNL
646 HKT BKK TPE	46
651 TPE HKG KUL	Dis aft Sep 3
652 KUL HKG TPE	35 AMS LGW DEN 1
656 KUL HKG KHH	Dis aft Sep 3
663 TPE HKG BKK SIN	35 LGW DEN HNL 5
664 SIN BKK HKG TPE	Dis aft Sep 1
665 TPE HKG SIN	40 MNL HNL SFO
666 SIN HKG TPE	41 SFO HNL MNL
671 TPE SIN CGK	770 ORD IAH PTY 24
672 CGK SIN TPE	Dis aft Sep 3
901 TPE SIN JNB	770 ORD IAH PTY GYE
902 JNB SIN TPE	135
CJ-China Northern Airlines	Dis aft Sep 3
6305 SHE FOC HAK	774 IAH MGA SJO
6306 HAK FOC SHE	775 SJO MGA IAH
6901 SHE PEK URC	777 PTY IAH ORD 35
6902 URC PEK SHE	Dis aft Sep 3

CO—CONTINENTAL AIRLINES

770　ORD　IAH　PTY　CYE　135
(A)　　　　　(B)　　　　　(C)

Dis　aft　Sep　3
(D)

(A)班機號碼

(B)機場代號（表示飛行路線）

　　ORD — Chicago, Illinois-O'hare, USA

　　IAH — Houston, Texas-Intercont, USA

　　PTY — Panama City, Panama Republic

　　GYE — Guayaquil, Ecuador

(C)表星期日數

1 為星期一，3 為星期三

(D)班機飛行生效日

Dis Aft—Discontinuted After

本例中意指效期至 9 月 3 日止

(三) FLIGHT SCHEDULE

Sample Listing

到達城市
資料 →

To NEW YORK NY/NEWARK, NJ, USA　　　NYC

ALSO SEE LONG ISLAND MACARTHUR, NY, USA
AND WESTCHESTER COUNTY, NY, USA.
ARPT EAST 34TH ST HLPT-TSS

陸上交通
資料 →

ARPT EAST 34TH STREET LANDING SPB-NES
ARPT EAST 60TH ST HLPT-JRE
ARPT JOHN F KENNEDY INTERNATIONAL-JFK-
　15.0MI/24.1KM 75MIN
ARPT LA GUARDIA-LGA-8.0MI/12-8KM 60MIN*
ARPT NEWARK INTERNATIONAL-EWR-
16.0Mi/25.7KM 45MIN
ARPT PIER 11/WALL STREET SPB-NWS
ARPT WESTCHESTER COUNTY-HPN
FOR ALL AIRPORTS USE EAST
SIDE TERMINAL
* BETWEEN 1600 & 2000 90MIN

起飛城市
資料 ↖

From AMSTERDAM, NETHERLANDS　　　6877　Mi　AMS

NLG	CO	P	4870	9740 J	2758		5516
				Y	2223		4446
	PK	F	4870	9740 C	2758		5516
				Y	2223		4446
	TW	F	4870	9740 C	2758		5516
	CO	EX/1006	BH	2007 BL	1250 BO		1562
		EX/1234	HH	2792 HL	2136 HO		2195
		EX/2539	BH	1386 BL	1065 BO		1118
		2	0930	1415	JFK PK	703 FCY	74M 1

直達班機
標價資料 →

直達班機 時間表	257	0945		1455	JFK	PA	92	FCYBM	310	1
	16	1115		1520	JFK	PA	35	FCYBM	310	1

CONNECTIONS

		0710		0825	FRA	LH	1693	FCMTK	737	0
		1000	FRA	1220	JFK	LH	400	FCBMK	D10	0
	X7	0745		0755	LHR	BA	423	CMSBL	73S	0
		1030	LHR	1320	EWR	BA	185	FJMSB	747	0
		0805		0925	CPH	KL	173	CMBLS	737	0
		1125	CPH	1405	EWR	SK	911	CMBK	763	0
接換班機 時間資料	146	0805		1135	HEL	KL	299	CMB	737	0
		1315	HEL	1500	JFK	AY	101	CMBK	D10	0

1. 到達城市資料

到達城市 ⟶　To NEW YORK NY/NEWARK, NJ, USA ⟵ 到達城市 代號

ARPT JOHN F. KENNEDY INTERNATIONAL-JFK

ARPT LA GUARDIA-LGA

ARPT NEWARK INTERNATIONAL-EWR

到達城市機場名稱代號
（上述紐約地區的機場不只一座，有 JFK、LGA、EWA）

2. 陸上交通資料

到達市區的距離
（哩／公里）

ARPT JOHN F. KENNEDY INTERNATIONAL-JFK

15.0ML/24.1KM 75MIN ⟵ 到達市區 所需時間

ARPT LA GUARDIA-LGA-8.0ML/12.8KM 60MIN*

ARPT NEWARK INTERNATIONAL-EWR-

16.0ML/25.7KM 45MIN

機場代號

ARPT PIER 11/WALL STREET SPB-NWS

ARPT WESTCHESTER COUNTY-HPN

*FOR ALL AIRPORTS USE EAST

其他陸上交
通資料

SIDE TERMINAL

*BETWEEN 1600 & 2000 90MIN

3.起飛城市資料

兩地間直飛的飛行哩數

⟶ **From AMSTERDAM, NETHERLANDS**
ALSO SEE AIRLINE SERVICE PAGES FOR KE

6877 Mi AMS

起飛城市航空公司資料

起飛城市代號

4.直達班機票價資料

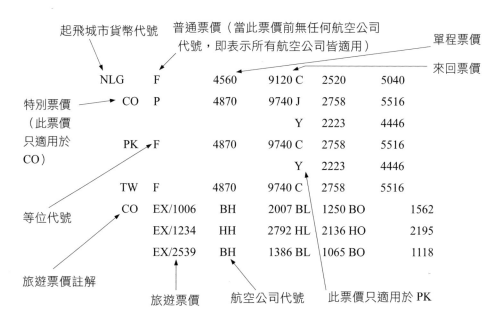

起飛城市貨幣代號　普通票價（當此票價前無任何航空公司
　　　　　　　　　代號，即表示所有航空公司皆適用）

單程票價

來回票價

NLG	F	4560	9120 C	2520	5040	
CO	P	4870	9740 J	2758	5516	
			Y	2223	4446	
PK	F	4870	9740 C	2758	5516	
			Y	2223	4446	
TW	F	4870	9740 C	2758	5516	
CO	EX/1006	BH	2007 BL	1250 BO		1562
	EX/1234	HH	2792 HL	2136 HO		2195
	EX/2539	BH	1386 BL	1065 BO		1118

特別票價 ⟶
（此票價
只適用於
CO）

等位代號

旅遊票價註解

旅遊票價　航空公司代號　此票價只適用於 PK

5.直達班機時間表

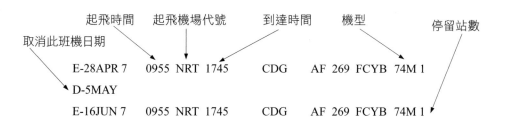

起飛時間　起飛機場代號　到達時間　機型　　停留站數

取消此班機日期

E-28APR 7　0955 NRT 1745　CDG　AF 269 FCYB 74M 1
D-5MAY
E-16JUN 7　0955 NRT 1745　CDG　AF 269 FCYB 74M 1

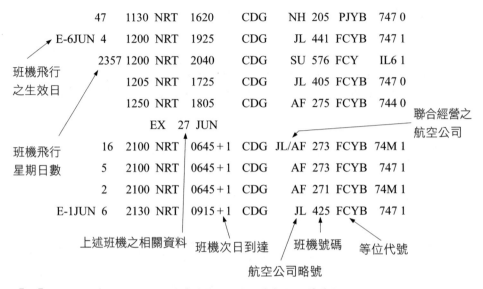

【註】：1. D—5MAY 之 D 即代表 Discountinued 亦即不再飛行。

2. E—6JUN 之 E 即代表 Effective，班機飛行之生效日。

3. 寫在起飛前之數字表示星期幾。若空白即表示每天皆有班機。若數字前有「X」符號者（如 X246）即表示星期二四六沒有班機。

6. 接換班機時間資料

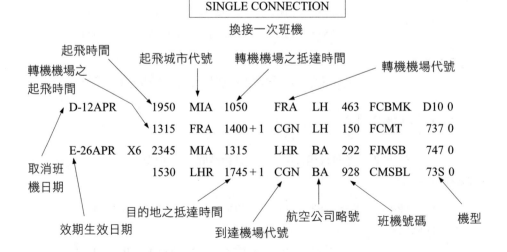

(圭) INDEX OF AIRLINES

ATA/IATA From No. Airline and Home Office Cable Address

〇**Canadian Airlines International Ltd. (Canadian Airlines**
International Ltd. and Canadian Airlines International Ltd.
Canadian Partners) (CP)△#● 　　　　　　　　　　018
Scotia Centre, 700-2nd Street S.W., Calgary, Alberta 2800 Canada
Tel.(403)294-2000

〇**Carnival Air Lines (KW)** 　　　　　　　　　　　521
1815 Griffin Rd., Suite 205, Dania, Florida 33004-2213 USA
Tel.(305)923-8672

〇**Cathay Pacific Airways Ltd. (CX)** △ 　　　　　　160
9 Connaught Road, Central, Hong Kong
Tel.H-250011 　　　　　　　　　　　　　　AIRCATHAY

〇**Cayman Airways Ltd. (KX)** 　　　　　　　　　378
P. O. Box 1101, Grand Cayman, Cayman Islands, BWI
Tel.(809)949-2672 　　　　　　　　　　　CAYMANAIR

〇**Central American Airlines (GW)**
P. O. Box 3538, Managua, Nicaragua
Tel. 670991, 670444 　　　　　　　　　　　Fax: 72518

■**CGTA-Compagnie Generate de Transports Aeriens-Air Igerie**

(A)Cathay Pacific Airways Ltd.   (CX)   160

    國泰航空公司名稱   航空公司略號   航空公司代碼

(B)航空公司名稱後的符號，其意義如下：

    • Operator Members and Associate Members of the Air Transport Association of Canada(A. T. A. C)

    △Members and Associate Members of the international Air Transport(I. T.T.A)

    # Member and Associate Member of the Air Transport Association of America(A. T. A.)

    ►Regional Airline Association

    ◄National Air Transportation Association. INC.

㈡ CARRIER ACCEPTANCE OF CREDIT CARDS

一般航空公司皆有其特定認可的 credit cards，並不是所有的信用卡都可被接受。

例：

Airline & Cards Accepted

Action Airlines (XQ)

    AX/CA/DS/VI

Aer Lingus P. L. C. (EI)

    AX(b)(A1)/BA(g)/BB(g)/CA(b)(A1)/CB(b)(A1)/DC(b)(A1)/TP/US(g)/VI(g)(b)/XS

Aero Coach Aviation International, Inc.(DF)

    AX(F1)/BA/CA(F1)/CB(F1)/DC(F1)/TP/VI(F1)

Aero Virgin Islands, Corp. (QY)

    AX/BA/CA/CB/DC/VI

Aeroflot Soviet Airlines (SU)

    AX(c)/BA/DC/EC/TP/VI

Aerolineas Argentinas (AR)

AX(FI)/BA/BB/CA(c)(F1)/CB(c)(F1)/DC(c)(F1)/ER/TP/VI

Aerolineas Nicaraguenses A.S.(Aeronica) (RL)

AX/CA/ER

Aeromexico-Aerovias De Mexico S.A. De (AM)

Domestic Mexico

AX(b)(F1)/DC

International

AX(b)(F1)/CA(b)(F1)/DC(h)/TP/VI(b)(F1)

Aeroperu (PL)

AX(b)(uu)/BA(F1)(b)/CA(b)(xx)(b)/CB(ww)(b)/DC(N1)(b)/ER/TP

Air Algerie (AH)

AX(F1)/CA(F1)/DC(F1)/EC(F1)/TP(F1)/VI(F1)/XS(F1)

Air BC, Ltd. (ZX)

CA/ER

Air Canada (AC)

AX(c)(O1)/BA/BB/CA(c)(O1)/CB(c)(O1)/CG/DC(c)(O1)/DS/ER/(R1)/TP/
VI(xx)

ALM─Antillean Airlines (LM)

AX(b)(A1)/BA/BB/CA(b) (xx)/CB(H1)/DC(b)(xx)/EC/ER/TP/VI(b)(xx)

Aloha Airlines, Inc. (AQ)

AA(v)(xx)/AX(O1)/BA(xx)/BH(xx)/CA(xx)/CB(uu)/DC(xx)/DS(xx)/ER(h)
(xx)/JC(A1)/NW(h)(A1)/PA(h)(A1)/TW(h)(A1)/UC(m)(A1)/VI(xx)

Aloha Islandair, Inc. (WP)

AX/CA/DC/VI

Alpha Air (7V)

AX/MC/VI

American Airlines, Inc. (AA)

AA(h)/AX(h)/BA(h)/CA/CB(h)/DC(h)/DS/ER(h)/TP/VI(h)

America West Airlines Inc. (HP)

AX(c)(xx)/BA/CA(c)/CB(c)(xx)/DC(c)(xx)/DS(c)/ER(c)(H1)/JC/TP

Ansett Australia (AN)

　　AB/AX/BZ/CA/CB/DC/JC/TP/VI

Ariana Afghan Airlines (FG)

　　TP

Aspen Airways, Inc. (AP)

　　AX/BA/CA

Atlantic Southeast Airlines, Inc. (EV)

　　AX/BA/CA/ER/TP/VI

Austrian Airlines (OS)

　　AX(b)(O1)/CA(b)(O1)/DC(O1)/ER(O1)/TP

Austrian Air Services (SO)

　　CA(xx)(b)/CB

Avensa (VE)

　　AX/CA/CB/DC/ER/TP

---

1. 信用卡之種類

AA	Americaii Airlines Personal Credit Card
AB	Australian Bankcard
AQ	Aloha Airlines Credit Card
AS	Alaska Airlines Credit Card
AX	American Express
BA	BankAmericard/VISA
BB	Barclay's Bank/VISA
BC	Bank Card Japan
BF	Carte Bleu Banque Francais Nationalisses
BH	Bank of Hawaii
BZ	Bankcard New Zealand
CA	Master Card
CB	Carte Blanche
CG	Chargex/VISA

CP	Canadian Airlines International Ltd.
CS	Citizens and Southern National Bank
CU	Connecticut Bank & Trust Company
	Connecticut Charge Card
DC	Diners Club/Diners Torch Club
DS	Discover Card
DT	China Airlines "Dynasty Travel Card"
EC	Eurocard
ER	Enroute
FH	Federation Nationale de L'Industrie Hoteliere
HA	Hawaiian Airlines Credit Card
ID	Comites
JC	Japan Credit Bureau
JL	Japan Airlines Card
LH	Lufthansa Courtesy Card
MC	Million Credit Service
MD	Diamond Credit
MT	Empire Card
NW	Northwest Airlines Personal Credit Card
OT	OTB Card
PA	Pan Am Airlines Personal Credit Card
RA	Raptime—France
RJ	ALIA Personal Credit Card
SC	Shoppers Charge
SR	Select Credit
TC	Trust Card
TP	Universal Air Travel Plan (UATP)
	AIRPLUS Credit Card
TW	Trans World Airlines Personal Credit Card
UC	United Airlines Travel Card

UI	United Debit Card Center
VI	VISA
WB	Walker Bankard
XS	Access Card
ZQ	Ansett New Zealand

2.信用卡支付之相關代號

C—30 日以內須付清的卡

T—每月可分期繳納的卡

H—航空旅行時，須有利用到該航空公司，才允許使用之卡

UU—USD750 以上之支付須於事前獲得許可

XX—USD500 以上之支付須於事前獲得許可

HI—USD1500 以上之支付須於事前獲得許可

㈤ BANK AND PUBLIC HOLIDAYS

下表列出世界某些國家銀行七、八、九月的休假日（除了星期日）

Country Name	July	August	Sept.
Afghanistan		19	
Albania			
Algeria (A)	5,12,21		20
Andorra		15	8
Angola			
Anguilia, St.Kitts		5,8-9	
Antigua (C)		5	
Argentina	9	17	
Aruba			
Australia			
Austria (C)		15	

Bahamas (C)		5	
Bahrain	12,21-22		20
Bangladesh	12,21		20
Barbados (C)		5	
Belgium (C)	21	15	
Belize			10,21,23
Benin, Republic of (C)			

【註】

A—Closed Friday. OPEN Sunday.

B—Closed Saturday. OPEN Sunday.

C—Closed Saturday and Sunday.

* *—Not Available.

第八章　票價書使用方法

航空公司所刊印之票價書目前可分為兩大類：

Air Tariff 簡稱 AT，是由 AC、BA、JL、QF、TW 五家航空公司刊印；而另外有 79 家航空公司加入 Air Passenger Tariff，簡稱 APT，是由北歐及歐洲航空公司刊印。

目前因業者多數使用 AT，故僅對於 AT 作一般性的使用方法介紹。

第一節　票價書順序

1. 大標題城市（Headline City）與小標題城市（Sideline City）：在 AT 上，城市名稱以英文字母的順序排刊印，而且分為兩種字體，以比較粗線而又較大的字體表明在每一票價欄上者叫做 Headline City，亦即為票價的起算點，在 Headline City 下面以較細線字母按英文字母順序排列之城市即為 Sideline City，亦即為票價的終點。而且在第一欄中即標明 From（自）／ to（到），亦即由 Headline City 到 Sideline City。

2. 第二欄為航空公司代號（Carrier Code）：因票價種類繁多而且略有出入，故各航空公司皆在同一行標明其票價。如在此欄為空白未標明航空公司代號時，即表示此票價可適用於飛航此兩地間之所有航空公司。

3. 第三欄即標示等位、季節、週末、平常日、優待票種類等等。

4. 第四欄為以大標題城市所屬國家幣值表示的票價，即以當地幣值表示的票價。

5. 第五欄為票價計算單位 NUC（Neutral Unit of Construction），不屬任何幣值，僅為計算單位，必須再作幣值調整後，方能使用。

6. 第六欄為使用此行之票價時的有關規定，合乎規定方可使用。

7. 第七欄為地球方向指示（Global Indicatior，簡稱 GI）：可旅行最高哩數（Maximum Permitted Mileage，簡稱 MPM）、路程圖（Route Reference）、經由城市

（Via Point）。

票價是依普通票（normal fare）、旅遊票（excursion fare）、團體票（group fare）及遊覽票（inclusive tour fare）之順序排刊印。

普通票僅刊印單程票價，來回票即為單程票的兩倍。優待票中以粗線標示來回票，細線標示單程票。

第二節　等位代號順序（Class Designators）

P	First Class Premium
F	First Class
J	Business Class Premium
C	Business Class
Y	Economy Class
M	Economy Class Discounted
K	Thrift Class

第三節　季節性代號順序（Season Designators）

標示在等位代號後面

H	有一種以上的季節性票價中的最高者。
K	有兩種以上的季節性票價中的第二高者。
J	有三種以上的季節性票價中的第三高者。
P	有四種以上的季節性票價中的第四高者。
T	有五種以上的季節性票價中的第五高者。
L	有一種以上的季節性票價中的最低者。

例：

六種季節	五種季節	四種季節	三種季節	兩種季節
H	H	H	H	H
K	K	J	K	L
J	J	K	L	
F	F	L		
T	L			
L				

第四節　星期部分代號（Week Part Code）

適用時緊接在季節性代號後面或等位後面

X　　週末（Weekend）

第五節　票價分類代號（Fare Type）

AB	Advance Purchase Fare-Lower Level
AF	Area Fare
AP	Advance Purchase Fare
B	Budget Fare
E	Excursion
IP	Instant Purchase Fare
OX	One Way Excursion Fare
PX	Pex Fare
RW	Round the World
S	Super Saver Fare
U	Standby Fare

第六節　票價等級代號（Fare Level Identifier）

在兩城市間如有同代號之不同票價存在時，即以下列方法區別之：

1. 最高等位票價
2. 第二高等位票價
3. 第三高等位票價

例：

YE75/1	沿途可停留
YE75/2	沿途不可停留

或

YAB1	星期五／星期天——最高票價
YAB2	星期四／星期六——中間或第二高票價
YAB3	星期一／星期二／星期三——最低票價

【註】：在標示旅遊票及遊覽票最高停留天數時，亦以數字或數字另加英文字母表示。

例：

FE7	First Class Excursion	7 days
FE1M		1 month
FE1Y		1 year

1. 使用票價時，如在規定（Rules）欄有數目字存在時，即為使用此票價應適用之規定號碼，應先查清楚後方可使用。
2. 有時因區域或居住資格，常有不同人數團體、條件及有效 期限的票價。
3. 有時代號之標示不盡與上述相同時，應向有關航空公司查詢。

第七節　　地球方向或區域代號

AF	Via Africa
AP	Via Atlantic and Pacific
	亦可適用於使用 Europe-S. W. Pacific 普通票價旅行
	Via Europe-Japan polar route.
AT	Via Atlantic
DI	由蘇聯至 Area3
DU	僅可適用於直飛班機
EH	東半球內
EM	Via Europe-Middle East
EU	Via Europe
ME	Middle East (Other than Aden)
NP	Via North or Central Pacific
PA	Via South, Central or North Pacific
PO	不經由 Area 1 北緯 60 度以南城市之 Area 2 與 Area 3 日本／韓國間的北極航線。
SA	Via South Atlantic in both directions
SN	Via South Polar
TS	歐洲與日本／韓國間的票價，但蘇聯與日本／韓國間須搭乘直飛班機。
WH	西半球內

HOW TO USE THE FARES IN THIS TARIFF

(This is a sample and should not be used as actual fare information).

FARE TYPE	CAR CDE	HEADLINE CITY CURRENCY	NUC	RULES	GI MPM RTEREF VIAPT.
ABERDEEN(ABZ)					
Scotland UK					Sterling(UKL)
TO MELBOURNE					AP 16010
					EH 13495
					PO 16010
					TS 13495
Y		1179.00	2238.82		EH
Y		1244.00	2358.28		AP
YO2		744.00	1351.53	E080	EH
YO2		831.00	1501.15	E080	TS
YO2		831.00	1501.15	E080	PO
YO2		831.00	1501.15	E080	AP
YL2		637.00	1166.61	E080	EH
YL2		724.00	1317.37	E080	TS
YL2		724.00	1317.37	E080	PO
YL2		724.00	1317.37	E080	AP
YJ2		707.00	1287.78	E080	EH
YJ2		794.00	1437.43	E080	TS
YJ2		794.00	1437.43	E080	PO
YJ2		794.00	1437.43	E080	AP
YH2		811.00	1467.64	E080	EH
YH2		898.00	1617.76	E080	TS
YH2		898.00	1617.76	E080	PO
YH2		898.00	1617.76	E080	AP
J		1373.00	2605.52		EH
J		1495.00	2832.38		AP
P		2214.00	3817.78		EH
P		2335.00	4020.62		AP
TO MERIDA MEX					AT 6211

1 — (ABERDEEN block)
2 — (fare type column)
4 — Sterling(UKL)
5 — 2358.28
6 — E080 AP
8 — EH 13495
9 — AP

Y		551.00	920.19	G305	AT	
C		587.00	981.08	G305	AT	
F		939.00	1569.59	G305	AT	
YLE2M		802.00	1340.41	G320	AT	
YHE2M		883.00	1475.75	G320	AT	
TO MEXICO CITY					AT	6564
Y		551.00	920.19	G305	AT	
C		587.00	981.03	G305	AT	
F		939.00	1569.59	G305	AT	
YLE2M		802.00	1340.41	G320	AT	
YHE2M		883.00	1475.75	G320	AT	
TO MIAMI					AT	5415
Y	BA	726.00	1161.95	L004	AT	
YLX2	BA	354.00	701.92	L008	AT	MIA
YLW2	BA	375.00	750.12	L008	AT	MIA
YOX2	BA	366.00	721.34	L008	AT	MIA
YOW2	BA	387.00	777.66	L008	AT	MIA
YHX2	BA	398.00	800.11	L008	AT	MIA
YHW2	BA	419.00	811.22	L008	AT	MIA
J	BA	989.00	1581.81	L004	AT	
J2	BA	790.00	1400.99	L003	AT	AA5
F	BA	1589.00	2540.20	L004	AT	
F2	BA	1516.00	2478.90	L003	AT	AA5
YOAP	BA	564.00	920.52	L028	AT	
YLXAP	BA	484.00	861.22	L028	AT	
YLWAP	BA	534.00	871.60	L028	AT	
YOXAP	BA	504.00	871.60	L028	AT	r020
YOWAP	BA	554.00	925.14	L028	AT	r020
YHXAP	BA	504.00	871.60	L028	AT	r020
YHWAP	BA	554.00	925.14	L028	AT	
ABU DHABI(AUH)						
United Arab Emirates					Dirhams(ADH)	
TO DOHA						

3 →

7

F		1037.00	1559.91		EH
YLPX		624.00	1122.33	E481	EH
YOPX		724.00	1234.56	E481	EH
YHPX		824.00	1490.42	E481	EH
YE35		1021.00	1584.45	E416	EH
YE35		821.00	1497.74	E418	EH

1. Headline/Sideline Cities

   Fares are published from the Headline city to the Sideline city in full alphabetic order according to their applicable direction.

2. Fare Type

   Each fare is designatsd by a fare class. See page B for explanation. For Reservation and Ticketing Codes see pages 1-7.

3. Carrier Code

   Indicates the fare for applicable cairier. See Routing Section Airline codes for explanation (Book 1 Rules, Routings and Mileages).

4. Headline Currency

   Fares are published in the currency indicated.

5. NUC's

   Fares will also be published in NUC's(Neutral Unit of Construction)

6. Rules

   Rule number indicates the applicable fare rule published in Book 1 Rules, Routings and Mileages.

7. Route Reference

   Indicates the applicable routing published in Book 1 Rules, Routings and Mileages. If an asterisk is shown than an MPM also applies. Note that if city code is shown in normal print then this is a VIA point but if city code is shown in oblique then this is a route reverence and needs to be looked up in Routings section in Rules, Routings and Mileages Book. A lower case followed by up to 3 numerics are also route references.

8. MPM

   Maximum Permitted Mileage between Headline and Sideline.

9. Global Indicator

   Indicates the applicable global routing direction. See page C for explanation.

10. Normal Fares

   Only one way fares are published and appear in medium typeface. To obtain round trip fares double the one way fares. EXCEPTION: Where round trip fares are not double the one way fares, the round trip fare appears in italic typeface on the line below.

11. Special Fares

One way and round trip fares are published. One way fares appear in medium typeface, and round trip fares appear in bold typeface.

第九章　票價計算方法

　　航空機票之出售，並非完全按照公告票價（Public Fare），或按航空公司的固定航線價目表（Tariff）出售機票，其間往往涉及複雜的旅程票價計算，以及本公司不能飛的航線，轉給別家公司搭載的聯運票價（Joint Fare），尚有個人或團體遊覽票價、海空聯運、周遊旅行特別票價等因素所造成的票價差異。再加上計算方法的不同，計算票價實非易事。開始時，須按部就班，使旅客獲得最低票價的旅行，但也不致使公司少收應收的票價，如此一來計算正確的票價，通常票價都是路程愈長，來自其距離單位的票價愈低。即使如此，計算票價還是要兼顧公司與旅客的利益才行。僅先就票價計算制度述之。

第一節　票價計算制度

　　1989 年 7 月以後票價的計算公式為 LSF（Local Selling Fare 當地票價）＝ ROE（Rate of Exchange 匯率）＊ NUC。NUC (Neutral Unit Construction) 為票價計算單位為，雖是以美金為基礎，但不屬任何幣值，仍必須作幣值調整後，方能使用。票價可以當地貨幣或以 NUCs 方式公布之。當 NUCs 用於建構票價時，最後票價應利用行程起始國之 NUC 轉換因子轉換為當地貨幣，在票價書中則可以查得兩地 D/F 的 NUC。

　　而 ROE 則與過去固定匯率的 ICR 有所不同，一年調整四次，IATA 的 IROE 每季更換一次，是由 IATA 於每季的前兩個月統計出該貨幣對美元的平均匯率。於 2 月 15 日、5 月 15 日、8 月 15 日、11 月 15 日公布，分別公佈 4 月 1 日～6 月 30 日、7 月 1 日～9 月 30 日、10 月 1 日～12 月 31 日、1 月 1 日～3 月 31 日這四個期間，當地幣值對美金的調整匯率，如此一來較能接近當地銀行匯率，也較有彈性。此外 NUC 也跟著一年調整四次，唯一不變的是 LSF，除非 IATA 宣布調整票價。以下範例則是因 ROE 匯率的不同

導致機票計價的差異。

　　例如：ITN：HKG/TYO/SEL

ITN	LSF	ROE ON FEB	NUC
HKG			
TYO	HKD 2720	7.81616	347.99
SEL	JYE 48300	134.01000	360.42
TTL			708.41
NUC 708.41×7.81616 ＝ 5537　HKD			
ITN	**LSF**	**ROE ON MAY**	**NUC**
HKG			
TYO	HKD　2720	7.98500	340.63
SEL	JYE　48300	128.75000	375.14
TTL			715.77
NUC 715.77×7.98500 ＝ 5716　HKD			

　　新票價制度的另一特色為增加了「International Sale Indicators」，即機票的計算規則是基於機票的開票（Ticketing）和付款（Selling）國不同而不同，可分為四種情形說明之：

　　STTI──即開票與付款均在同一國家（即機票中的第一站）。

　　SITO──票款於第一站付，卻在他站開票。

　　SOTI──票款於他站繳付，卻在第一站開票（如 PTA）。

　　SOTO──開票與付款均不在首站。

　　例題：

　　　SEL/FUK 的行程，開票地 FUK，付款地 TPE，即是 SOTO

　　　SEL/OSA 的行程，開票地 OSA，付款地 SEL，即是 SITO

　　如此一來在計算票價時就應考慮到「Int Sales Indicators」，雖然ROE是以首站國家的匯率為準而不變，但在求得 NUC 之值時則有可能不同：

例題：

SEL　　　　　　　Sales indicator SITI

TYO　　　　　　　SEL/TYO 之 UNC：193

TYO/SEL 之 NUC：360.42

則此行程的 NUC 為 193

若是 Sales indicator 改為 SOTI

則 SEL　　　　　360.42 － 193 ＝ 167.42

　　TYO　　　　　193 ＋ 167.42 ＝ 360.42

則此行程的 NUC 則為 360.42

　　Int Sales indicators 的設置，有助於防止精明旅客之投機。如上述例題，Sales indicator 是 SOTI 時，則客人仍是需以比 SITI 還高的票價購買機票。目前的電子機票仍保留此制度。

第二節　航空機票的行程類別

✈ 一、單程票（One Way Trip，簡稱 OW）

　　就計算票價而言，不完整的全程搭乘飛機旅行之來回票或環遊票，以下的三種行程均屬之

　　　例：⑴ TPE －飛機－ OSA

　　　　　⑵ TPE －飛機－ OSA －火車－ TYO －飛機－ TPE

　　　　　⑶ TPE －飛機－ OSA －飛機－ LAX

　　行程⑵就旅客而言，此行程為來回票，但就計算票價而言，因 OSA 至 TYO 搭乘火車，並非搭機，故並不能算是來回票，而應視為單程票。

✈ 二、來回票（Round Trip，簡稱 RT）

　　由出發地前往其他城市（回程亦同），或者經由不同的行程，但去程與回程旅客所搭乘座艙等位相同時，票價亦相同者，唯不包含有地面運送

者均屬之；但有時去程與回程票價亦會有不盡相同的情況。例如：由一地依其不同方向的普通票價構成之環繞世界的行程，雖然仍返回原出發地，即不可列為來回票。

> 例：(1) TPE － TYO － TPE
> (2) TPE － TYO － LAX － TYO － TPE

三、環遊票（Circle Trip，簡稱 CT）

不屬於來回票，而是去程與回程城市不一，由出發城市開始，做環狀旅行再回到原出發者，當兩地之間無適當的直接空中交通時，此段可用任何其他交通工具，而不變其仍為環遊票，故環遊行程可能有兩個或兩個以上的票價段。

> 例：(1) TPE － SEL － TYO － TPE
> (2) DEL － BKK － SIN － CMB － DEL
> (3) TPE － Y － TYO － C － TPE

行程(3)因為去程是經濟艙，回程是商務艙，屬於兩個不同的票價段，故亦可屬於環遊票。

四、環遊世界行程（Around the World，簡稱 RTW）

即指出由一出發地向東或向西繼續旅行，經由太平洋及大西洋，再回到原出發地的環遊世界票。

> 例：TPE － TYO －太平洋－ LAX － JFK －大西洋－ CDG － BKK － TPE

五、開口式雙程票（Open Jaw Trip，簡稱 OJT）

雙程票是屬於不連接的往返旅行，在本質上有來回票性質的旅行行程構成，但因開口的不同分為以下幾種：

去程的起點與回程的終點城市雖不相同但屬同一國家，又稱為出發地

雙程票（Origin OJT）。

　　行程 ： TPE － SEL － KHH

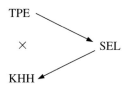

　　去程的終點與回程的起點城市不相同，又稱為折回點雙程票（Turnaround OJT），像傳統的美西行程就是屬於這種行程，LAX 進，SFO 出。

　　行程：TPE － LAX×SFO

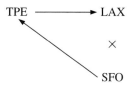

　　去程與回程的起終點皆不相同，又稱為 Double OJT。

　　行程：SEL － TYO×OSA － PUS

```
SEL ────────▶ TYO

 ×            ×

PUS ◀──────── OSA
```

✈ 六、北極航線行程（Polar Route，簡稱 PO）

　　所謂北極航線，一般是指 TC-2 區及 TC-3 區，經由 TC-1 區，但不經由北美洲北緯 60 度以南的城市，而到歐洲任一城市，或是由 TC-3 區任一城市經由日本和韓國到歐洲的行程，均稱為北極航線。

✈ 七、混合等位行程（Mix Fare Route）

　　即旅客在行程中，有部分搭經濟艙，另部分搭頭等艙。

✈八、出發後更改行程（Rerouting）

旅客搭乘飛機啟程後，在途中更改行程者。

✈九、附加票價行程（Add-Ons）

附加票價行程通常是國內線或區域性的票價，是一行程起始點或終點非國家門戶城市（gateway city）時所需採用之計算票價方式。當IATA無法提供所需航程之公告票價查詢時，則採用Add-Ons，其效力等同公告票價。即是由起點 A 經由 B 城市到同一國家或同區域 C 城市，此 A、C 兩點若無直接票價，而由 B 城市起可加上 B、C 間的附加票價，來構成一個完整的直接票價。在票價書上有許多直接票價是用此方法算出而刊印的，正常情況下，附加票價只可與普通票價相加，而組成另一直接票價。例如 PAR-CEB，因為兩地之間無直接票價，此時則需利用Add-Ons city（即非國家門戶城市）查詢 Add-ons Table 中該航程之票價。首先查詢 PAR − MNL 的直接票價，再利用Add-ons Table查詢MNL − CEB的附加票價，兩者相加即可。

第三節　計算票價基本原則

一般而言，兩地之間應有票價存在，此票價稱為直接票價（Direct Fare，D/F），若無票價，即可分段計算，但此分段計算所得的總和不得低於依下列原則之一所得的票價。

㈠最低應收票價原則（Lowest Combination of Fare Principle）：一般而言，兩地間無 D/F 時，可用兩個以上 D/F 相加計算總價，但如有兩個以上的總價時，在取其最低者，亦應遵守D/F為第一優先規定。

㈡以哩程計算法計價（Mileage System）詳述於後。

第四節　哩程計算法（Mileage System）

依行程而言，在擬適用的票價後面（查票價書），有指示路程圖表，但

不能包含旅客擬停留的城市，而又有最高可旅行哩數（MPM）時，就可用哩程計算法。如擬適用票價後面有路程圖表，而無最高可旅行哩數時，就不可使用。總之，在擬適用票價後面有 MPM 時，即可用哩程計算法，來計算票價。但亦有例外：如某些特定票價僅有路程表或線狀圖，此時不可用哩程計算方法來計算票價，僅能依其路程表或線狀圖來計算其票價。

哩程計算之基本要素（Basic Elements of the Mileage System）

㈠最高可旅行哩數（Maximum Permitted Mileage，簡稱 MPM）

旅客在付清票價後，航空公司同意票價書後所刊載的哩程數（皆以MPM標明），也是旅客在此兩地間旅行的最大距離數，若旅客的哩程數沒有用完，航空公司不予保留，亦不退費。

㈡票面點間之城市哩數（Ticketed Point Mileage，簡稱 TPM）

即為標明在旅客機票上，旅客停留或換班機城市，及此外在機票上計算票價欄內的其他城市，也是旅客實際使用的哩程數。

㈢出超哩數加收票價（Excess Mileage Surcharge，簡稱 EMS）

即行程的TPM超過MPM時，就其超出部分，依比率收費，即加收5%至25%，分五個階段。例：

> 若一行程的公告票價 UNC：1234.00　MPM：123543
> TPM：13200
> 則 EMS：10M（因 12543 × 1.10＝13797.3＞13200）
> TTL NUC：1357.4（1234.00 × 1.10）

哩程計算方法之應用（Appoication of Mileage System）

為決定一行程的應收票價，應依下述基本步驟處理：

表 3-9-1　超額哩數百分比表(一)

（EXCESS MILEAGE PERCENTAGE TABLE）

When the MPM is	Mileage permitted when fare is increased by					When the MPM is	Mileage permitted when fare is increased by				
	5%	10%	15%	20%	25%		5%	10%	15%	20%	25%
						70	73	77	80	84	87
1	1	1	1	1	1	71	74	78	81	85	88
2	2	2	2	2	2	72	75	79	82	86	90
3	3	3	3	3	3	73	76	80	83	87	91
4	4	4	4	4	4	74	77	81	85	88	92
5	5	5	5	6	6	75	78	82	86	90	93
6	6	6	6	7	7	76	79	83	87	91	95
7	7	7	8	8	8	77	80	84	88	92	96
8	8	8	9	9	10	78	81	85	89	93	97
9	9	9	10	10	11	79	82	86	90	94	98
10	10	11	11	12	12	80	84	88	92	96	100
11	11	12	12	13	13	81	85	89	93	97	101
12	12	13	13	14	15	82	86	90	94	98	102
13	13	14	14	15	16	83	87	91	95	99	103
14	14	15	16	16	17	84	88	92	96	100	105
15	15	16	17	18	18	85	89	93	97	102	106
16	16	17	18	19	20	86	90	94	98	103	107
17	17	18	19	20	21	87	91	95	100	104	108
18	18	19	20	21	22	88	92	96	101	105	110
19	19	20	21	22	23	89	93	97	102	106	111
20	21	22	23	24	25	90	94	99	103	108	112
21	22	23	24	25	26	91	95	100	104	109	113
22	23	24	25	26	27	92	96	101	105	110	115
23	24	25	26	27	28	93	97	102	106	111	116
24	25	26	27	28	30	94	98	103	108	112	117
25	26	27	28	30	31	95	99	104	109	114	118
26	27	28	29	31	32	96	100	105	110	115	120
27	28	29	31	32	33	97	101	106	111	116	121

28	29	30	32	33	35	98	102	107	112	117	122
29	30	31	33	34	36	99	103	108	113	118	123
30	31	33	34	36	37						
31	32	34	35	37	38	100	105	110	115	120	125
32	33	35	36	38	40	200	210	220	230	240	250
33	34	36	37	39	41	300	315	330	345	360	375
34	35	37	39	40	42	400	420	440	460	480	500
35	36	38	40	42	43	500	525	550	575	600	625
36	37	39	41	43	45	600	630	660	690	720	750
37	38	40	42	44	46	700	735	770	805	840	875
38	39	41	43	45	47	800	840	880	920	960	1000
39	40	42	44	46	48	900	945	990	1035	1080	1125
40	42	44	46	48	50	1000	1050	1100	1150	1200	1250
41	43	45	47	49	51	1100	1155	1210	1265	1320	1375
42	44	46	48	50	52	1200	1260	1320	1380	1440	1500
43	45	47	49	51	53	1300	1365	1430	1495	1560	1625
44	46	48	50	52	55	1400	1470	1540	1610	1680	1750
45	47	49	51	54	56	1500	1575	1650	1725	1800	1875
46	48	50	52	55	57	1600	1680	1760	1840	1920	2000
47	49	51	54	56	58	1700	1785	1870	1955	2040	2125
48	50	52	55	57	60	1800	1890	1980	2070	2160	2250
49	51	53	56	58	61	1900	1995	2090	2185	2280	2375
50	52	55	57	60	62	2000	2100	2200	2300	2400	2500
51	53	56	58	61	63	2100	2205	2310	2415	2520	2625
52	54	57	59	62	65	2200	2310	2420	2530	2640	2750
53	55	58	60	63	66	2300	2415	2530	2645	2760	2875
54	56	59	62	64	67	2400	2520	2640	2760	2880	3000
55	57	60	63	66	68	2500	2625	2750	2875	3000	3125
56	58	61	64	67	70	2600	2730	2860	2990	3120	3250
57	59	62	65	68	71	2700	2835	2970	3105	3240	3375
58	60	63	66	69	72	2800	2940	3080	3220	3360	3500
59	61	64	67	70	73	2900	3045	3190	3335	3480	3625
60	63	66	69	72	75	3000	3150	3300	3450	3600	3750
61	64	67	70	73	76	3100	3255	3410	3565	3720	3875

62	65	68	71	74	77	3200	3360	3520	3680	3840	4000
63	66	69	72	75	78	3300	3465	3630	3795	3960	4125
64	67	70	73	76	80	3400	3570	3740	3910	4080	4250
65	68	71	74	78	81	3500	3675	3850	4025	4200	4375
66	69	72	75	79	82	3600	3780	3960	4140	4320	4500
67	70	73	77	80	83	3700	3885	4070	4255	4440	4625
68	71	74	78	81	85	3800	3990	4180	4370	4560	4750
69	72	75	79	82	86	3900	4095	4290	4485	4680	4875

表 3-9-1　超額哩數百分比表(二)

(EXCESS MILEAGE PERCENTAGE TABLE)

When the MPM is	Mileage permitted when fare is increased by					When the MPM is	Mileage permitted when fare is increased by				
	5%	10%	15%	20%	25%		5%	10%	15%	20%	25%
4000	4200	4400	4600	4800	5000	11000	11550	12100	12650	13200	13750
4100	4305	4510	4715	4920	5125	11100	11655	12210	12765	13320	13875
4200	4410	4620	4830	5040	5250	11200	11760	12320	12880	12440	14000
4300	4515	4730	4945	5160	5375	11300	11865	12430	12995	13560	14125
4400	4620	4840	5060	5280	5500	11400	11970	12540	13110	13680	14250
4500	4725	4950	5175	5400	5625	11500	12075	12650	13225	13800	14375
4600	4830	5060	5290	5520	5750	11600	12180	12760	13340	13920	14500
4700	4935	5170	5405	5640	5875	11700	12285	12870	13455	14040	14625
4800	5040	5280	5520	5760	6000	11800	12390	12980	13570	14160	14750
4900	5145	5390	5635	5880	6125	11900	12495	13090	13685	14280	14875
5000	5250	5500	5750	6000	6250	12000	12600	13200	13800	14400	15000
5100	5355	5610	5865	6120	6375	12100	12705	13310	13915	14520	15125
5200	5460	5720	5980	6240	6500	12200	12810	13420	14030	14630	15250
5300	5565	5830	6095	6360	6625	12300	12915	13530	14145	14760	15375
5400	5670	5940	6210	6480	6450	12400	13020	13640	14260	14880	15500
5500	5775	6050	6325	6600	6875	12500	13125	13750	14375	15000	15625
5600	5880	6160	6440	6720	7000	12600	13230	13860	14490	15120	15750
5700	5985	6270	6555	6840	7125	12700	13335	13970	14605	15240	15875
5800	6090	6380	6670	6960	7250	12800	13440	14080	14720	15360	16000

5900	6195	6490	6785	7080	7375	12900	13345	14190	14835	15480	16125
6000	6300	6600	6900	7200	7500	13000	13650	14300	14950	15600	16250
6100	6405	6710	7015	7320	7625	13100	13755	14410	15065	15720	16375
6200	6510	6820	7130	7440	7750	13200	13860	14520	15180	15840	16500
6300	6615	6930	7245	7560	7875	13300	13965	14630	15295	13960	16625
6400	6720	7040	7360	7680	8000	13400	14070	14740	15410	16080	16750
6500	6825	7150	7475	7800	8125	13500	14175	14850	15525	16200	16875
6600	6930	7260	7590	7920	8250	13600	14280	14960	15640	16320	17000
6700	7035	7370	7705	8040	8375	13700	14385	15070	15755	16440	17125
6800	7140	7480	7820	8160	8500	13800	14490	15180	15870	16560	17250
6900	7245	7590	7935	8280	8625	13900	14595	15290	15985	16680	17375
7000	7350	7700	8050	8400	8750	14000	14700	15400	16100	16800	17500
7100	7455	7810	8165	8520	8875	14100	14805	15510	16215	16920	17625
7200	7560	7920	8280	8640	9000	14200	14910	15620	16330	17040	17750
7300	7665	8030	8395	8760	9125	14300	15015	15730	16440	17160	17875
7400	7770	8140	8510	8880	9250	14400	15120	15840	16560	17280	18000
7500	7875	8250	8625	9000	9375	14500	15225	15950	16675	17400	18125
7600	7980	8360	8740	9120	9500	14600	15330	16060	16790	17520	18250
7700	8085	8470	8855	9240	9625	14700	15435	16170	16905	17640	18375
7800	8190	8580	8970	9360	9750	14800	15540	16280	17020	17760	18500
7900	8295	8690	9085	9480	9875	14900	15645	16390	17135	17880	18625
8000	8400	8800	9200	9600	10000	15000	15750	16500	17250	18000	18750
8100	8505	8910	9315	9720	10125	15100	15855	16610	17365	18120	18875
8200	8610	9020	9430	9840	10250	15200	15960	16720	17480	18240	19000
8300	8715	9130	9545	9960	10375	15300	16065	16830	17595	18360	19125
8400	8820	9240	9660	10080	10500	15400	16170	16940	17710	18480	19250
8500	8925	9350	9775	10200	10625	15500	16275	17050	17825	18600	19375
8600	9030	9460	9890	10320	10750	15600	16380	17160	17940	18720	19500
8700	9135	9570	10005	10440	10875	15700	16485	17270	18055	18840	19625
8800	9240	9680	10120	10560	11000	15800	16590	17380	18170	18960	19750
8900	9345	9790	10235	10680	11125	15900	16695	17490	18285	19080	19875
9000	9450	9900	10350	10800	11250	16000	16800	17600	18400	19200	20000
9100	9555	10010	10465	10920	11375	16100	16905	17710	18515	19320	20125
9200	9660	10120	10580	11040	11500	16200	17010	17820	18630	19440	20250

9300	9765	10230	10695	11160	11625	16300	17115	17930	18745	19560	20375
9400	9870	10340	10810	11280	11750	16400	17220	18040	18860	19680	20500
9500	9975	10450	10925	11400	11875	16500	17325	18150	18975	19800	20625
9600	10080	10560	11040	11520	12000	16600	17430	18260	19090	19920	20750
9700	10185	10670	11155	11640	12125	16700	17535	18370	19205	20040	20875
9800	10290	10780	11270	11760	12250	16800	17640	18480	19320	20160	21000
9900	10395	10890	11385	11880	12375	16900	17745	18590	19435	20280	21125
10000	10500	11000	11500	12000	12500	16000	17850	18700	19550	20400	21250
10100	10605	11110	11615	12120	12625	17100	17955	18810	19665	20520	21375
10200	10710	11220	11730	12240	12750	17200	18060	18920	19780	20640	21500
10300	10815	11330	11845	12360	12875	17300	18165	19030	19895	20760	21625
10400	10920	11440	11960	12480	13000	17400	18270	19140	20010	20880	21750
10500	11025	11550	12075	12600	13125	17500	18375	19250	20125	21000	21875
10600	11130	11660	12190	12720	13250	17600	18480	19360	20240	21120	22000
10700	11235	11770	12305	12840	13375	17700	18585	19470	20355	21240	22125
10800	11340	11880	12420	12960	13500	17800	18690	19580	20470	21360	22250
10900	11445	11990	12535	13080	13625	17900	18796	19690	20585	21480	22375

Air Canada, Brititsh Airways Board, Japan Air Lines Company Ltd., Qantas Airways Ltd., and Trans World Airlines, Inc., individually and collectively shall not be responsible for any errors or omissions in this Air Tariff. When used in connection with the services of any of the participating airlines listed herein, this Air Tasiff shall be subject to their respective Cooditions of Carriage.

　　㈠先確定是何種行程的票價，以來回票及環遊票為一類，單程票為另一類。

　　㈡再查出兩地間的票價（NUC）與TPM：所謂的MPM皆以單程或來回票的一半票價為基準，刊印在AT上；來回票的MPM並非去程的雙倍，去程與回程必須分開計算各為一計算票價單元，環遊票亦應以每一票價及其MPM為計算單元，不可混為一體計算。

　　㈢將行程上各城市間的TPM相加，即僅將機票上城市間的TPM相加成為TPM總和（TOTAL TPM），簡稱TTL TPM。

　　㈣將TTL TPM與MPM相比較：

　　MPM＞TTL TPM　　票價可用

MPM＝TTL TPM　　票價可用

MPM＜TTL TPM　　可利用超額哩數百分比附表（表3-9-1），算出加收
　　　　　　　　　　5%，10%，15%，20%或25%之超額哩數總和。

㈤若 TTL TPM 超出以 MPM 的25%所求得數字時，即此方法不可用，而必須另外分段計算。

例：

```
TPE － SEL － TYO        EY／OW SITI
TPE            TPE SEL    NUC 320.18
SEL 5M         TPE TYO    NUC 373.49
TYO
                     ROE：25
TTL TPM 1660NUC？

MPM：EH1596
```

因為 TTL TPM＞MPM

所以須補收超出哩程費用，由附表可知超收5%的1675較接近，且大於1660

　　所以 373.49 × 1.05＝392.17----TTL NUC

　　　　392.17 × 25＝9804.25

　　約等於 9805TWD----LSF

✒ 輔助要素（Supplenentary Factors）

㈠額外哩數寬減額（Extra Mileage Allowance，簡稱 EMA）

即由特定區域中任一城市，前往某一特定區域中A城市時，如旅客或班機經由或停留某一特定A城市時，航空公司同意給予特定的哩數寬減規定（可參照額外哩數寬減表，表3-9-2）。計算方法應先用 TTL TPM 扣減寬減額後，再與 MPM 相比。

例：

ITN：TPE － SEL － HNL － LAX

如經 HNL 可享有 800Mil 的寬減額

即 TTL TPM 減去 800 再與 MPM 比較

(二)停留（Stopovers）

除因航空公司票價書，政府規定或停留規定禁止外，依哩程計算時，應可在其行程中任何一地做停留。停留地應事先安排妥，並填發於其機票上，在來回票中，去程與回程皆可在特定之同一城市停留一次。例：

ITN：經由　　抵達　　　經由　　　抵達

TPE　SEL　　　LAX　　　　SEL　　　TPE

此二點可選擇停留一次

(三)間接旅行之限制（Limitation on Indirect Travel）

即由票價的起點至終點，按兩地的公告票價旅行時，在同一地點經由兩次或停留，所產生的個別行程，則稱間接旅行限制。

例：

SEL	SEL
X/BKK	X/TPE
RGN	HKG
BKK	TPE
ERH	SIN

除使用陸上交通工具部分規定標明外，行程中包括有一段以上陸上交通時，其票價應取依下述方法求出票價中的較低者。

1.由票價起算到終點或折回點的直接票價。

2.其使用空中旅行各段票價相加之總和。

表 3-9-2　額外哩數寬減表
Extra Mileage Allowance Tables
TRANSATLANTIC

BETWEEN	AND	VIA	EXTRA MILEAGE ALLOWANCE
Bergen	New York	Oslo and Copenhagen	50
Johannesburg	New York	Tel Aviv（Not applicable to TWA）	55
Anchorage	Austria/Belgium/Denmark/Egypt/France/Germany/Greece/Israel/Italy/Netherlands/Portugal/Spain/Sweden/Switzerland/UK	TWA	2600
New York	Johannesburg via Tel Aviv	TWA	210
Portland	Denmark	TWA	510
	Sweden		126
Portland/Seattle	Austria/Belgium/Finland/France/Germany/Ireland/Italy/Netherlands/Norway/UK	TWA	200
Seattle	Denmark	TWA	632
	Sweden		301
Oregon/Washington	Austria/Belgium/Denmark/Finland/France/Germany/Italy/Netherlands/Norway/Sweden/UK	AA	200
TRANSPACIFIC BETEEN	AND	VIA	EXTRA MILEAGE ALLOWANCE
*United States or Canada	Area3（except S. W. Pacific）	Honolulu across the North Central Pacific	800

*NOTE：This Extra Mileage Allowance will also apply between points in Area 1 outside of the Continental United States or Cananda and points in Area 3 but only when establishing fare combination points in the Continental USA/Canada.This extra mileage does not apply in connection with the through fares/mileages between points in Area 1 outside the Continental U.S.A./Canada and Points in Area 3.

EASTERN HEMISPHERE

BETWEEN	AND	VIA	EXTRA MILEAGE ALLOWANCE
WITHIN EUROPE			
Amsterdam	Bergen	—	150
	Oslo	—	7
Bergen	Barcelona	—	17
	Basle	—	42
	Brussles	—	195
	Dusseldorf	—	97
	Geneva	—	43
	Lisbon	—	80
	Lyon	—	57
	Madrid	—	65
	Paris	—	167
	Reykjavik	—	199
Berlin (West)	Vienna	—	14
Cork	Guernsey	—	91
	Jersey	—	86
	London	—	4
Kristiansand	Reykjavik	—	66
Oslo	Reykjavik	—	324
Stavanger	Brussels	—	151
	Dussesldorf	—	52
	Lisbon	—	35
	Lyon	—	12
	Madrid	—	21
	Paris	—	123
	Reykjavik	—	127
Stockholm	Reykjavik	—	64
EUROPE-MIDDLE EAST			100
Europe	Iran (except Tehran)	Tehran	100
Budapest	Middle East	Any ticketed points in Europe except Hungary	

AREA 2-3			
Europe	Australia/New Zealand	Harare or Johannesburg	518
Israel	Australia/New Zealand	Johannesburg	518
Europe, Middle East/ Libya	Area3(excluding Bombay and Delhi)	Bombay AND	
		Delhi	700
Europe, Middle East/ Lidya	Bombay	Delhi	700
Europe, Middle East/ Libya	Delhi	Bombay	700
Europe, Middle East/ Libya	Area3	Both Karachi and Islamabad	700
Europe, Middle East/ Libya	Karachi	Islamabad	700
Europe, Middle East/ Libya	Islamabad	Karachi	700
Durban/Harare/ Johannesburg/ Mauritius	Perth/Sydney	HRE-BOM-SYD	69 (for PEX/GV fares only)
AREA 3 #			
Darwin	Kota Kinabalu	Singapore	265
Darwin	Manila	Singapore	65
Points in Area 3	Area 3 (excluding Bombay and Delhi)	Bombay AND Delhi	700
Points in Area 3	Bombay	Delhi	700
Points in Area 3	Delhi	Bombay	700
Points in Area 3	—	a.Via both Karachi and Islamabad or	700
		b.To/from Karachi via Islamabad or	700
		c.To/from Islamabad via Karachi	700
Perth	Hong Kong	Bangkok	80

#Not applicable when travel is wholly within the area comprised of Afghanistan, Pakistan, India, Nepal and Sri Lanka.

WESTERN HEMISPHERE

BETWEEN	AND	VIA	EXTRA MILEAGE ALLOWANCE
Caracas	Buenos Aires and Montevideo	Routings Wholly within the South America Sub-area	400
Buenos Aires, Montevideo	Mexico, USA Canada	Sao Paulo or Rio de Janeiro**	500

**No stopovers are permitted at either Rio de Janeiro or Sao Paulo.

以外就單程、來回票的一半（去程或回程）或環遊票的一段票價，僅可在其填寫的任何一中間機票城市做一次停留。而其所適用票價的起點與終點，不論其是否停留，不可再經過。若再經過時，則票價分段計算，且避免目的地或出發地之再經過計算。

```
SEL                         SEL
  TYO    209.00             BKK
X/SEL                       X/ERH
  PAR M                       GVA 1703.00
  FAR2 094.00                 ZRH 123.00
```

㈣中間較高票價（Higher Rated Intermediate Fare，簡稱 HIF）

HIF 就是使用某一票價旅行時，行程中任何兩城市間，如有高於起、訖點間 D/F 時，即稱為 HIF。換言之，由票價的起點到終點以前，行程中任何兩城市間的票價，不可有任何高於擬適用票價的其他票價存在。

注意事項：

1. 決定擬適用票價前，應就每一航段，做 HIF 檢查，來回票是分開處理，然後票價再合併計算。

2. Sales Indicator 為 SITI 或 SOTI 時，只有在其票面上的 Stopover 點才

做檢查；但若為 SOTO 或 SITO 時，則在所有的票面點做 HIF 檢查。

　　3.若有 HIF 存在時，原則上將適用票價提高到 HIF 票價即可。完全不使用 HIF 票價時，則可改用更遠城市票價計算法（MDP）或分段計算。

　　4.由臺北橫越北、中太平洋到美、加地區，依規定不可有 HIF 存在，如有 HIF 時，應切開分段計算。

　　5.以哩程計算法計算時，若 TPM > MPM，且有 HIF 時，應將擬適用價提高到 HIF 票價，再依百分比算出適當票價。

　　6.世界各地對 HIF 存在均有不同規定：

　　例：

　　　　Routing：SEL － HKG － MNL
　　　　Sales Indicator：SITI
　　　　D/F 為 SEL/HKG NUC 432.00
　　　　SEL/MNL NUC 401.00

　　　　SEL　　　　　因 SEL HKG 的 Fare 比 SEL MNL 的 Fare 高，則
　　　　HKG M　　　　為 HIF，故其 NUC 為 432
　　　　MNL 432

　　㈤單程票價順序顛倒情況（One Way Backhaul Check，簡稱 BHC）

　　此方法僅適用於單程票價，並除橫越北、中太平洋，不受此限制外，其他地區均須做單程票價顛倒之檢查。此項票價的目的在於防止旅客為逃避應付最高的來回或環遊票應收最低票價而購買分開的去程單程票與回程單程票。其計算方法如下：

　　例：(1)

　　　　ROUTING：A － B － C － D
　　　　其直接票價各為 AB 110
　　　　AC　　90
　　　　AD　　110

因為 AB 的 D/F 沒有比 AD 高

所以無須做單程票價順序顛倒的檢查。

例：(2)

ROUTING：SEL － X/HKG － MNL

　　Sales indicator：SITO

　　其 D/F 為：SEL　HKG　NUC　432.00

　　　　　　　　SEL　MNL　NUC　401.00

　　SEL

　　X/HKG　KE　M

　　///　　　//　SEL　　HKG

　　MNL　　CX　　432.00

　　無須做 BHC 檢查

　　因 HKG 為經由地，而非停留地

例：(3)

ROUTING：STL － CHI － PAR － AMS

　　Sales indicator：SITI

　　其 D/F 為：STL　AMS　NUC　1200.00

　　　　　　　　STL　PAR　HIF　1230.00

　　BHC　plus-up 1230 － 1200＝30.00

　　TTL NUC　　1260（1230+30）

　　1260.00 × 1.00　　USD 1260.00

　　1. 由行程起點開始，每停留城市票價，是否有逐漸升高的現象，不能有先高後低的票價存在，每兩城市間均須做單程票價顛倒的檢查。

　　2. 做票價順序檢查時，如票價有先高後低情況時，則以較高票價減較底票價再加較高票價，得到另一票價，再與擬適用票價比較，取其高者，為其適用票價。

　　3. 如有兩個以上連續票價顛倒時，則以最高票價減最低票價再加最高

票價後，再與擬適用票價比較，取其高者，為其適用票價。

4.此規定無關於 Int'l Sales Indicator。

5.若一行程沒有HIF即不用做BHC檢查；若不是從原點出發的兩點間的HIF，則 BHC 亦不適用。例如：

HKG-MNL-SIN

HKG　SIN　NUC：491.00

MNL　SIN　NUC：515.00

HKG

MNL 15M

SIN 592.25

此例的 HIF 是發生在 MNL SIN 之間，而不是在原點的 HKG 至 MNL 之間，故無 BHC。計算過程即 515.00 × 1.15 ＝ 592.25 NUC

㈥直接最低應收票價檢查（Directional Minimum check, DMC）

這是種新的票價檢查制度，INT'L SALES INDICATORS 中除了 SITI 以外的所有O/W 行程（包括 SOTI、SOTO、SITO）都需進行 DMC 檢查。

此外，RT/CT 的所有行程都在 TCI 內，以及從美國出發且開票的行程都不適用 DMC。在做 DMC 時，正反兩方向的票價都需檢查，若有比擬適用票價還高者，則以此票價減去擬適用票價再加擬適用票價，為其適用票價。

例：(1)

SOLD IN：AKL

TICKETED IN：HKG

ITINERARY：HKG-AKL

HKG　AKL　NUC　1037.59

DMC　AKL　HKG　P　135.89

TTC　NUC　1173.48（1037.59+135.89）

例：(2)

ITN：TPE-MNL-DPS（Y-CLASS）

NUC：TPEDPS　642.63

SECTOR NUC：TPEMNL 193.12/NMLTPE 198.00

NMLDPS 469.00/DPSMNL 484.00

DPSTPE 627.00

STEPS	SITI	SOTI	SITO/SOTO
NUC	TPEDPS 642.63	TPEDPS 642.63	TPEDPS 642.63
DMC	N/A	NIL	NIL
TTL	642.63	642.63	642.63
ROE	28.66	28.66	28.66
LSF	NTD18418	NTD18418	NTD18418

沒有比擬適用票價還高，故無 DMC。

(七)假設城市票價（Fictitious or Hidden Construction Point，簡稱 HCP）

一行程若因 MPM 無法 cover TPM，而必須依出超哩數加收百分比票價時，或 TPM 超出25%的補收票價時，可利用 HCP 將旅客實際不到的中間城市加以計算，而算出較低的票價。另外在計算 HCP 的 TPM 時，甚至於兩地之間無班機飛航時，如有 TPM 即可使用，但應使用票價書刊印的 TPM，如兩地間無 TPM 時，即可合用構成較低 TPM 的分段，TPM 相加使用。

ITN：TPE-SIN-TYO-TPE　EH/RT

(1)　　TPE　　　　　　　　TPE/SIN MPM　2515

　1997　SIN　505.51　　　TYO/SIN MPM　3975

　3287　TYO　1152.89

　1318　TPE　305.51

　――――――――――――――

　TPM　6602　1963.9.1（TTL NUC）

(2)　TPE　　　　　　TPE/OSA NUC 274.21

　　　SIN　　　　505.51

　　　TYO

　　（OSA）　1152.89

　　　TPE　　　　274.21

　　　　　――――――――――――

　　TTE NUC 1932.61

(1)、(2)兩者比較，取其最低者為適用票價，所以其適用票價為 NUC 1932.61。

第五節　行程中部分搭乘海（陸）交通工具之部分（Serface Transportation Segments）

㈠行程中欠缺適當直接空中旅行工具時的陸上交通

　1.環遊票（CT）中，如兩地間無適當的直接班機時，可中斷空中旅行而以任何他種交通工具取代，但不改其仍為環遊票的情況。

　2.以哩程方法計算時，不可在一票價中，中斷空中旅行，倘欲保有其環遊票情況時，中斷情況僅可在兩票價之間。

㈡票價計算方法應以下列方法算出，兩者相互比較，取其低者，作為適用的票價

　1.將實際搭乘飛機部分，分段相加。

　2.無論 OW、RT、CT，取其 D/F 作為擬適用票價，但須將其海（陸）上交通部分的 TPM 計算在內。

　3.如果來回票，應以來回 D/F 或來回票價加一單程或分段相加，取其最低者，作為適用票價。

4.搭乘海（陸）上交通部分的計算判斷：

若距離較短者，以 D/F 為適用票價。若距離較長者，則以分段票價總和，作為其行程適用票價。

例：

TPF-OSA　X　TYO-TPE　EH/RT · CT
　　　TPE　OSA　NUC　297.47
　　　TPE　TYO　NUC　331.42

	(1)	(2)	(3)
TPE			
1075 OSA		549.94	297.47
X			
269 TYO	331.42	105.83	M
1330 TPE	331.42		331.42
NUC	662.84	700.77	628.89

　(1) TPE/TYO（Y）D/F 331.42
　　　TPE/TYO（Y）D/F 331.42
　　　331.42 × 2 = 662.84
　(2) TPE/OSA（Y）D/F 297.47
　　　297.47 × 2 = 594.94
　　　TYO/OSA（Y）D/F 105.83
　　　594.94 + 105.83 = 700.77
　(3) TPE/OSA（Y）D/F 297.47
　　　TPE/TYO（Y）D/F 331.42
　　　297.47 + 331.42 = 628.89

　(1)、(2)、(3)三者比較，取其最低者為適用票價，所以行程適用票價為 NUC 628.89。

㈢開口式（OPEN JAW）票價計算方法

OPEN JAW 行程，皆以實際上搭乘飛機部分的總和，為其適用票價。

例：⑴

TPE － OSA　X　NRT － SEL － TPE　EY/RT

TPE

OSA 297.47　　TPE OSA 之 NUC 297.47

X　　　　　　TPE NRT　　　　331.42

NRT　5M

SEL　TPENRT

TPE　348

TTL　NUC　645.47

　　　ROE　26.41884

　　　LSF　17052　TWD

例：⑵

SEL － HKG × MNL － TYO

　　　　　　　SEL HKG 之 NUC　432.00

　　　　　　　MNL TYO　　　　420.00

SEL

HKG　　　432.00

X

MNL

TYO　　　420.00

TTL NUC　852.00

第六節　混合等位票價計算法（Mix Fare Calculation）

如果旅客在行程中，有部分搭經濟艙，部分搭頭等艙，即是混合等位票價。其票價計算的原則有：

㈠先計算整個行程的經濟艙票價。

㈡再計算搭乘頭等艙部分，與同航段經濟艙部分，算出兩段的差額。

㈢將上述兩項結果相加，即為混合等位票價。

㈣行程中，若無經濟艙 D/F 時，則將頭等艙部分與另一經濟艙部分，分開計算，再相加，即為適用票價。

㈤使用任何一種方法計算，如超過全程頭等艙票價時，則應收全程使用頭等艙的票價，即為全程頭等艙票價為優先。

例：(1)

　　1. SEL － BKK － ROM
　　　　　　Y　　　F
　　SEL　BKK（Y）NUC　630.00
　　BKK　ROM（F）NUC 1732.26
　　Y SEL
　　　　BKK　　　630.00
　　F ROM　　1732.26
　　TTL NUC 2353.26

　　2. SEL
　　BKK
　　ROM 1703.00（Y CLASS）
　　────────────────────
　　TTL NUC 1703+698.64＝2401.64

　　BKK ROM F CLASS 1732.26
　　　　　　　　Y CLASS 1024.62
　　────────────────────
　　　　　　　698.64

3. SEL

BKK

　　　　　　M

ROM　　　2632.00（SEL ROM F CLASS）

─────────────────────────

TTL NUC 2632.00

*1. 2. 3.*者相比較，取其最低者為適用票價，所以行程適票價為2353.26。

例：(2)

ITN：TPE － OKA － TPE

　　　　　Y　　　F

TPE　OKA（F）NUC 165.81

TPE　OKA（Y）NUC 129.18

─────────────────────────

　　class　differential　36.63

TTL NUC：294.99（129.18+129.18+36.63）

第七節　環遊票應收最低票價（Circle Trip Minimum, CTM）

CTM是指環遊行程，也是航空公司最少應向旅客收取的最低票價。其計算處理原則如下：

㈠以同等位旅行的 CTM 不可低於此行程中，由出發地到其中任何城市間同等位的最高普通或優待來回票價。

㈡來回票或環遊票的來回行程，在其 Stopover 點分別做 HIF 檢查。

㈢各單元票價相加，即為擬適用票價，然後應就起點到任何兩地間的來回票檢查，即為環遊票最低應收票價的檢查，若有低於擬適用票價則可使用，若高於時，就應將原擬適用票價提高到某兩城市間的 RT 票價，此票價即為環遊票應收最低票價。

例(1)

ITN：WAS-TYO-SHA-X/LAY-WAS

WAS	M
TYO	WASTYO
SHA	1515.00（1/2RT）
X/LAX	M
WAS	1480.00（1/2RT）

WASTYOP＝35（1515.00 － 1480.00）

TTL NUC 3030.00

HIF 發生在 WASTYO 之間，其 1/2RT：NUC 1515.00

WAS SHA 1/2RT：NUC 1480.00

例(2)：

ITN：PAR － ERH － JED － DXB － X/TPE － MNL － HKG － DXB － ROM － PAR

PAR	F/B：MNL
ERH	international sales indicator SITI
JED	PAR MNL O/W NUC　1701.41
DXB	RT NUC　3165.69
X/TPE M	
NML 1582.94	PAR TPE O/W NUC　1766.67
HKG	RT NUC　3286.65
DXB M	
ROM PARHKG	PAR TPE O/W NUC　1827.15
PAR 1643.32（1/2RT）	RT NUC　3398.85

　　PARHKG　P ＝ 60.48（1643.32 － 1582.84）

　　TTL NUC　3286.64

若上題　International sales indicator：SITO/SOTO

　　則 TTL NUC：3342.74

第八節　環遊世界票價（Around the World Fare, RTW）

所謂 RTW 即指由一城市啟程往東或往西向同一方，且應同時經由太平洋及大西洋的航程。

㈠其票價計算方法

1. 以兩段或更多段來回票的一半票價特殊合用，甲起點算到切點，再回算到終點的總和，亦可使用 MDP 加以計算。

2. 除另有規定，僅可使用普通票來構成 RTW。

3. 在正常情況下，由任何一區域城市啟程，計算 RTW 票價時，都有一定的最低應收票價，因此須做 RTW minimum check，以算出最低的適用票價。

㈡環遊世界應收最低票價

1. 做 RTW.最低應收票價檢查，即由起點對每一票面城市做不同地球方向的票價檢查，是否高於此已計算出的票價。

2. 一般情況，由起點橫渡大西洋票價與橫渡太平洋票價不同，如已計算出的環遊世界票價低於上述兩者中的較低來回票價時，即應將票價提高到此較低票價，如有兩個以上的較低票價時，即應提高到此中的最高較低票價。

3. 倘一地之間僅有一方向性的票價，而相反方向無直接票價時，應以其他方法構成一票價，以茲比較。

㈢票價分段計算

1. 不管何種行程，最低的 RTW 有其標準的票價分段計算點。
例：

　　以 NYC 為起點的最低環遊世界票價，有時以

NYC/MNL	橫渡太平洋來回票的一半加
NYC/MNL	橫渡大西洋來回票的一半構成,有時即以
NYC/BKK	橫渡太平洋來回票的一半加橫渡大西洋來回票的一半構成

2.倘有出超哩數而須加收票價時,可使用不同的票價計算點,或可求得較低的環遊世界票價。

第九節　北極航線票價計算方法
（Polar Flight Fare Construction）

所謂北極航線,一般是指TC-2區及TC-3區,經由TC-1區,但不經由北美洲北緯60度以南的城市,而到歐洲任一城市;或是由 TC-3區任一城市經由日本和韓國到歐洲的行程,均稱為北極航線。

㊀北極航線票價亦可適用於歐洲經由 TC-1 至 TC-3 境內兩城市間的行程,但在歐洲的最後一站至TC-3的第一站間,哩數不得超過這兩個城市間北極航線的 MPM,並且僅可在北美洲內做一次的停留。

㊁由 TC-1 區經由 TC-2 區及北極航線到日本、韓國中 TC-3 區任一城市,其 MPM 以 TC-1 區經由大西洋到 TC-3 區的 MPM 為使用標準,但 TPM 即依實際的北極航線行程計算。

第十節　附加票價（Add-Ons）

兩地之間若無直接票價時,可利用附加票價合用構成另一新直接票價,其基本規定如下:

㊀附加票價不可單獨使用來計算票價。

㊁附加票價應加於直接票價的前面或後面,也可同時加於直接票價的前後,而形成另一個直接票價。

例:

A（Add-On）＋ B（Normal Fare）＝ C 可

A（Normal Fare）＋ B（Add-On）＝ C 可

A（Add-On）＋ B（Normal Fare）＋ C（Add-On）＝ D 可

㈢附加票價不可先後相加，再加於直接票價前後，形成另一直接票價。

A（Add-On）＋ B（Add-On）＋ C（Normal Fare）＝ D 不可

A（Normal Fare）＋ B（Add-On）＋ C（Add-On）＝ D 不可

Add-Ons 通常是國內線或區域性票價，即是由起點 A 經由 B 城市到同一國家或同區域 C 城市，A、C 兩點若無直接票價，而由 B 城市起加上 B、C 間的附加票價，來構成一個完整的直接票價。

若兩點也有直接票價，則不可使用附加票價。

例：

SEL		SEL	
NYC	1190.00	NYC	1175.00
--------------------		----------------------	
NUC	1190.00	NUC	1175.00
USD	1190.00	USD	1175.00
（○）		（×）	

（SEL/LAX NUC 884 ＋ LAX/NYC ADD-ON NUC 291）

附加票價使用方法可分為下列三種：

㈠橫渡太平洋到美加地區的附加票價表

　1. 主要是由 TC-3 區到 TC-1 區時，到美加境內城市若無直接票價時，可利用附加票價，形成適用票價。

　2.附加票價表中，分為北、中太平洋及南太平洋附加票價，不可混用。

　3.以哩程計算票價時，若票價書後面有註解符號時，必須參閱，並依規定計算。

例：

HKG	SALES INDICATOR：SITI
SEL	HKG/LAX NUC 832.88
LAX M	LAX/CHI ADD-ON：USD/NUC 290
CHI 1122.87	ROE OF HKD：7.7789
————————	832.88 ＋ 290 ＝ 1122.88
NUC 1122.87	1122.88 × 7.789 ＝ 8735HKD
HKD 8735	

(二)橫渡大西洋到美加地區的附加票價表

經由大西洋由 TC-3 區到 TC-1 區前往美加地區，若無直接票價，也可以利用附加票價構成一個直接票價。

　　TPE － NYC － ORF
　　　NW
　　1. 先查 TPE － ORF 是否有直接票價。
　　2. 如沒有，再查是否有附加票價。
　　3. TPE － NYC 經由大西洋時，其票價為 NUC 2497.84。
　　4. NYC － ORF 附加票價為 NUC 322。
　　所以　TPE/NYC ＋/ORF ＝ 2497.84 ＋ 322
　　　　　　　　　　　　＝ 2819.84
　適用票價為 NUC　2819.84

(三)除美加兩國，到其他地區的附加票價表

其他區域的附加票價，使用率極高，用MDP計算時常用得到。此外，票價書上均附有附加票價表，可善加利用。

第十一節　出發後更改行程票價

(一)即旅客搭機啟程後,於中途更改行程,可分為兩類

第一類:旅客自願更改者,此時航空公司可接受更改的範圍包括:行程、票價等位、時效、變更停留城市。

第二類:基於航空公司本身的因素,而使旅客的班機行程必須變更時,其原因有:班機取消、超額定位、變更停留城市、變更路線行程。

(二)行程若變更則票價必須重新計算

(三)必須考慮的尚有舊行程與新行程間 ROE 的差異

——先決定旅行開始日的 ROE

——將重新計算妥的票價相比較之差,用更改城市的票價切點的當時匯率(BANKER'S SELLING RATE),換算成更改城市的付款幣值。

例:

ORIGINAL JOURNEY	NEW JOURNEY	
FRA	FRA	FRA/TYO RT NUC 3701.43
TYO 2060.88	TYO 1537.71	SEL OW NUC 2060.88
SEL M	SEL M	ROE OF DMK:1.91034
HKG 698.72	FRA 1537.71	PLACE OF REISSUANCE:SEL
---------------	------------------	CURRENCY OF PAYMENT:USD
NUC 2759.6	NUC 3701.42	(SEL 的 ROE 為 USD 計)
DMK 5272	DMK 7071	BSR OF DMK:1USD/2.10578DMK

DIFF:(7071 − 5272) ÷ 2.10578 = USD 854.00

附錄 1 航空相關用語

Accompanied Baggage	隨身行李
Air Freight Forwarder	航空貨運承攬業
Airport Tax	機場稅
Air Waybill	航空運貨單
Apron	停機坪
Bump	將旅客自飛機乘客名單中剔除
Baggage Claim Tag	行李標籤。有兩聯，一聯黏貼於行李上，一聯持交旅客保管。
BSP（Bank Settlement Plan）	銀行清帳計畫
Boarding Pass	旅客登機證
Boarding Gate	登機門
Cabotage	限制航權
Cargo	航空貨運
CHECK-IN	搭機手續
CHECK-IN Time	辦理搭機手續的報到時間
Captain	機長
C.I.Q（Customs, Immigration, quarantine）	聯檢
City Code	城市代號
Connecting Flight	轉接班次
Cancel Booking	取消訂位
Confirmation	預留座位的求證
Cabin Crew	座艙組員
Catering	機上所裝載的旅客餐點
Cockpit Crew	機艙組員
Customs Decaration	海關申報單

Dispatcher	航機簽派
Devalidation Sticker	貼於搭乘上的小標籤，表示原訂位已更改。
Departure Time	出發時間
Duty Free Shop	免稅店
Direct Flight	直達班機
Downgrade	降等。如由頭等艙改搭經濟艙者。
E/D Card	出入境申請卡
E.T.A.（Estimated Time of Arrival）	飛機預定抵達時間
E.T.D.（Estimated Time of Departure）	飛機預定出發時間
Excursion Fare	旅遊票
Endorsement	機票的轉讓、背書
Extra Mileage Allowance	額外寬減哩數
Excess Baggage	超重行李
Economic Class	經濟艙
Flight Coupon	搭乘聯
Flight Number	飛行班次
F.O.C.（free of Charge）	免費票
Go-Show	沒事先預約，在機場等候搭機的乘客。
G.S.A.（General Sales Agent）	總銷售代理店
Higher Intermediate Point	中間較高城市票價
Minimum Connecting Time	轉接飛機所需之最少時間
Maximum Mileage	最高可飛行哩程
M.C.O.（Miscellaneous Charges Order）	雜費支付書
Mis-Connection	由於乘客所搭的飛機延遲挺達，以致未能及時搭上已預約的下一班機。

Mileage	哩程
MPM	最高可旅行哩數
Northbound	指飛機或輪船向北航行
NOTAM（Notice To Airman）	航空情報
Non-endorsable	機票不得轉讓
Non-reroutable	指不准轉換路線
No-show	已訂位卻沒有搭機的乘客
NOSUB（Not Subject to Load）	已可以預約座位之意
No-Stop	指旅客行程中，只可直飛不得停留的部分。
NUC	票價的計算單位
Over-Booking	指航空公司所接受的超額訂位
Off Load	班機超額訂位或不合搭乘規定者被拉下來，無法搭機情形。
On Line	班機定期飛航的路線、都市
Open Ticket	未證明使用日期的機票
One Way	單程票價
Pick-up Service	自搭運地點至出發機場的運輸
PNR（Passenger Name Record）	旅客預約記錄
PTA（Prepaid Ticket Advice）	先付款後開票通知
PAY LOAD	酬載量，指飛機上實際所搭載的旅客、貨物、郵件及手提行李的總重量。
Route	飛機的航線
Reconfirmation	預約之再確認
Reissue	因行程、航空公司座席等級等再變更，支付差額，重新再開的票。
Refund	未用完機票的退款

ROE	兌換率
Stopover	行程中地面停留供旅客出境遊覽或休息
Status	機位情形
Stand By	候補
SUBLO（Subject to Load）	指不得預約的搭機
Scheduled Flight	定期班機
Tariff	航空運費及相關規定的航空價目表
TIM（Travel Information Manual）	記載海外旅行時所需的各國資訊、護照、簽證、預防接種、關稅等的小冊子。
Transit Lounge	過境大廳
Transit Passenger	過境旅客
Trip Pass	免付費的機費
Through Check-In	指辦理過境轉接手續的乘客
TPM	票面點間的城市哩數
Traffic Right	航權
Through Check-In	指辦理過境轉接手續的乘客
Traffic Right	航權
TWOV（Transit Without Visa）	過境轉機免簽證的旅客
Up-Grade	指旅客所獲得的服務等級，比原先的為高。如由「Y」升為「F」。
VOID	作廢
Validity	機票效期
Window Seat	靠窗位子

附錄 2　航空公司代號

CODE	AIRLINE
AA	AMERICAN AIRLINES, INC. (Flight numbers 1-2999)
AA★	AMERICAN EAGLE (Flight numbers 3000-5799)
AC	AIR CANADA (Flight numbers 1-1000)
AC★	AIR CANADA (Flight numbers 1200-1350 Air Ontario (GX); 1351-1499 Austin Air (UH); 1500-1799 Air BC, Ltd. (ZX); 1800-1899 Air Nova Inc. (QK); 1950-1999 Northwest Territorial Airways Ltd. (NV))
■ AD	EXEC EXPRESS, INC.
AE	AIR EUROPE LIMITED
AF	AIR FRANCE
AG	AERONAVES DEL CENTRO, S.A.
AH	AIR ALGERIE
AI	AIR INDIA
# AK	GALENA AIR SERVICE, INC.
AL	USAIR (Flight numbers 1-2999)
■ AL★	ALLEGHENY COMMUTER (Flight numbers 3000-4999)
AM	AEROMEXICO
AN	ANSETT AIRLINES OF AUSTRALIA
AO	AVIACO
AP	ASPEN AIRWAYS, INC
AQ	ALOHA AIRLINES INC. (Flight numbers 1-999)
■ AQ★	ALOHA AIRLINES INC. (Flight numbers 1000-1999 Princeville Airways, Inc. (WP))
AR	AEROLINEAS ARGENTINAS
AS	ALASKA AIRLINES (Flight number 1-799)
AS★	ALASKA AIRLINES COMMUTER SERVICE (Flight numbers 2000-2999 Horizon Air (QX); 4000-4299 Markair, Inc. (BF); 4400-4499 L.A.B. Flying Service, Inc. (JF); 4500-4599 Temsco Airlines (KN); 4600-4699 Bering Air, Inc.; 4800-4899 ERA Aviation; 4900-4999 Ryan Air, Inc.(XY))
AT	ROYAL AIR MAROC
AU	AUSTRAL LINEAS AEREAS S.A.
AV	AVIANCA
AX	CONNECTAIR LTD.
AY	FINNAIR
AZ	ALITALIA
BA	BRITISH AIRWAYS
BB	SERVICIOS AEREOS NACIONALES SA (SANSA)
BC	BRYMON AIRWAYS
BD	BRITISH MIDLAND
BE	BAC AVIATION AB
BF	MARKAIR, INC.
BF★	MARKAIR, INC. (Flight numbers 200-399 Hermens Air, Inc. (2E))
BG	BIMAN BANGLADESH
# BH	AUGUSTA AIRWAYS PTY. LTD.
BI	ROYAL BRUNEI AIRLINES
# BJ	SAFE AIR LIMITED
■ BK	CHALK'S INTERNATIONAL AIRLINE, INC.
BL	AIR BVI, LTD.
BM	AERO TRASPORTI ITALIANI
BN	BRANIFF INC. (Flight numbers 1-999, 1751 and above)
■ BN★	BRANIFF EXPRESS (Flight numbers 1000-1099 MidContinent Airlines Inc. (CT); 1100-1399 Capitol Air Service, Inc. (RX); 1600-1650 Altus Airlines (2U); 1700-1750 Havasu Airlines (HW))
BO	BOURAQ INDONESIA AIRLINES
BP	AIR BOTSWANA PTY. LTD.
BQ	ALIBLU AIRWAYS SPA
BR	BRITISH CALEDONIAN AIRWAYS
BT	ANSETT N.T.
BU	BRAATHENS S.A.F.E. AIRTRANSPORT
# BV	BOP AIR
BW	BWIA INTERNATIONAL
BY	BRITANNIA AIRWAYS
BZ	BROWN AIR SERVICES
CA	CAAC
CB	SUCKLING AIRWAYS
CD	TRANS-PROVINCIAL AIRLINES LTD.
CE	AVAIR INC.
CF	COMPANIA DE AVIACION FAUCÉ.I
■# CH	BEMIDJI AIRLINES
CI	CHINA AIRLINES LTD.
CJ	COLGAN AIRWAYS CORP.
CK	FLINDERS ISLAND AIRLINES PTY LTD.
CL	TEMPELHOF AIRWAYS
CM	COPA
CO	CONTINENTAL AIRLINES (Air Micronesia) (Flight numbers 1-1899 and 6000-6499)
CO★	CONTINENTAL EXPRESS/ROCKY MOUNTAIN (Flight numbers 2000-2199)
CO★	CONTINENTAL EXPRESS/ROYALE (Flight numbers 2500-2750)
CO★	CONTINENTAL EXPRESS/MID PACIFIC (Flight numbers 2751-2799)
CO★	CONTINENTAL EXPRESS/PRESIDENTIAL (Flight numbers 2800-2899)

CODE	AIRLINE
■ CO★	CONTINENTAL EXPRESS/AIR NEW ORLEANS (Flight numbers 2900-2999)
CO★	CONTINENTAL EXPRESS/EMERALD (Flight numbers 3000-3025)
CO★	CONTINENTAL EXPRESS/COLGAN (Flight numbers 3100-3199)
■ CO★	CONTINENTAL EXPRESS/TRANS-COLORADO (Flight numbers 3200-3399)
CO★	CONTINENTAL EXPRESS/PBA-PROVINCETOWN-BOSTON (Flight numbers 3400-3799)
CO★	CONTINENTAL EXPRESS/BRITT (Flight numbers 4500-4999)
CP	CANADIAN AIRLINES INTERNATIONAL LIMITED (Flight numbers 1-339, 370-399, 470-499, 600-743, 748-763, 780-849, 960 and above)
CP★	CANADIAN AIRLINES INTERNATIONAL COMMUTER (Flight numbers 340-369 Norcanair (NK); 400-449 and 460-469 Air Atlantic Ltd. (9A); 450-459, 764-779 Burrard Air Ltd. (6E); 500-599 Time Air (1982) Ltd.; 744-747 Air St. Pierre; 850-899 Calm Air International Ltd. (MO); 900-959 Ontario Express Ltd.)
CQ	AEROLINEA FEDERAL ARGENTINA
CS	COMMUTER EXPRESS
■ CT	MIDCONTINENT AIRLINES INC.
CU	CUBANA AIRLINES
# CW	AIRLINE OF THE MARSHALL ISLANDS
CX	CATHAY PACIFIC AIRWAYS LTD.
CY	CYPRUS AIRWAYS, LTD.
DA	DAN-AIR SERVICES, LTD.
# DB	BRIT AIR
■ DD	COMMAND AIRWAYS, INC.
■ DE	PRIME AIR, INC.
DF	AERO COACH AVIATION INTERNATIONAL, INC.
■ DH	OMNIFLIGHT HELICOPTER SERVICES, INC.
DI	DELTA AIR (GERMANY)
DJ	AIR DJIBOUTI
# DK	AIR CORSE
DL	DELTA AIR LINES, INC. (Flight numbers 1-1299 and 1400-1949)
DL★	DELTA CONNECTION (Flight numbers 2000-2999 ■ Atlantic Southeast Airlines (EV); 3000-3499 Comair, Inc. (OH); 3500-3999 ■ Business Express (HQ); 5200-5999 ■ Sky West Airlines (OO))
DM	MAERSK AIR
DN	ALINORD SPA
DO	DOMINICANA DE AVIACION
■ DQ	COASTAL AIR TRANSPORT
DR	COAST AIR CHARTER LTD.
DS	AIR SENEGAL
DT	TAAG-ANGOLA AIRLINES
DU	ROLAND AIR
DW	DLT DEUTSCHE LUFTVERKEHRSGESELLSCHAFT MBH GERMAN COMMUTER AIRLINE
DX	DANAIR
DY	ALYEMDA - DEMOCRATIC YEMEN AIRLINES
DZ	DOUGLAS AIRWAYS PTY. LTD.
EA	EASTERN AIR LINES, INC. (Flight numbers 1-1999)
EA★	EASTERN EXPRESS/LIAT (Flight numbers 2300-2499)
EA★	EASTERN EXPRESS/PRECISION (Flight numbers 2500-2699)
■ EA★	EASTERN EXPRESS/BRITT (Flight number 2700-2899)
EA★	EASTERN EXPRESS/METRO (Flight numbers 2900-3299)
EA★	EASTERN EXPRESS/ATLANTIS (Flight numbers 3300-3449)
EA★	EASTERN EXPRESS/AIR MIDWEST (Flight numbers 3450-3699)
EA★	EASTERN EXPRESS/BAR HARBOR (Flight numbers 3700-3999)
■# EC	SOUTHERN EXPRESS
■ ED	CCAIR INC.
EF	FAR EASTERN AIR TRANSPORT CORP.
EG	JAPAN ASIA AIRWAYS CO. LTD.
EH	SAETA - SOCIEDAD ECUATORIANA DE TRANSPORTES AEREOS LTDA.
EI	AER LINGUS P.L.C.
■ EJ	NEW ENGLAND AIRLINES, INC.
EK	EMIRATES AIRLINES
EL	AIR NIPPON CO., LTD.
■ EM	EMPIRE AIRWAYS
EQ	TAME C.A.
ET	ETHIOPIAN AIRLINES
EU	EMPRESA ECUATORIANA DE AVIACION
■ EV	ATLANTIC SOUTHEAST AIRLINES, INC.
EW	EAST-WEST AIRLINES
# EX	EAGLE AIRWAYS LTD.
EY	EUROPE AERO SERVICE
FA	FINNAVIATION
FB	PROMAIR AUSTRALIA PTY. LTD.
■ FC	CHAPARRAL AIRLINES, INC.

★ — (following 2 character airline code) Dual-designated carrier—indicates a flight operated by a different air carrier than the air carrier whose code is shown on the flight line. EXAMPLE: DL DELTA AIR LINES, INC. (Flight numbers 1-1299 & 1400-1949)

■	FE	DESERT SUN AIRLINES ◀
	FF	TOWER AIR, INC.
	FG	BAKHTAR AFGHAN AIRLINES
■	FH	MALL AIRWAYS, INC.
	FI	ICELANDAIR
	FJ	AIR PACIFIC
■#	FK	FLAMENCO AIRWAYS, INC
<■	FN	SFO HELICOPTER AIRLINES, INC.
#	FO	WESTERN NEW SOUTH WALES AIRLINES PTY. LTD
§	FP	AEROLEASING S.A.
	FQ	COMPAGNIE AERIENNE DU LANGUEDOC
	FR	RYANAIR
	FS	FLIGHTWAYS AIR SERVICES PTY LTD
	FU	AIR LITTORAL
	FV	SUEDAVIA FLUGGESELLSCHAFT M.B.H.
■	FY	METROFLIGHT AIRLINES
	GA	GARUDA INDONESIAN AIRWAYS
	GB	AIR FURNESS LTD.
	GC	LINA-CONGO
■	GD	AIR SOUTH INC. ◀
	GE	GUERNSEY AIRLINES LTD.
	GF	GULF AIR COMPANY
	GG	TROPICAL AIRWAYS INC.
	GH	GHANA AIRWAYS
	GJ	EQUATORIAL-INTERNATIONAL AIRLINES OF SAO TOME
	GK	COAST AERO CENTER
#	GL	GREENLANDAIR INC.
	GM	AIR AMERICA
	GN	AIR GABON
	GO	GAMBIA AIR SHUTTLE LTD.
■#	GP	FISCHER BROS. AVIATION INC.
	GQ	BIG SKY AIRLINES
	GR	AURIGNY AIR SERVICES, LTD.
■	GS	BAS AIRLINES
	GT	GB AIRWAYS LTD.
	GU	AVIATECA
	GV	TALAIR PTY. LTD.
	GY	GUYANA AIRWAYS
	GZ	AIR RAROTONGA
	HA	HAWAIIAN AIR LINES
	HB	AIR MELANESIAE
	HC	NASKE-AIR
■	HD	NEW YORK HELICOPTER CORPORATION
■#	HG	HARBOR AIRLINES, INC.
	HH	SOMALI AIRLINES
	HI	GRAND CANYON HELICOPTERS
	HK	SOUTH PACIFIC ISLAND AIRWAYS
	HM	AIR SEYCHELLES LTD.
	HN	NLM-DUTCH AIRLINES
	HO	MID-PACIFIC AIRLINES, INC.
	HP	AMERICA WEST AIRLINES, INC.
■	HQ	BUSINESS EXPRESS
#	HR	FRIENDLY ISLANDS AIRWAYS LIMITED
#	HS	AIR NORTH PTY. LTD.
	HU	TROPICAL HELICOPTER AIRWAYS, INC.
	HV	TRANSAVIA AIRLINES
■	HW	HAVASU AIRLINES
	HX	HOLIDAY EXPRESS (Deutsche Luftverkehrsgesellschaft mbh & Co.)
	HY	METRO AIRLINES
	HZ	HENEBERY AVIATION COMPANY
	IA	IRAQI AIRWAYS
	IB	IBERIA
	IC	INDIAN AIRLINES
	IE	SOLOMON ISLANDS AIRWAYS LTD.
	IF	INTERFLUG
	IG	ALISARDA
	IH	CHANNEL FLYING, INC.
	IJ	TRANSPORT AERIEN TRANSREGIONAL
■#	IK	AIR CARIBE INTERNATIONAL INC.
■#	IL	BANGOR INTERNATIONAL AIRLINE
<■	IN	EAST HAMPTON AIRE. INC
	IO	T.A.T. EXPORT
#	IP	AIRLINES OF TASMANIA
	IR	IRAN AIR-THE AIRLINE OF THE ISLAMIC REPUBLIC OF IRAN
	IS	EAGLE AIR LTD. (ARNARFLUG)
	IT	AIR INTER
	IU	MIDSTATE AIRLINES, INC
<■	IV	PRINCETON AIR LINK
#	IX	FLANDRE AIR AIRLINE
	IY	YEMENIA YEMEN AIRWAYS
	IZ	ARKIA ISRAELI AIRLINES LTD
	JB	HELIJET AIRWAYS
	JC	ROCKY MOUNTAIN AIRWAYS, INC.
#	JD	TOA DOMESTIC AIRLINES CO., LTD
	JE	MANX AIRLINES
§	JF	L.A.B. FLYING SERVICE, INC.
	JG	SWEDAIR AB
	JH	NORDESTE-LINHAS AEREAS REGIONAIS S.A.
	JK	SUNWORLD INTERNATIONAL AIRWAYS, INC.
	JL	JAPAN AIR LINES COMPANY, LTD.
	JM	AIR JAMAICA LIMITED
	JN	JAPAN AIR COMMUTER CO., LTD.
■	JO	HOLIDAY AIRLINES, INC.
	JP	ADRIA AIRWAYS
	JQ	TRANS-JAMAICAN AIRLINES, LTD.
	JR	AERO CALIFORNIA
■	JT	IOWA AIRWAYS, INC.
	JU	YUGOSLAV AIRLINES— JAT
	JV	BEARSKIN LAKE AIR SERVICE LIMITED
#	JX	BOUGAIR - NORTH SOLOMONS AIR SERVICES PTY. LTD.
	JY	JERSEY EUROPEAN AIRWAYS LTD.
	JZ	GOLDEN AIR COMMUTER AB
	KA	DRAGONAIR - HONG KONG DRAGON AIRLINES LTD.
	KC	COOK ISLANDS INTERNATIONAL
	KD	KENDELL AIRLINES
	KE	KOREAN AIR
■	KF	CATSKILL AIRWAYS, INC.
	KG	ORION AIRWAYS LTD.
	KH	COOK ISLANDAIR
	KK	TRANSPORTES AEREO REGIONAIS S.A. (T.A.M.)
	KL	KLM— ROYAL DUTCH AIRLINES
	KM	AIR MALTA COMPANY, LTD.— AIR MALTA
	KN	TEMSCO AIRLINES
#	KO	SUNGOLD AIRLINES PTY. LIMITED
	KP	AIR CAPE (PTY) LTD.
	KQ	KENYA AIRWAYS
	KR	KAR-AIR
	KS	PENINSULA AIRWAYS, INC.
#	KT	TURTLE AIRWAYS LTD.
	KU	KUWAIT AIRWAYS
	KV	TRANSKEI AIRWAYS CORPORATION
■	KW	CROWN AIR/ DORADO WINGS
	KX	CAYMAN AIRWAYS LTD.
	KY	WATERWINGS AIRWAYS (Te Anau) LTD
	LA	LAN CHILE S.A.
	LB	LLOYD AEREO BOLIVIANO
	LC	LOGANAIR, LTD.
#	LD	LINEAS AEREAS DEL ESTADO (LADE)
	LE	MAGNUM AIRLINES LTD.
	LF	LINJEFLYG
	LG	LUXAIR— LUXEMBOURG AIRLINES
	LH	LUFTHANSA GERMAN AIRLINES
	LI	LIAT (1974) LTD.
×	LJ	SIERRA LEONE AIRLINES
	LK	GIYANI AIRWAYS (PTY) LTD
	LL	BELL-AIR
	LM	ALM— ANTILLEAN AIRLINES
	LN	JAMAHIRIYA LIBYAN ARAB AIRLINES
	LO	LOT— POLISH AIRLINES
#	LP	NYGE-AERO
	LR	LACSA
#	LS	ILIAMNA AIR TAXI, INC.
■#	LT	CALIFORNIA SEABOARD AIRLINES, INC.
	LU	THERON AIRWAYS
	LV	LAV - LINEA AEROPOSTAL VENEZOLANA
	LW	AIR NEVADA
	LX	CROSSAIR A.G.
	LY	EL AL ISRAEL AIRLINES LTD.
	LZ	BALKAN— BULGARIAN AIRLINES
	MA	MALEV— HUNGARIAN AIRLINES
#	MB	MIDSTATE AIRLINES
	MD	AIR MADAGASCAR
	ME	MIDDLE EAST AIRLINES/AIRLIBAN
#	MF	LLOYD HELICOPTERS QUEENSLAND
	MG	MGM GRAND AIR, INC.
	MH	MALAYSIAN AIRLINE SYSTEM
#	MI	TRADEWINDS PTE. LTD.
	MJ	LINEAS AEREAS PRIVADAS ARGENTINAS S.A. (LAPA)
	MK	AIR MAURITIUS
	ML	MIDWAY AIRLINES, INC. (Flight numbers 100-999)
■	ML★	THE MIDWAY CONNECTION/MIDWAY COMMUTER (Flight numbers 1600-1999 Fischer Bros. Aviation, Inc. (GP))
■	ML★	THE MIDWAY CONNECTION/IOWA AIRWAYS (Flight numbers 4200-4500 Iowa Airways, Inc. (JT))
	MM	SOCIEDAD AERONAUTICA MEDELLIN
#	MN	COMMERCIAL AIRWAYS (PTY.) LTD. (COMAIR)
#	MO	CALM AIR INTERNATIONAL LTD.
	MQ	SIMMONS AIRLINES
	MR	AIR MAURITANIE
	MS	EGYPTAIR
	MT	MACKNIGHT AIRLINES
×	MU	MCCLAIN AIRLINES, INC.
	MV	ANSETT W.A.
	MW	MAYA AIRWAYS
	MX	MEXICANA DE AVIACION
×	MY	AIR MALI
	MZ	MERPATI NUSANTARA AIRLINES
■	NA	EXECUTIVE AIR CHARTER
#	NB	NATIONAL AIRLINES (PTY) LTD
	NC	NORSKAIR
	ND	NORDAIR METRO
■	NE	AIRLINK
	NH	ALL NIPPON AIRWAYS CO., LTD.
	NI	MIDTFLY INTERNATIONAL AIRWAYS
	NJ	NAMAKWALAND LUGDIENS
	NK	NORCANAIR
	NL	AIR LIBERIA, INC.

DL★　DELTA CONNECTION (Flight numbers 3000-3499　Comair, Inc. (OH))

■ - Indicates Part 204 Commuter Air Carrier; A Part 298 Commuter Air Carrier which has been found fit pursuant to Part 204 of the Economic Regulations of the United States Department of Transportation. Flight schedule listings for Part 204 Commuter Air Carriers are published in the Official Airline Guide chronologically with those of certificated air carriers.

NM	MOUNT COOK AIRLINES		RA	ROYAL NEPAL AIRLINES CORPORATION
NN	C.A.A.A — AIR MARTINIQUE		RB	SYRIAN ARAB AIRLINES
NO	AUS-AIR		RD	AVIANOVA
NP	PICCOLO AIRLINES		RE	AER ARANN
■ NQ	CUMBERLAND AIRLINES		RG	VARIG, S.A.
NR	NORONTAIR		■ RH	LA HELICOPTER, INC.
NS	NUERNBERGER FLUGDIENST		RJ	ROYAL JORDANIAN
# NT	AIR NEW ORLEANS, INC.		RK	AIR AFRIQUE
NU	SOUTHWEST AIRLINES CO., INC.		RL	AEROLINEAS NICARAGUENSES A.S. (AERONICA)
NV	NORTHWEST TERRITORIAL AIRWAYS LTD.		■ RM	WINGS WEST AIRLINES, INC.
NW	NORTHWEST AIRLINES, INC. (Flight numbers 1-1699)		# RN	ROYAL AIR INTER
NW★	NORTHWEST AIRLINK (Flight numbers 1700-3999)		RO	TAROM— ROMANIAN AIR TRANSPORT
NX	NATIONAIR		■ RP	PRECISION AIRLINES
NZ	AIR NEW ZEALAND— DOMESTIC		RS	INTERCONTINENTAL DE AVIACION
OA	OLYMPIC AIRWAYS		RT	A/S NORVING
OB	TEMPUS AIR LTD.		RV	REEVE ALEUTIAN AIRWAYS, INC.
OE	WESTAIR AIRLINES		RW	AIR WHITSUNDAY
OF	SUNSTATE AIRLINES		■ RX	CAPITOL AIR SERVICE, INC. ◄
OG	AIR GUADELOUPE		RY	AIR RWANDA
OH	COMAIR, INC. ◄		SA	SOUTH AFRICAN AIRWAYS
OJ	AIR ST.-BARTHELEMY		SB	AIR CALEDONIE INTERNATIONAL
OK	CZECHOSLOVAK AIRLINES		SC	CRUZEIRO DO SUL S.A. - SERVICOS AEREOS
OL	OLT — OSTFRIESISCHE LUFTTRANSPORT GMBH		SD	SUDAN AIRWAYS
ON	AIR NAURU		# SE	WINGS OF ALASKA
■ OO	SKY WEST AIRLINES		# SF	SUNBIRD AIRLINES
OP	AIR PANAMA INTERNACIONAL		■ SG	ATLANTIS AIRLINES, INC.
OQ	ROYALE AIRLINES, INC.		SH	SAHSA— SERVICIO AEREO DE HONDURAS, S.A.
OR	AIR COMORES		SI	JET AMERICA AIRLINES, INC.
OS	AUSTRIAN AIRLINES		# SJ	SOUTHERN AIR LIMITED
OT	EVERGREEN ALASKA		SK	SAS— SCANDINAVIAN AIRLINES SYSTEM
OU	CITY EXPRESS		# SL	RIO-SUL - SERVICOS AEREOS REGIONAIS
OW	STAYWOOD AIRLINES		SM	AIR ECOSSE
OX	AIR HUDIK		SN	SABENA BELGIAN WORLD AIRLINES
■# OY	SUNAIRE		SO	AUSTRIAN AIR SERVICES OESTERREICHISCHER INLANDS FLUGDIENST GES.M.B.H.
# OZ	NEWAIR AIRSERVICE		SP	SERVICO ACOREANO DE TRANSPORTES AEREOS E.P.
PA	PAN AMERICAN WORLD AIRWAYS, INC. (Flight numbers 1-269, 272-289, 300-329, 360-769, 800-809, 1000 and above)		SQ	SINGAPORE AIRLINES
			SR	SWISSAIR
			SS	BROCKWAY AIR
■ PA★	PAN AM EXPRESS (Flight numbers 270-271, 770-809, 840-969 Pan Am Express, Inc. (RZ))		ST	SINGLETON AIR SERVICE PTY. LTD.
			SU	AEROFLOT SOVIET AIRLINES
PA★	PAN AM AIR PARTNER (Flight numbers 290-299, 330-359 ■ Omniflight Helicopter Services, Inc. (DH); 810-819 Presidential Airways, Inc. (XV))		SV	SAUDI ARABIAN AIRLINES
			SW	NAMIB AIR (PTY) LTD.
			■ SX	CHRISTMAN AIR SYSTEM
PB	AIR BURUNDI		■ SZ	PRO AIR SERVICES
# PC	FIJI AIR		TA	TACA INTERNATIONAL AIRLINES, S.A.
# PD	PEM AIR LIMITED		TC	AIR TANZANIA CORPORATION
PF	VAYUDOOT		§ TD	TRANSAVIO
# PG	JET EXPRESS		TE	AIR NEW ZEALAND— INTERNATIONAL
PH	POLYNESIAN AIRLINES, LTD.		TG	THAI AIRWAYS INTERNATIONAL, LTD.
PI	PIEDMONT AVIATION, INC. (Flight numbers 1-1999)		TH	THAI AIRWAYS COMPANY, LTD.
■ PI★	PIEDMONT REGIONAL AIRLINE (Flight numbers 4000-4999 Henson Airlines)		TI	CASAIR AVIATION LTD.
			TK	TURK HAVA YOLLARI
PI★	PIEDMONT COMMUTER SYSTEM (Flight numbers 5000-5299 ■ Jetstream International Airlines (TF); 5300-5599 ■ CCAIR Inc. (ED); 5600-5799 Brockway Air (SS))		TL	TILLAIR PTY. LTD.
			TM	LAM— LINHAS AEREAS DE MOCAMBIQUE
			TN	AUSTRALIAN AIRLINES
			# TO	ALKAN AIR LTD·
PK	PAKISTAN INTERNATIONAL AIRLINES		TP	TAP AIR PORTUGAL
PL	AEROPERU		TR	TRANSBRASIL S/A LINHAS AEREAS
■ PN	COASTAL AIRWAYS		TT	TUNISAVIA
PO	AEROPELICAN AIR SERVICES, PTY. LTD.		TU	TUNIS AIR
× PQ	CHIEFTAIN AIRWAYS		TW	TRANS WORLD AIRLINES, INC.
PR	PHILIPPINE AIRLINES, INC.		TW★	TRANS WORLD AIRLINES, INC. (Flight numbers 7800-7999 Piedmont Aviation, Inc. (PI))
PS	PSA — PACIFIC SOUTHWEST AIRLINES			
■ PT	PBA — PROVINCETOWN-BOSTON AIRLINE		TW★	TRANS WORLD EXPRESS (Flight numbers 7000-7199 ■ Resort Air, Inc. (7R); 7300-7499 Air Midwest (ZV); 7500-7599 ■ Resort Commuter, Inc. (XK))
PU	PLUNA			
■ PV	PANORAMA AIR		TX	TRANSPORTES AEREOS NACIONALES
PX	AIR NIUGINI		TY	AIR CALEDONIE
PY	SURINAM AIRWAYS LTD.		TZ	AMERICAN TRANS AIR
PZ	LAP— LINEAS AEREAS PARAGUAYAS (AIR PARAGUAY)		UA	UNITED AIRLINES, INC. (Flight numbers 1-1999 and 4000 and above)
QA	AERO CARIBE			
QB	QUEBECAIR (Flight numbers 300-499 and 900-929)		UA★	UNITED AIRLINES, INC. (Flight numbers 2001-2149 Southcentral Air, Inc. (XE))
QB★	QUEBECAIR (Flight numbers 200-209 Les Ailes de Charlevoix Ltee; 220-229 Air Schefferville Inc.; 240-259 Air Satellite Inc.; 700-709 and 720-779 Quebecair Inter Ltd.; 710-719 and 970-979 Aviation Quebec Labrador Ltee; 940-949 Propair Inc.)		UA★	UNITED EXPRESS (Flight numbers 2400-2549 ■ NPA, Inc. 2640-3099 Air Wisconsin (ZW); 3100-3569 ■ Westair Commuter Airlines, Inc. (OE); 3640-3999 Aspen Airways, Inc. (AP))
QC	AIR ZAIRE		UB	BURMA AIRWAYS CORPORATION
QD	AIR LIMOUSIN TA		UC	LADECO— LINEA DEL COBRE
QE	AIR MOOREA		UD	GEORGIAN BAY AIRWAYS
QF	QANTAS AIRWAYS, LTD.		■ UE	AIR LA
QI	CIMBER AIR		UF	SYDAERO
# QK★	AIR NOVA INC. (Flight numbers 501 and 502 Newfoundland Labrador Air Transport, Ltd.;)		UG	NORFOLK AIRLINES LTD.
QL	LESOTHO AIRWAYS CORP.		UI	NORLANDAIR
QM	AIR MALAWI		■ UJ	AIR SEDONA
QN	AIR QUEENSLAND		UK	AIR UK
■ QO	BAR HARBOR AIRLINES		UL	AIRLANKA LTD.
QP	AIRKENYA AVIATION LIMITED		UM	AIR ZIMBABWE
■§ QQ	MICHIGAN AIRWAYS, INC.		UN	EASTERN AUSTRALIA AIRLINES
QR	AIR SATELLITE, INC.		■ UO	DIRECT AIR, INC. ◄
■ QS	PROPHETER AVIATION		UP	BAHAMASAIR
QU	UGANDA AIRLINES		UQ	LONDON EUROPEAN AIRWAYS
QV	LAO AVIATION		UR	BRITISH INTERNATIONAL HELICOPTERS
QW	TURKS AND CAICOS NATIONAL AIRLINE		UT	UTA— UNION DE TRANSPORTS AERIENS
QX	HORIZON AIR		UU	REUNION AIR SERVICE S.A.
QZ	ZAMBIA AIRWAYS		UV	AIRTRANSIT PTY. LTD

UW	PERIMETER AIRLINES (INLAND) LTD.	
UY	CAMEROON AIRLINES	
VA	VIASA	
VB	BIRMINGHAM EXECUTIVE AIRWAYS	
VD	SEMPATI AIR TRANSPORT	
VE	AVENSA	
VF	BRITISH AIR FERRIES LIMITED	
#	VG	RFG REGIONALFLUG GMBH
VH	AIR BURKINA	
■	VI	VIEQUES AIR LINK, INC.
■	VJ	TRANS-COLORADO AIRLINES, INC.
VK	AIR TUNGARU CORPORATION	
VM	AIR VENDEE	
VN	HANG KHONG VIETNAM	
VO	TYROLEAN AIRWAYS	
VP	VASP	
VQ	OXLEY AIRLINES LTD.	
VR	TACV-CABO VERDE AIRLINES	
VS	VIRGIN ATLANTIC AIRWAYS LTD	
VT	AIR TAHITI	
VU	AIR IVOIRE	
VV	CHALLENGE AIR INTERNATIONAL, INC.	
VW	SKYWAYS OF SCANDINAVIA	
VX	ACES	
VY	HIGHLAND EXPRESS AIRWAYS	
VZ	AQUATIC AIRWAYS PTY. LTD.	
WB	SAN (SERVICOS AEREOS NACIONALES S.A.)	
WC	WILD COAST AIR	
WD	WARDAIR	
WF	WIDEROES FLYVESELSKAP	
■	WH	CARIBBEAN EXPRESS, INC.
WI	ROTTNEST AIRLINES	
WJ	LABRADOR AIRWAYS, LTD.	
§	WK	WESTKUESTENFLUG
WL	AEROPERLAS	
WM	WINDWARD ISLAND AIRWAYS INTERNATIONAL N.V	
WN	SOUTHWEST AIRLINES	
WP	PRINCEVILLE AIRWAYS, INC.	
■	WQ	WINGS AIRWAYS ◄
■	WR	WHEELER AIRLINES (Flight numbers 1-999)
WR★	WHEELER AIRLINES (Flight numbers 1001-1025 WRA, Inc (BR))	
■	WS	SUNCOAST AIRLINES, INC.
WT	NIGERIA AIRWAYS LTD	
WU	NETHERLINES B.V.	
WV	MIDWEST AVIATION	
■	WW	MAUI AIRLINES
WX	AIR N.S.W.	
WY	OMAN AVIATION (SAO)	
WZ	BERLIN REGIONAL U.K. LTD	
XE	SOUTHCENTRAL AIR, INC	
XG	ARMSTRONG AIR SERVICE, INC.	
■	XJ	MESABA AVIATION
■	XK	RESORT COMMUTER, INC.
XP	AVIOR PTY. LTD.	
XQ	ACTION AIRLINES	
■	XT	ISLAND AIRLINES, INC
XU	A/S AIR X	
XV	PRESIDENTIAL AIRWAYS, INC.	
■	XW	WALKER'S INTERNATIONAL
XX	SOUTH EAST AIR LIMITED	
XY	RYAN AIR, INC	
XZ	FLUGFELAG AUSTURLANDS HF	
■	-YB	GOLDEN PACIFIC AIRLINES
YD	SALAIR AB	
YE	GRAND CANYON AIRLINES, INC.	
■	YH	AIR-JET
YI	AIP SUNSHINE INC.	
■	YK	CYPRUS TURKISH AIRLINES LTD. CO.
YL	LONG ISLAND AIRLINES	
YN	AIR CREEBEC INC.	
YO	HELI-AIR MONACO	
YQ	EURO AIR HELIKOPTERSERVICE AB	
■	YR	SCENIC AIRLINES, INC. ◄
YS	SAN JUAN AIRLINES	
YT	SKYWEST AIRLINES	
YU	AEROLINEAS DOMINICANAS S.A. - DOMINAIR	
■	YV	MESA AIR SHUTTLE
YW	STATESWEST AIRLINES	
YX	MIDWEST EXPRESS AIRLINES, INC.	
ZB	MONARCH AIRLINES	
ZC	ROYAL SWAZI NATIONAL AIRWAYS CORP	
■	ZD	ROSS AVIATION, INC. ◄
ZF	AIRBORNE OF SWEDEN AB	
ZG	SABAIR AIRLINES PTY. LTD.	
ZH	ECUATO GUINEANA DE AVIACION	
§	ZI	AIGLE AZUR
■	ZK	GREAT LAKES AVIATION, LTD. (Flight numbers 50-79)
■	ZK★	GREAT LAKES LINK (Flight numbers 35-49 Alliance Airlines (3A))
#	ZL	HAZELTON AIRLINES
ZM	SCIBE-AIRLIFT	

■	ZN	TENNESSEE AIRWAYS, INC.
ZO	FLORIDA EXPRESS, INC.	
■	ZP	VIRGIN AIR, INC.
ZQ	ANSETT NEW ZEALAND	
ZR	MUK AIR	
ZT	SATENA	
■ #	ZU	FREEDOM AIR
ZV	AIR MIDWEST	
ZW	AIR WISCONSIN	
ZX	AIR BC, LTD.	
2E	HERMENS AIR, INC.	
2F	FRONTIER FLYING SERVICE	
2L	BIG ISLAND AIR	
2Q	AQUILA AIR LTD.	
2S	SUNFLOWER AIRLINES LIMITED	
2U	ALTUS AIRLINES	
■	2V	VALLEY AIRLINES ◄
2W	WAIRARAPA AIRLINES, LTD.	
3A	ALLIANCE AIRLINES	
3C	CAMAI AIR	
3F	AFRICANA AIR	
■	3G	VIRGIN ISLANDS SEAPLANE SHUTTLE
3H	AIR INUIT (1985) LTD.	
3K	MANU'A AIR TRANSPORT, INC.	
3L	AIR LIFT ASSOCIATES, INC.	
3M	CITI AIR (PTY) LTD.	
3P	EQUATOR AIRLINES LTD.	
■	3R	AIR MOLOKAI - TROPIC AIRLINES
3S	SHUSWAP FLIGHT CENTER LTD.	
3V	WAGLISLA AIR INC.	
■	4A	AIRWAYS INTERNATIONAL, INC.
4B	OLSON AIR SERVICE, INC.	
4C	AIRES	
4D	AIR SINAI	
4E	TANANA AIR SERVICE	
4F	FRONTIER AIR	
4H	FRIENDSHIP AIR ALASKA, INC.	
4K	KENN BOREK AIR LTD.	
4L	AIR ALMA INC.	
4M	ISLAND AIR	
4N	AIR NORTH	
4S	SKYWALKER	
4V	VOYAGEUR AIR, LTD.	
4W	WRANGELL AIR SERVICE	
4Y	YUTE AIR ALASKA, INC.	
5A	ALPINE AVIATION, INC.	
5B	BELLAIR, INC.	
5D	AIR BRAS D'OR LIMITED	
5K	KENMORE AIR HARBOR, INC.	
5P	PTARMIGAN AIRWAYS LTD.	
5S	AIRSPEED AVIATION INC.	
5V	AVIAIR AVIATION (1984) LTD.	
6A	ADASTRA AVIATION LTD.	
■	6B	TEXAS NATIONAL AIRLINES
6C	CAPE SMYTHE AIR SERVICE, INC.	
6D	ALASKA ISLAND AIR, INC.	
6E	BURRARD AIR LTD.	
6J	SOUTHERN JERSEY AIRWAYS, INC.	
6K	KEEWATIN AIR LIMITED	
6M	40-MILE AIR, LTD.	
6Q	BARROW AIR, INC.	
6T	TYEE AIRWAYS LIMITED	
6W	WILDERNESS AIRLINE (1975) LTD.	
7A	HAINES AIRWAYS, INC.	
■	7D	RESORTS INTERNATIONAL AIRLINES, INC
7E	AUDI AIR, INC.	
7F	FIRST AIR	
■	7G	GULFSTREAM AIRLINES, INC. ◄
7H	ERA HELICOPTERS, INC.	
7K	LARRY'S FLYING SERVICE, INC.	
■	7L	LAKE UNION AIR SERVICE
7N	NORTHLAND AIR MANITOBA LIMITED	
■	7V	ALPHA AIR
8A	AIR BUSINESS I/S	
8B	BAKER AVIATION, INC.	
8D	SKYLINK AIRLINES	
8F	WILBUR'S INC.	
■	8G	GP EXPRESS AIRLINES, INC.
8H	HARBOR AIR SERVICE	
8K	AIR MUSKOKA	
■	8M	MST AVIATION, INC.
8V	WRIGHT AIR SERVICE	
9A	AIR ATLANTIC LTD.	
9C	ICARUS FLYING SERVICE	
■	9E	EXPRESS AIRLINES I, INC.
9F	SKYCRAFT AIR TRANSPORT INC	
9H	COUGAR HELICOPTERS INC.	
9K	KING FLYING SERVICE	
9T	TRILLIUM AIR	
9V	AIR SCHEFFERVILLE	

X — Service Temporarily Suspended
◄ — National Air Transportation Association, Inc.
§ — Carrier performs seasonal service only
# — Duplicated IATA two-letter airline code. For other (non-scheduled) carrier (not shown in OAG) refer to IATA Traffic Guide.

附錄3　城市／機場代號

A

AAA	ANAA, FR. POLYNESIA, S. PACIFIC
AAB	ARRABURY, QLD., AUSTRALIA
AAC	AL ARISH, ARAB REP. OF EGYPT
AAE	ANNABA, ALGERIA
AAK	ARANUKA, REP. OF KIRIBATI
AAL	AALBORG, DENMARK
AAO	ANACO, VENEZUELA
AAR	AARHUS, DENMARK
AAT	ALTAY, P. R. CHINA
AAU	ASAU, W. SAMOA
AAY	AL GHAYDAH, YEMEN DEMOCRATIC
ABE	ALLENTOWN, PENNSYLVANIA, USA
ABF	ABAIANG, REP. OF KIRIBATI
ABI	ABILENE, TEXAS, USA
ABJ	ABIDJAN, COTE D'IVOIRE
ABK	KABRI DAR, ETHIOPIA
ABL	AMBLER, ALASKA, USA
ABM	BAMAGA, QLD, AUSTRALIA
ABQ	ALBUQUERQUE, NEW MEXICO, USA
ABR	ABERDEEN, SOUTH DAKOTA, USA
ABS	ABU SIMBEL, ARAB REP. OF EGYPT
ABT	AL BAHA, SAUDI ARABIA
ABU	ATAMBUA, INDONESIA
ABV	ABUJA, NIGERIA
ABX	ALBURY, N.S.W. AUSTRALIA
ABY	ALBANY, GEORGIA, USA
ABZ	ABERDEEN, SCOTLAND. (U.K.)
ACA	ACAPULCO, MEXICO
ACC	ACCRA, GHANA
ACD	ACANDI, COLOMBIA
ACE	LANZAROTE, CANARY ISLANDS
ACI	ALDERNEY, CHANNEL IS., (U.K.)
ACK	NANTUCKET, MASSACHUSETTS, USA
ACM	ARICA, COLOMBIA
ACR	ARARACUARA, COLOMBIA
ACT	WACO, TEXAS, USA
ACV	EUREKA/ARCATA, CALIFORNIA, USA
ACY	ATLANTIC CITY, N.J.-POMONA, USA
ADA	ADANA, TURKEY
ADD	ADDIS ABABA, ETHIOPIA
ADE	ADEN, YEMEN, DEMOCRATIC
ADK	ADAK IS., ALASKA, USA
ADL	ADELAIDE, SA, AUSTRALIA
ADQ	KODIAK, ALASKA, USA
ADZ	SAN ANDRES IS., COLOMBIA
AEA	ABEMAMA, REP. OF KIRIBATI
AEO	AIOUN EL ATROUSS, MAURITANIA
AEP	BUENOS AIRES-NEWBERY, ARGENTINA
AER	ADLER/SOCHI, USSR
AES	AALESUND, NORWAY
AET	ALLAKAKET, ALASKA, USA
AEY	AKUREYRI, ICELAND
AFA	SAN RAFAEL, ARGENTINA
AGA	AGADIR, MOROCCO
AGE	WANGEROOGE, FED. REP. OF GERMANY
AGF	AGEN, FRANCE
AGH	HELSINGBORG, SWEDEN
AGJ	AGUNI, JAPAN
AGL	WANIGELA, PAPUA NEW GUINEA
AGM	ANGMAGSSALIK, GREENLAND
AGN	ANGOON, ALASKA, USA
AGP	MALAGA, SPAIN
AGR	AGRA, INDIA
AGS	AUGUSTA, GEORGIA, USA
AGU	AGUASCALIENTES, MEXICO
AGV	ACARIGUA, VENEZUELA
AGZ	AGGENEYS, SOUTH AFRICA
AHB	ABHA, SAUDI ARABIA
AHI	AMAHAI, INDONESIA
AHN	ATHENS, GEORGIA, USA
AHO	ALGHERO, ITALY
AHU	AL HOCEIMA, MOROCCO
AIA	ALLIANCE, NEBRASKA, USA
AIC	AIROK, MARSHALL ISLANDS
AIE	AIOME, PAPUA NEW GUINEA
AIM	AILUK, MARSHALL ISLANDS
AIN	WAINWRIGHT, ALASKA, USA
AIS	ARORAE ISLAND, REP. OF KIRIBATI
AIT	AITUTAKI, COOK IS., S. PACIFIC
AIU	ATIU, COOK IS., S. PACIFIC
AIY	ATLANTIC CITY, NEW JERSEY, USA
AIZ	LAKE OF THE OZARKS, MISSOURI, USA
AJA	AJACCIO, CORSICA, FRANCE
AJF	JOUF, SAUDI ARABIA
AJL	AIZAWL, INDIA
AJN	ANJOUAN, COMOROS
AJU	ARACAJU, BRAZIL
AKE	AKIENI, GABON
AKF	KUFRAH, LIBYAN A JAMAHIRIYA
AKG	ANGUGANAK, PAPUA NEW GUINEA
AKI	AKIAK, ALASKA, USA
AKJ	ASAHIKAWA, JAPAN
AKK	AKHIOK, ALASKA, USA
AKL	AUCKLAND, NEW ZEALAND
AKN	KING SALMON, ALASKA, USA
AKP	ANAKTUVUK PASS, ALASKA, USA
AKR	AKURE, NIGERIA
AKS	AUKI, SOLOMON IS.
AKU	AKSU, P. R. CHINA
AKV	AKULIVIK, QUE, CANADA
AKY	AKYAB, BURMA
ALA	ALMA ATA, USSR
ALB	ALBANY, NEW YORK, USA
ALC	ALICANTE, SPAIN
ALF	ALTA, NORWAY
ALG	ALGIERS, ALGERIA
ALH	ALBANY, WA, AUSTRALIA
ALJ	ALEXANDER BAY, SOUTH AFRICA
ALK	ASELA, ETHIOPIA
ALM	ALAMOGORDO, NEW MEXICO, USA
ALO	WATERLOO, IOWA, USA
ALP	ALEPPO, SYRIA
ALR	ALEXANDRA, NEW ZEALAND
ALS	ALAMOSA, COLORADO, USA
ALU	ALULA, SOMALIA
ALW	WALLA WALLA, WASH., USA
ALY	ALEXANDRIA, ARAB REP. OF EGYPT
ALZ	ALITAK, ALASKA, USA
AMA	AMARILLO, TEXAS, USA
AMD	AHMEDABAD, INDIA
AMH	APBA MINTCH, ETHIOPIA
AMI	MATARAM, INDONESIA
AMM	AMMAN, JORDAN
AMP	AMPANIHY, DEM. REP. MADAGASCAR
AMQ	AMBON, INDONESIA
AMS	AMSTERDAM, NETHERLANDS
AMU	AMANAB, PAPUA NEW GUINEA
AMY	AMBATOMAINTY, DEM. REP. MADAGASCAR
ANB	ANNISTON, ALABAMA, USA
ANC	ANCHORAGE, ALASKA, USA
ANE	ANGERS, FRANCE
ANF	ANTOFAGASTA, CHILE
ANG	ANGOULEME, FRANCE
ANH	ANUHA ISLAND RESORT, SOLOMON ISLAND
ANI	ANIAK, ALASKA, USA
ANJ	ZANAGA, PEOP. REP. OF THE CONGO
ANK	ANKARA, TURKEY
ANM	ANTALAHA, DEM. REP. MADAGASCAR
ANR	ANTWERP, BELGIUM
ANU	ANTIGUA, WEST INDIES
ANV	ANVIK, ALASKA, USA
ANX	ANDENES, NORWAY
AOI	ANCONA, ITALY
AOK	KARPATHOS, GREECE
AOL	PASO DE LOS LIBRES, ARGENTINA
AOO	ALTOONA, PENNSYLVANIA, USA
AOR	ALOR SETAR, MALAYSIA
AOS	AMOOK, ALASKA, USA
APF	NAPLES, FLORIDA, USA
APK	APATAKI, FR. POLYNESIA
APL	NAMPULA, MOZAMBIQUE
APN	ALPENA, MICH., USA
APO	APARTADO, COLOMBIA
APW	APIA, WESTERN SAMOA
AQI	QAISUMAH, SAUDI ARABIA
AQJ	AQABA, JORDAN
AQP	AREQUIPA, PERU
ARC	ARCTIC VILLAGE, ALASKA, USA
ARD	ALOR, INDONESIA
ARI	ARICA, CHILE
ARM	ARMIDALE, N.S.W., AUSTRALIA
ARN	STOCKHOLM-ARLANDA, SWEDEN
ARP	ARAGIP, PAPUA NEW GUINEA
ARR	ALTO RIO SENGUERR, ARGENTINA
ART	WATERTOWN, N.Y., USA
ARU	ARACATUBA, BRAZIL
ARV	MINOCQUA, WISCONSIN, USA
ARW	ARAD, ROMANIA
ASA	ASSAB, ETHIOPIA
ASB	ASHKHABAD, USSR
ASD	ANDROS TOWN, BAHAMAS
ASE	ASPEN, COLORADO, USA
ASJ	AMAMI O SHIMA, JAPAN
ASK	YAMOUSSOUKRO, COTE D'IVOIRE
ASM	ASMARA, ETHIOPIA
ASO	ASOSA, ETHIOPIA
ASP	ALICE SPRINGS, N.T., AUSTRALIA
ASR	KAYSERI, TURKEY
ASU	ASUNCION, PARAGUAY
ASV	AMBOSELI, KENYA
ASW	ASWAN, ARAB REP. OF EGYPT
ATB	ATBARA, SUDAN
ATC	ARTHUR'S TOWN, BAHAMAS
ATF	AMBATO, ECUADOR
ATH	ATHENS, GREECE
ATI	ARTIGAS, URUGUAY
ATK	ATQASUK, ALASKA, USA
ATL	ATLANTA, GEORGIA, USA
ATM	ALTAMIRA, BRAZIL
ATN	NAMATANAI, PAPUA NEW GUINEA
ATP	AITAPE, PAPUA NEW GUINEA
ATQ	AMRITSAR, INDIA
ATR	ATAR, MAURITANIA
ATT	ATMAUTLUAK, ALASKA, USA
ATW	APPLETON, WIS., USA
ATY	WATERTOWN, S.D., USA
AUA	ARUBA, ARUBA
AUC	ARAUCA, COLOMBIA
AUG	AUGUSTA, MAINE, USA
AUH	ABU DHABI, U.A. EMIRATES
AUI	AUA, PAPUA NEW GUINEA
AUJ	AMBUNTI, PAPUA NEW GUINEA
AUK	ALAKANUK, ALASKA, USA
AUL	AUR, MARSHALL ISLANDS
AUP	AGAUN, PAPUA NEW GUINEA
AUQ	ATUONA, MARQUESAS IS. PAC. OC.
AUR	AURILLAC, FRANCE
AUS	AUSTIN, TEXAS, USA

AUU	AURUKUN MISSION, QLD., AUSTRALIA
AUW	WAUSAU, WISCONSIN, USA
AUX	ARAGUAINA, BRAZIL
AUY	ANEITYUM, VANUATU
AVI	CIEGO DE AVILA, CUBA
AVL	ASHEVILLE, NORTH CAROLINA, USA
AVN	AVIGNON, FRANCE
AVP	WILKES-BARRE/SCRANTON, PA., USA
AVU	AVU AVU, SOLOMON ISLANDS
AVX	CATALINA IS., CALIFORNIA, USA
AWD	ANIWA, VANUATU
AWN	ALTON DOWNS, SA, AUSTRALIA
AXA	ANGUILLA, WEST INDIES
AXD	ALEXANDROUPOLIS, GREECE
AXK	ATAQ, YEMEN DEMOCRATIC
AXM	ARMENIA, COLOMBIA
AXP	SPRING POINT, BAHAMAS
AXR	ARUTUA, FR. POLYNESIA
AXS	ALTUS, OKLAHOMA-MUNICIPAL, USA
AXT	AKITA, JAPAN
AXU	AXUM, ETHIOPIA
AYG	YAGUARA, COLOMBIA
AYP	AYACUCHO, PERU
AYQ	AYERS ROCK, N.T., AUSTRALIA
AYT	ANTALYA, TURKEY
AYW	AYAWASI, INDONESIA
AZB	AMAZON BAY, PAPUA NEW GUINEA
AZD	YAZD, IRAN, ISLAMIC REP. OF
AZO	KALAMAZOO, MICHIGAN, USA
AZR	ADRAR, ALGERIA

B

BAA	BIALLA, PAPUA NEW GUINEA
BAH	BAHRAIN, BAHRAIN
BAJ	BALI, PAPUA NEW GUINEA
BAK	BAKU, USSR
BAP	BAIBARA, PAPUA NEW GUINEA
BAQ	BARRANQUILLA, COLOMBIA
BAS	BALALAE, SOLOMON ISLANDS
BAT	BARRETOS, BRAZIL
BAU	BAURU, BRAZIL
BAV	BAOTOU, P. R CHINA
BAY	BAIA MARE, ROMANIA
BBA	BALMACEDA, CHILE
BBG	BUTARITARI, REP. OF KIRIBATI
BBI	BHUBANESWAR, INDIA
BBN	BARIO, SARAWAK, MALAYSIA
BBO	BERBERA, SOMALIA
BBQ	BARBUDA, WEST INDIES
BBR	BASSE-TERRE, GUADELOUPE
BBU	BUCHAREST-BANEASA, ROMANIA
BBX	BLUE BELL, PENNSYLVANIA, USA
BCA	BARACOA, CUBA
BCG	BEMICHI, GUYANA
BCI	BARCALDINE, QLD., AUSTRALIA
BCM	BACAU, ROMANIA
BCN	BARCELONA, SPAIN
BDA	BERMUDA, ATLANTIC OCEAN
BDB	BUNDABERG, QLD., AUSTRALIA
BDO	BADU ISLAND, QLD., AUSTRALIA
BDH	BANDAR LENGEH, IRAN, ISLAMIC REP. OF
BDI	BIRD IS., SEYCHELLES IS. INDIAN OCE.
BDJ	BANJARMASIN, INDONESIA
BDK	BONDOUKOU, COTE D'IVOIRE
BDL	HARTFORD CT/SPRINGFIELD,MA, USA
BDN	BADIN, PAKISTAN
BDO	BANDUNG, INDONESIA
BDQ	VADODARA, INDIA
BDR	BRIDGEPORT, CONNECTICUT, USA
BDS	BRINDISI, ITALY
BDT	BADO LITE, ZAIRE
BDU	BARDUFOSS, NORWAY
BEA	BEREINA, PAPUA NEW GUINEA
BEB	BENBECULA, HEBRIDES IS., SCOTLAND UK
BEG	BELGRADE, YUGOSLAVIA
BEH	BENTON HARBOR, MICHIGAN, USA
BEI	BEICA, ETHIOPIA
BEJ	BERAU, INDONESIA
BEK	RAE BARELI, INDIA
BEL	BELEM, BRAZIL
BEN	BENGHAZI, LIBYAN A JAMAHIRIYA
BEO	NEWCASTLE, N.S.W.-BELMONT, AUSTRALIA
BER	BERLIN, GERMANY (WEST)
BES	BREST, FRANCE
BET	BETHEL, ALASKA, USA
BEU	BEDOURIE, QLD., AUSTRALIA
BEW	BEIRA, MOZAMBIQUE
BEY	BEIRUT, LEBANON
BEZ	BERU, REP. OF KIRIBATI
BFD	BRADFORD, PENNSYLVANIA, USA
BFF	SCOTTSBLUFF, NEBR., USA
BFL	BAKERSFIELD, CALIFORNIA, USA
BFN	BLOEMFONTEIN, SOUTH AFRICA
BFO	BUFFALO RANGE, ZIMBABWE
BFS	BELFAST, N. IRELAND UK
BGA	BUCARAMANGA, COLOMBIA
BGC	BRAGANCA, PORTUGAL
BGF	BANGUI, CEN. AFRICAN REPUBLIC
BGI	BARBADOS, BARBADOS
BGJ	BORGARFJORDUR EYSTRI, ICELAND
BGK	BIG CREEK, BELIZE
BGM	BINGHAMTON, N.Y., USA
BGO	BERGEN, NORWAY
BGR	BANGOR, MAINE, USA
BGW	BAGHDAD, IRAQ
BGX	BAGE, BRAZIL
BGY	BERGAMO, ITALY
BHA	BAHIA DE CARAQUEZ, ECUADOR
BHB	BAR HARBOR, MAINE, USA
BHC	BULLHEAD CITY AZ/LAUGHLIN, NV, USA
BHD	BELFAST-HARBOUR, N. IRELAND UK
BHE	BLENHEIM, NEW ZEALAND

BHH	BISHA, SAUDI ARABIA
BHI	BAHIA BLANCA, ARGENTINA
BHJ	BHUJ, INDIA
BHM	BIRMINGHAM, ALABAMA, USA
BHN	BEIHAN, YEMEN, DEMOCRATIC
BHO	BHOPAL, INDIA
BHQ	BROKEN HILL, N.S.W. AUSTRALIA
BHS	BATHURST, N.S.W., AUSTRALIA
BHU	BHAVNAGAR, INDIA
BHV	BAHAWALPUR, PAKISTAN
BHX	BIRMINGHAM, ENGLAND (UK)
BHZ	BELO HORIZONTE, BRAZIL
BIA	BASTIA, CORSICA, FRANCE
BIB	BAIDOA, SOMALIA
BIC	BIG CREEK, ALASKA, USA
BID	BLOCK ISLAND, RHODE ISLAND, USA
BIH	BISHOP, CALIFORNIA, USA
BIK	BIAK, INDONESIA
BIL	BILLINGS, MONTANA, USA
BIM	BIMINI, BAHAMAS
BIO	BILBAO, SPAIN
BIQ	BIARRITZ, FRANCE
BIR	BIRATNAGAR, NEPAL
BIS	BISMARCK, NORTH DAKOTA, USA
BIU	BILDUDALUR, ICELAND
BJA	BEJAIA, ALGERIA
BJD	BAKKAFJORDUR, ICELAND
BJF	BATSFJORD, NORWAY
BJI	BEMIDJI, MINNESOTA, USA
BJL	BANJUL, GAMBIA
BJM	BUJUMBURA, BURUNDI
BJO	BERMEJO, BOLIVIA
BJR	BAHAR DAR, ETHIOPIA
BJW	BAJAWA, INDONESIA
BKB	BIKANER, INDIA
BKC	BUCKLAND, ALASKA, USA
BKI	KOTA KINABALU, SABAH, MALAYSIA
BKK	BANGKOK, THAILAND
BKL	CLEVELAND, OHIO-BURKE, USA
BKM	BAKALALAN, SARAWAK, MALAYSIA
BKO	BAMAKO, MALI
BKQ	BLACKALL, QLD, AUSTRALIA
BKS	BENGKULU, INDONESIA
BKU	BETIOKY, DEM. REP. MADAGASCAR
BKW	BECKLEY, WEST VIRGINIA, USA
BKX	BROOKINGS, SOUTH DAKOTA, USA
BKY	BUKAVU, ZAIRE
BKZ	BUKOBA, TANZANIA
BLA	BARCELONA, VENEZUELA
BLE	BORLANGE, SWEDEN
BLF	BLUEFIELD, WEST VIRGINIA, USA
BLG	BELAGA, SARAWAK, MALAYSIA
BLH	BLYTHE, CALIF., USA
BLI	BELLINGHAM, WASHINGTON, USA
BLK	BLACKPOOL, ENGLAND (UK)
BLL	BILLUND, DENMARK
BLO	BLONDUOS, ICELAND
BLQ	BOLOGNA, ITALY
BLR	BANGALORE, INDIA
BLT	BLACKWATER, QLD., AUSTRALIA
BLZ	BLANTYRE, MALAWI
BMA	STOCKHOLM-BROMMA, SWEDEN
BMB	BUMBA, ZAIRE
BMD	BELO, DEM. REP. MADAGASCAR
BME	BROOME, WA, AUSTRALIA
BMG	BLOOMINGTON, INDIANA, USA
BMH	BOMAI, PAPUA NEW GUINEA
BMI	BLOOMINGTON, ILLINOIS, USA
BMK	BORKUM, FED. REP. OF GERMANY
BMM	BITAM, GABON
BMO	BHAMO, BURMA
BMP	BRAMPTON ISLAND,QLD., AUSTRALIA
BMU	BIMA, INDONESIA
BMW	BORDJ BADJI MOKHTAR, ALGERIA
BMY	BELEP, NEW CALEDONIA
BNA	NASHVILLE, TENN., USA
BNB	BOENDE, ZAIRE
BND	BANDAR ABBAS, IRAN, ISLAMIC REP OF
BNE	BRISBANE, QLD., AUSTRALIA
BNF	BARANOF, ALASKA, USA
BNI	BENIN CITY, NIGERIA
BNJ	BONN, FED. REP. OF GERMANY
BNK	BALLINA, NSW, AUSTRALIA
BNM	BODINUMU, PAPUA NEW GUINEA
BNN	BRONNOYSUND, NORWAY
BNP	BANNU, PAKISTAN
BNS	BARINAS, VENEZUELA
BNT	BUNDI, PAPUA NEW GUINEA
BNY	BELLONA IS., SOLOMON IS.
BOB	BORA BORA, SOC. IS., FR. POLYNESIA
BOC	BOCAS DEL TORO, PANAMA REP
BOD	BORDEAUX, FRANCE
BOG	BOUNDJI, PEOP. REP. OF THE CONGO
BOG	BOGOTA, COLOMBIA
BOH	BOURNEMOUTH, ENGLAND UK
BOI	BOISE, IDAHO, USA
BOJ	BOURGAS, BULGARIA
BOM	BOMBAY, INDIA
BON	BONAIRE, NETH. ANTILLES
BOO	BODO, NORWAY
BOS	BOSTON, MASSACHUSETTS, USA
BOV	BOANG, PAPUA NEW GUINEA
BOY	BOBO DIOULASSO, BURKINA FASO
BPB	BORIDI, PAPUA NEW GUINEA
BPC	BAMENDA, REPUBLIC OF CAMEROON
BPN	BALIKPAPAN, INDONESIA
BPS	PORTO SEGURO, BRAZIL
BPT	BEAUMONT/PT. ARTHUR, TEXAS, USA
BPY	BESALAMPY, DEM. REP. MADAGASCAR
BQK	BRUNSWICK, GEORGIA, USA
BQL	BOULIA, QLD., AUSTRALIA
BQN	AGUADILLA, PUERTO RICO

BOO	BOUNA, COTE D'IVOIRE
BRC	SAN CARLOS DE BARILOCHE, ARG.
BRD	BRAINERD, MINNESOTA, USA
BRE	BREMEN, FED. REP. OF GERMANY
BRI	BARI, ITALY
BRK	BOURKE, N.S.W., AUSTRALIA
BRL	BURLINGTON, IOWA, USA
BRM	BARQUISIMETO, VENEZUELA
BRN	BERNE, SWITZERLAND
BRQ	BRNO, CZECHOSLOVAKIA
BRR	BARRA, HEBRIDES IS., SCOTLAND UK
BRS	BRISTOL, ENGLAND (UK)
BRT	BATHURST ISLAND, N.T., AUSTRALIA
BRU	BRUSSELS, BELGIUM
BRV	BREMERHAVEN, FED. REP. OF GERMANY
BRW	BARROW, ALASKA, USA
BSA	BOSSASO, SOMALIA
BSB	BRASILIA, BRAZIL
BSC	BAHIA SOLANO, COLOMBIA
BSD	BAOSHAN, P. R. CHINA
BSG	BATA, EQUATORIAL GUINEA
BSK	BISKRA, ALGERIA
BSL	BASEL/MULHOUSE, SWITZERLAND
BSP	BENSBACH, PAPUA NEW GUINEA
BSU	BASANKUSU, ZAIRE
BSY	BARDERA, SOMALIA
BSZ	BARTLETTS, ALASKA, USA
BTA	BERTOUA, REPUBLIC OF CAMEROON
BTH	BATAM/BATU BESAR, INDONESIA
BTI	BARTER ISLAND, ALASKA, USA
BTJ	BANDA ACEH, INDONESIA
BTK	BRATSK, USSR
BTL	BATTLE CREEK, MICHIGAN, USA
BTM	BUTTE, MONTANA, USA
BTR	BATON ROUGE, LOUISIANA, USA
BTS	BRATISLAVA, CZECHOSLOVAKIA
BTT	BETTLES, ALASKA, USA
BTU	BINTULU, SARAWAK, MALAYSIA
BTV	BURLINGTON, VERMONT, USA
BUA	BUKA IS., PAPUA NEW GUINEA
BUC	BURKETOWN, QLD., AUSTRALIA
BUD	BUDAPEST, HUNGARY
BUE	BUENOS AIRES, ARGENTINA
BUF	BUFFALO, NEW YORK, USA
BUG	BENGUELA, ANGOLA
BUH	BUCHAREST, ROMANIA
BUI	BOKONDINI, INDONESIA
BUK	AL-BUQ, YEMEN ARAB REPUBLIC
BUL	BULOLO, PAPUA NEW GUINEA
BUN	BUENAVENTURA, COLOMBIA
BUO	BURAO, SOMALIA
BUQ	BULAWAYO, ZIMBABWE
BUR	BURBANK, CALIF., USA
BUS	BATUMI, USSR
BUW	BUTON/BABAU, INDONESIA
BUX	BUNIA, ZAIRE
BUY	BUNBURY, WA, AUSTRALIA
BUZ	BUSHEHR, IRAN, ISLAMIC REP. OF
BVB	BOA VISTA, BRAZIL
BVC	BOA VISTA, CAPE VERDE ISLANDS
BVE	BRIVE-LA-GAILLARDE, FRANCE
BVG	BERLEVAG, NORWAY
BVI	BIRDSVILLE, QLD., AUSTRALIA
BWD	BROWNWOOD, TEXAS, USA
BWE	BRAUNSCHWEIG, FED. REP. OF GERMANY
BWF	BARROW-IN-FURNESS, ENGLAND UK
BWI	BALTIMORE, MARYLAND, USA
BWN	B. SERI BEGAWAN, BRUNEI DARUSSALAM
BWQ	BREWARRINA, N.S.W., AUSTRALIA
BXB	BABO, INDONESIA
BXD	BADE, INDONESIA
BXE	BAKEL, SENEGAL
BXI	BOUNDIALI, COTE D'IVOIRE
BXM	BATOM, INDONESIA
BXO	BISSAU, GUINEA BISSAU
BXS	BORREGO SPRINGS, CALIFORNIA, USA
BXV	BREIDDALSVIK, ICELAND
BYB	BAYA, OMAN
BYC	YACUIBA, BOLIVIA
BYK	BOUAKE, COTE D'IVOIRE
BYM	BAYAMO, CUBA
BYU	BAYREUTH, FED. REP. OF GERMANY
BZD	BALRANALD, N.S.W., AUSTRALIA
BZE	BELIZE CITY, BELIZE
BZN	BOZEMAN, MONTANA, USA
BZR	BEZIERS, FRANCE
BZU	BUTA, ZAIRE
BZV	BRAZZAVILLE, PEOP. REP. OF CONGO

C

CAB	CABINDA, ANGOLA
CAC	CASCAVEL, PARANA, BRAZIL
CAE	COLUMBIA, SOUTH CAROLINA, USA
CAG	CAGLIARI, ITALY
CAI	CAIRO, ARAB REP. OF EGYPT
CAJ	CANAIMA, VENEZUELA
CAK	AKRON/CANTON, OHIO, USA
CAL	CAMPBELTOWN, SCOTLAND UK
CAM	CAMIRI, BOLIVIA
CAN	GUANGZHOU, P. R. CHINA
CAP	CAP HAITIEN, HAITI
CAQ	CAUCASIA, COLOMBIA
CAS	CASABLANCA, MOROCCO
CAW	CAMPOS, BRAZIL
CAX	CARLISLE, ENGLAND, (U.K.)
CAY	CAYENNE, FR. GUIANA
CAZ	COBAR, N.S.W., AUSTRALIA
CBB	COCHABAMBA, BOLIVIA
CBD	CAR NICOBAR, INDIA
CBE	CUMBERLAND, MARYLAND, USA
CBG	CAMBRIDGE, ENGLAND, (U.K.)
CBH	BECHAR, ALGERIA

CBL	CIUDAD BOLIVAR, VENEZUELA
CBN	CIREBON, INDONESIA
CBQ	CALABAR, NIGERIA
CBR	CANBERRA, A.C.T., AUSTRALIA
CBX	CONDOBOLIN, N.S.W., AUSTRALIA
CCE	ST. MAARTEN-GRAND CASE, NETH. ANT
CCM	CRISCIUMA, BRAZIL
CCO	CARIMAGUA, COLOMBIA
CCP	CONCEPCION, CHILE
CCR	CONCORD, CALIF., USA
CCS	CARACAS, VENEZUELA
CCU	CALCUTTA, INDIA
CCV	CRAIG COVE, VANUATU
CDA	COOINDA, N.T., AUSTRALIA
CDB	COLD BAY, ALASKA, USA
CDC	CEDAR CITY, UTAH, USA
CDG	PARIS-DE GAULLE, FRANCE
CDH	CAMDEN, ARKANSAS, USA
CDL	CANDLE, ALASKA, USA
CDO	CROYDON, QLD., AUSTRALIA
CDR	CHADRON, NEBRASKA, USA
CDV	CORDOVA, ALASKA, USA
CEB	CEBU, PHILIPPINES
CEC	CRESCENT CITY, CALIFORNIA, USA
CED	CEDUNA, SA, AUSTRALIA
CEF	CHICOPEE, MASSACHUSETTS, USA
CEI	CHIANG RAI, THAILAND
CEM	CENTRAL, ALASKA, USA
CEN	CIUDAD OBREGON, MEXICO
CEO	WACO KUNGO, ANGOLA
CEP	CONCEPCION, BOLIVIA
CER	CHERBOURG, FRANCE
CES	CESSNOCK, N.S.W., AUSTRALIA
CEZ	CORTEZ, COLO., USA
CFA	COFFEE POINT, ALASKA, USA
CFE	CLERMONT-FERRAND, FRANCE
CFH	CLIFTON HILLS, SA, AUSTRALIA
CFR	CAEN, FRANCE
CFS	COFFS HARBOUR, N.S.W., AUSTRALIA
CFU	CORFU, GREECE
CGA	CRAIG, ALASKA, USA
CGB	CUIABA, MATO GROSSO, BRAZIL
CGC	CAPE GLOUCESTER, PAPUA NEW GUINEA
CGH	SAO PAULO-CONGONHAS, BRAZIL
CGI	CAPE GIRARDEAU, MISSOURI, USA
CGK	JAKARTA-SOEKARNO, INDONESIA
CGN	COLOGNE/BONN, FED. REP. OF GERMANY
CGO	ZHENGZHOU, P. R. CHINA
CGP	CHITTAGONG, BANGLADESH
CGQ	CHANGCHUN, P. R. CHINA
CGR	CAMPO GRANDE, BRAZIL
CGX	CHICAGO, ILLINOIS-MEIGS, USA
CHA	CHATTANOOGA, TENNESSEE, USA
CHC	CHRISTCHURCH, NEW ZEALAND
CHG	CHAOYANG, P. R. CHINA
CHH	CHACHAPOYAS, PERU
CHI	CHICAGO, ILLINOIS, USA
CHO	CHARLOTTESVILLE, VIRGINIA, USA
CHQ	CHANIA, CRETE, GREECE
CHR	CHATEAUROUX, FRANCE
CHS	CHARLESTON, SOUTH CAROLINA, USA
CHT	CHATHAM ISLAND, NEW ZEALAND
CHU	CHUATHBALUK, ALASKA, USA
CHV	CHAVES, PORTUGAL
CHX	CHANGUINOLA, PANAMA REPUBLIC
CHY	CHOISEUL BAY, SOLOMON IS.
CIA	ROME-CIAMPINO, ITALY
CIB	CATALINA IS., CALIFORNIA-SKY, USA
CIC	CHICO, CALIFORNIA, USA
CID	CEDAR RAPIDS/IOWA CITY, IOWA, USA
CIF	CHIFENG, P. R. CHINA
CIH	CHANGZHI, P. R. CHINA
CIJ	COBIJA, BOLIVIA
CIK	CHALKYITSIK, ALASKA, USA
CIL	COUNCIL, ALASKA, USA
CIM	CIMITARRA, COLOMBIA
CIP	CHIPATA, ZAMBIA
CIU	SAULT STE.MARIE, MICH.-CHIPPEWA, USA
CIW	CANOUAN ISLAND, WINDWARD ISLAND
CIX	CHICLAYO, PERU
CJA	CAJAMARCA, PERU
CJB	COIMBATORE, INDIA
CJC	CALAMA, CHILE
CJD	CANDILEJAS, COLOMBIA
CJL	CHITRAL, PAKISTAN
CJS	CIUDAD JUAREZ, MEXICO
CJU	CHEJU, REPUBLIC OF KOREA
CKB	CLARKSBURG, W. VA., USA
CKD	CROOKED CREEK, ALASKA, USA
CKG	CHONGQING, P. R. CHINA
CKS	CARAJAS, BRAZIL
CKV	CLARKSVILLE, TENN., USA
CKY	CONAKRY, GUINEA
CLE	CLEVELAND, OHIO, USA
CLJ	CLUJ-NAPOCA, ROMANIA
CLL	COLLEGE STATION, TEXAS, USA
CLM	PORT ANGELES, WASHINGTON, USA
CLO	CALI, COLOMBIA
CLP	CLARKS POINT, ALASKA, USA
CLT	CHARLOTTE, NORTH CAROLINA, USA
CLY	CALVI, CORSICA, FRANCE
CMB	COLOMBO, SRI LANKA
CMD	COOTAMUNDRA, N.S.W., AUSTRALIA
CME	CIUDAD DEL CARMEN, MEXICO
CMF	CHAMBERY, FRANCE
CMG	CORUMBA, MATO GROSSO, BRAZIL
CMH	COLUMBUS, OHIO, USA
CMI	CHAMPAIGN, ILLINOIS, USA
CMK	CLUB MAKOKOLA, MALAWI
CMN	CASABLANCA-MOHAMED V., MOROCCO
CMQ	CLERMONT, QLD., AUSTRALIA
CMR	COLMAR, FRANCE

CMU	KUNDIAWA, PAPUA NEW GUINEA
CMW	CAMAGUEY, CUBA
CMX	HANCOCK, MICHIGAN, USA
CNB	COONAMBLE, N.S.W., AUSTRALIA
CND	CONSTANTA, ROMANIA
CNF	BELO HORIZONTE-CONFINS, BRAZIL
CNJ	CLONCURRY, QLD., AUSTRALIA
CNM	CARLSBAD, NEW MEXICO, USA
CNP	EASTGREENLAND, GREENLAND
CNQ	CORRIENTES, ARGENTINA
CNS	CAIRNS, QLD. AUSTRALIA
CNX	CHIANG MAI, THAILAND
CNY	MOAB, UTAH, USA
COC	CONCORDIA, ARGENTINA
COD	CODY, WYOMING, USA
COE	COEUR D ALENE, IDAHO, USA
COG	CONDOTO, COLOMBIA
COH	COOCH BEHAR, INDIA
COJ	COONABARABRAN, N.S.W., AUSTRALIA
COK	COCHIN, INDIA
COO	COTONOU, BENIN
COR	CORDOBA, ARGENTINA
COS	COLORADO SPRINGS, COLORADO, USA
COU	COLUMBIA, MO., USA
COV	COVILHA, PORTUGAL
CPA	CAPE PALMAS, LIBERIA
CPB	CAPURGANA, COLOMBIA
CPC	CHAPELCO, ARGENTINA
CPD	COOBER PEDY, SA, AUSTRALIA
CPE	CAMPECHE, MEXICO
CPH	COPENHAGEN, DENMARK
CPN	CAPE RODNEY, PAPUA NEW GUINEA
CPO	COPIAPO, CHILE
CPQ	CAMPINAS, BRAZIL
CPR	CASPER, WYOMING, USA
CPT	CAPE TOWN, SOUTH AFRICA
CPV	CAMPINA GRANDE, BRAZIL
CPX	CULEBRA, PUERTO RICO
CQT	CAQUETANIA, COLOMBIA
CRA	CRAIOVA, ROMANIA
CRD	COMODORO RIVADAVIA, ARGENTINA
CRI	CROOKED ISLAND, BAHAMAS
CRP	CORPUS CHRISTI, TEXAS, USA
CRU	CARRIACOU, WINDWARD ISLAND
CRW	CHARLESTON, WEST VIRGINIA, USA
CSB	CARANSEBES, ROMANIA
CSG	COLUMBUS, GEORGIA, USA
CSI	CASINO, N.S.W. AUSTRALIA
CSK	CAP SKIRRING, SENEGAL
CSR	CASUARITO, COLOMBIA
CST	CASTAWAY, FIJI
CSX	CHANGSHA, P.R. CHINA
CTA	CATANIA, ITALY
CTC	CATAMARCA, ARGENTINA
CTG	CARTAGENA, COLOMBIA
CTL	CHARLEVILLE, QLD., AUSTRALIA
CTM	CHETUMAL, MEXICO
CTN	COOKTOWN, QLD., AUSTRALIA
CTS	SAPPORO-CHITOSE, JAPAN
CTU	CHENGDU, P.R. CHINA
CUC	CUCUTA, COLOMBIA
CUD	CALOUNDRA, QLD., AUSTRALIA
CUE	CUENCA, ECUADOR
CUG	ORANGE, N.S.W.-CUDAL, AUSTRALIA
CUL	CULIACAN, MEXICO
CUM	CUMANA, VENEZUELA
CUN	CANCUN, MEXICO
CUP	CARUPANO, VENEZUELA
CUQ	COEN, QLD., AUSTRALIA
CUR	CURACAO, NETH. ANTILLES
CUT	CUTRAL-CO, ARGENTINA
CUU	CHIHUAHUA, MEXICO
CUZ	CUSCO, PERU
CVG	CINCINNATI, OHIO, USA
CVL	CAPE VOGEL, PAPUA NEW GUINEA
CVM	CIUDAD VICTORIA, MEXICO
CVN	CLOVIS, NEW MEXICO, USA
CVQ	CARNARVON, WA, AUSTRALIA
CVT	COVENTRY, ENGLAND UK
CWA	WAUSAU, WISCONSIN-CENTRAL WI, USA
CWB	CURITIBA, PARANA, BRAZIL
CWI	CLINTON, IOWA, USA
CWL	CARDIFF, WALES, (U.K.)
CWR	COWARIE, SA, AUSTRALIA
CWT	COWRA, N.S.W., AUSTRALIA
CWW	COROWA, N.S.W., AUSTRALIA
CXB	COX S BAZAR, BANGLADESH
CXH	VANCOUVER, BC-HARBOUR SP, CANADA
CXI	CHRISTMAS ISLAND, REP. OF KIRIBATI
CXL	CALEXICO, CALIFORNIA, USA
CXP	CILACAP, INDONESIA
CXT	CHARTERS TOWERS, QLD., AUSTRALIA
CXY	CAT CAY, BAHAMAS
CYB	CAYMAN BRAC, WEST INDIES
CYC	CAYE CHAPEL, BELIZE
CYF	CHEFORNAK, ALASKA, USA
CYI	CHIAYI, TAIWAN
CYR	COLONIA, URUGUAY
CYS	CHEYENNE, WYOMING, USA
CZB	CRUZ ALTA, RIO GR. SUL, BRAZIL
CZE	CORO, VENEZUELA
CZF	CAPE ROMANZOF, ALASKA, USA
CZH	COROZAL, BELIZE
CZL	CONSTANTINE, ALGERIA
CZM	COZUMEL, MEXICO
CZS	CRUZEIRO DO SUL ACRE, BRAZIL
CZU	COROZAL, COLOMBIA
CZX	CHANGZHOU, P.R. CHINA

D

DAB	DAYTONA BEACH, FLORIDA, USA
DAC	DHAKA, BANGLADESH

DAD	DA NANG, SOC. REP OF VIET NAM
DAE	DAPARIZO, INDIA
DAL	DALLAS/FT. WORTH, TEXAS-LOVE, USA
DAM	DAMASCUS, SYRIA
DAN	DANVILLE, VIRGINIA, USA
DAR	DAR ES SALAAM, TANZANIA
DAU	DARU, PAPUA NEW GUINEA
DAV	DAVID, PANAMA REP
DAY	DAYTON, OHIO, USA
DBM	DEBRA MARCOS, ETHIOPIA
DBO	DUBBO, N.S.W. AUSTRALIA
DBP	DEBEPARE, PAPUA NEW GUINEA
DBQ	DUBUQUE, IOWA, USA
DBV	DUBROVNIK, YUGOSLAVIA
DCA	WASHINGTON, D.C.-NATIONAL, USA
DCF	DOMINICA-CANE, WEST INDIES
DDC	DODGE CITY, KANSAS, USA
DDG	DANDONG, P. R. CHINA
DDI	DAYDREAM ISLAND, QLD., AUSTRALIA
DDM	DODOIMA, PAPUA NEW GUINEA
DDN	DELTA DOWNS, QLD., AUSTRALIA
DDP	DORADO, P. R.
DEC	DECATUR, ILLINOIS, USA
DED	DEHRADUN, INDIA
DEI	DENIS IS., SEYCHELLES IS., IND. OCE.
DEL	DELHI, INDIA
DEM	DEMBIDOLLO, ETHIOPIA
DEN	DENVER, COLORADO, USA
DER	DERIM, PAPUA NEW GUINEA
DET	DETROIT, MICHIGAN-CITY, USA
DEZ	DEIREZZOR, SYRIA
DFW	DALLAS/FT. WORTH, TEXAS, USA
DGA	DANGRIGA, BELIZE
DGC	DEGAHBUR, ETHIOPIA
DGE	MUDGEE, NSW, AUSTRALIA
DGO	DURANGO, MEXICO
DHA	DHAHRAN, SAUDI ARABIA
DHD	DURHAM DOWNS, QLD., AUSTRALIA
DHN	DOTHAN, AL ABAMA, USA
DIB	DIBRUGARH, INDIA
DIE	ANTSIRANANA, DEM REP. MADAGASCAR
DIL	DILI, INDONESIA
DIO	LITTLE DIOMEDE IS., ALASKA, USA
DIR	DIRE DAWA, ETHIOPIA
DIS	LOUBOMO, PEOP REP. OF THE CONGO
DIY	DIYARBAKIR, TURKEY
DJB	JAMBI, INDONESIA
DJE	DJERBA, TUNISIA
DJG	DJANET, ALGERIA
DJJ	JAYAPURA, INDONESIA
DJO	DALOA, COTE D IVOIRE
DKI	DUNK ISLAND, QLD., AUSTRALIA
DKR	DAKAR, SENEGAL
DLA	DOUALA, REPUBLIC OF CAMEROON
DLC	DALIAN, P. R. CHINA
DLG	DILLINGHAM, ALASKA, USA
DLH	DULUTH MN/SUPERIOR,WI, USA
DLK	DULKANINNA, SA, AUSTRALIA
DLM	DALAMAN, TURKEY
DLY	DILLONS BAY, VANUATU
DMB	DZHAMBUL, USSR
DMD	DOOMADGEE MISSION, Q AUSTRALIA
DME	MOSCOW-DOMODEDOVO, USSR
DMU	DIMAPUR, INDIA
DNB	DUNBAR, QLD., AUSTRALIA
DND	DUNDEE, ANGUS, SCOTLAND, (U.K.)
DNF	DERNA, LIBYAN A JAMAHIRIYA
DNH	DUNHUANG, P. R. CHINA
DNM	DENHAM, WA, AUSTRALIA
DNQ	DENILIQUIN, N.S.W., AUSTRALIA
DNR	DINARD, FRANCE
DNV	DANVILLE, ILL., USA
DOA	DOANY, DEM REP MADAGASCAR
DOD	DODOMA, TANZANIA
DOF	DORA BAY, ALASKA, USA
DOG	DONGOLA, SUDAN
DOH	DOHA, QATAR
DOK	DONETSK, USSR
DOL	DEAUVILLE, FRANCE
DOM	DOMINICA, WEST INDIES
DOO	DOROBISORO, PAPUA NEW GUINEA
DOU	DOURADOS, BRAZIL
DPO	DEVONPORT, TASMANIA, AUSTRALIA
DPS	DENPASAR, INDONESIA
DRB	DERBY, WA, AUSTRALIA
DRD	DORUNDA STATION, QLD., AUSTRALIA
DRG	DEERING, ALASKA, USA
DRO	DURANGO, COLORADO, USA
DRR	DURRIE, QLD, AUSTRALIA
DRS	DRESDEN, GERMAN DEM. REP
DRT	DEL RIO, TEXAS, USA
DRW	DARWIN, N.T., AUSTRALIA
DSD	LA DESIRADE, GUADELOUPE
DSE	DESSIE, ETHIOPIA
DSK	DERA ISMAIL KHAN, PAKISTAN
DSM	DES MOINES, IOWA, USA
DTA	DELTA, UTAH, USA
DTM	DORTMUND, FED REP OF GERMANY
DTT	DETROIT, MICHIGAN, USA
DTW	DETROIT, MICHIGAN-WAYNE CO, USA
DUB	DUBLIN, REPUBLIC OF IRELAND
DUD	DUNEDIN, NEW ZEALAND
DUE	DUNDO, ANGOLA
DUG	DOUGLAS, ARIZONA, USA
DUJ	DU BOIS, PA, USA
DUM	DUMAI, INDONESIA
DUR	DURBAN, SOUTH AFRICA
DUS	DUESSELDORF, FED REP OF GERMANY
DUT	DUTCH HARBOR, ALASKA, USA
DVL	DEVILS LAKE, NORTH DAKOTA, USA
DWB	SOALALA, DEM REP MADAGASCAR
DXB	DUBAI, U. A. EMIRATES

GAJ	YAMAGATA, HONSHU, JAPAN
GAL	GALENA, ALASKA, USA
GAM	GAMBELL, ALASKA, USA
GAO	GUANTANAMO, CUBA
GAR	GARAINA, PAPUA NEW GUINEA
GAS	GARISSA, KENYA
GAU	GAUHATI, INDIA
GAX	GAMBA, GABON
GBD	GREAT BEND, KAN., USA
GBE	GABORONE, BOTSWANA
GBG	GALESBURG, ILL., USA
GBJ	MARIE GALANTE, FR ANTILLES
GBY	GALKAYO, SOMALIA
GCA	GUACAMAYAS, COLOMBIA
GCC	GILLETTE, WYOMING, USA
GCI	GUERNSEY, CHANNEL IS UK
GCK	GARDEN CITY, KANSAS, USA
GCM	GRAND CAYMAN, WEST INDIES
GCN	GRAND CANYON, ARIZONA, USA
GDE	GODE, ETHIOPIA
GDL	GUADALAJARA, MEXICO
GDN	GDANSK, POLAND
GDQ	GONDAR, ETHIOPIA
GDT	GRAND TURK, B W I
GDV	GLENDIVE, MONT., USA
GEA	NOUMEA-MAGENTA, NEW CALEDONIA
GEG	SPOKANE, WASH., USA
GEL	SANTO ANGELO, BRAZIL
GEN	OSLO-GARDERMOEN, NORWAY
GEO	GEORGETOWN, GUYANA
GER	NUEVA GERONA, CUBA
GET	GERALDTON, W.A., AUSTRALIA
GEV	GALLIVARE, SWEDEN
GEW	GEWOYA, PAPUA NEW GUINEA
GFB	TOGIAK FISH, ALASKA, USA
GFF	GRIFFITH, N S W, AUSTRALIA
GFK	GRAND FORKS, N D, USA
GFN	GRAFTON, N S W, AUSTRALIA
GFO	BARTICA, GUYANA
GGG	LONGVIEW, TEXAS, USA
GGR	GAROE, SOMALIA
GGS	GOBERNADOR GREGORES, ARGENTINA
GGT	GEORGE TOWN, BAHAMAS
GGW	GLASGOW, MONTANA, USA
GHA	GHARDAIA, ALGERIA
GHB	GOVERNORS HARBOUR, BAHAMAS
GHT	GHAT, LIBYAN A JAMAHIRIYA
GIB	GIBRALTAR, GIBRALTAR
GIC	BOIGU ISLAND, QLD, AUSTRALIA
GIG	RIO DE JANEIRO-INT'L, BRAZIL
GIL	GILGIT, PAKISTAN
GIS	GISBORNE, NEW ZEALAND
GIZ	GIZAN, SAUDI ARABIA
GJA	GUANAJA IS, HONDURAS
GJL	JIJEL, ALGERIA
GJR	GJOGUR, ICELAND
GJT	GRAND JUNCTION, COLO, USA
GKA	GOROKA, PAPUA NEW GUINEA
GKL	GREAT KEPPEL ISLAND, QLD, AUSTRALIA
GLA	GLASGOW, SCOTLAND UK
GLC	GELADI, ETHIOPIA
GLD	GOODLAND, KAN., USA
GLF	GOLFITO, COSTA RICA
GLG	GLENGYLE, QLD, AUSTRALIA
GLH	GREENVILLE, MISSISSIPPI, USA
GLI	GLEN INNES, N S W, AUSTRALIA
GLO	GLOUCESTER-CHELTENHAM, ENGLAND UK
GLT	GLADSTONE, QLD, AUSTRALIA
GLV	GOLOVIN, ALASKA, USA
GLX	GALELA, INDONESIA
GMA	GEMENA, ZAIRE
GMB	GAMBELA, ETHIOPIA
GMC	GUERIMA, COLOMBIA
GMI	GASMATA, PAPUA NEW GUINEA
GMN	GREYMOUTH, NEW ZEALAND
GMR	GAMBIER IS, FR POLYNESIA S PAC
GNB	GRENOBLE, FRANCE
GND	GRENADA, WINDWARD IS
GNM	GUANAMBI, BRAZIL
GNR	GENERAL ROCA, ARGENTINA
GNU	GOODNEWS BAY, ALASKA, USA
GNV	GAINESVILLE, FLORIDA, USA
GOA	GENOA, ITALY
GOB	GOBA, ETHIOPIA
GOC	GORA, PAPUA NEW GUINEA
GOE	GONALIA, PAPUA NEW GUINEA
GOH	NUUK, GREENLAND
GOI	GOA, INDIA
GOM	GOMA, ZAIRE
GON	NEW LONDON, CONN., USA
GOP	GORAKHPUR, INDIA
GOQ	GOLMUD, P R CHINA
GOR	GORE, ETHIOPIA
GOS	GOSFORD, N S W, AUSTRALIA
GOT	GOTHENBURG, SWEDEN
GOU	GAROUA, REPUBLIC OF CAMEROON
GOV	GOVE, N T, AUSTRALIA
GOZ	GORNA ORJAHOVICA, BULGARIA
GPB	GUARAPUAVA, BRAZIL
GPI	GUAPI, COLOMBIA
GPL	GUAPILES, COSTA RICA
GPN	GARDEN POINT, N T, AUSTRALIA
GPO	GENERAL PICO, ARGENTINA
GPS	GALAPAGOS ISLANDS, ECUADOR
GPT	GULFPORT/BILOXI, MISS, USA
GPZ	GRAND RAPIDS, MINN, USA
GQQ	GALION, OHIO, USA
GRB	GREEN BAY, WIS, USA
GRC	GRAND CESS, LIBERIA
GRI	GRAND ISLAND, NEBR, USA
GRJ	GEORGE, SOUTH AFRICA
GRQ	GRONINGEN, NETHERLANDS

GRR	GRAND RAPIDS, MICHIGAN, USA
GRU	SAO PAULO GUARULHOS, BRAZIL
GRW	GRACIOSA ISLAND, PORTUGAL (AZORES)
GRX	GRANADA, SPAIN
GRY	GRIMSEY, ICELAND
GRZ	GRAZ, AUSTRIA
GSA	LONG PASIA SABAH, MALAYSIA
GSO	GREENSBORO-H PT/WIN SALEM,N C, USA
GSP	GREENVILLE/SPARTANBURG, S C, USA
GST	GUSTAVUS, ALASKA, USA
GTE	GROOTE IS, N T, AUSTRALIA
GTF	GREAT FALLS, MONT, USA
GTN	MOUNT COOK-GLENTANNER, NEW ZEALAND
GTO	GORONTALO, INDONESIA
GTR	COLUMBUS/STARKVLE/W PT,MS GOLDEN, USA
GTT	GEORGETOWN, QLD, AUSTRALIA
GUA	GUATEMALA CITY, GUATEMALA
GUC	GUNNISON, COLORADO, USA
GUG	GUARI, PAPUA NEW GUINEA
GUH	GUNNEDAH, N S W, AUSTRALIA
GUI	GUIRIA, VENEZUELA
GUM	GUAM, GUAM
GUP	GALLUP, N M, USA
GUQ	GUANARE, VENEZUELA
GUR	ALOTAU, PAPUA NEW GUINEA
GUU	GHUNDAHFJORDUR, ICELAND
GUV	MOUGULU, PAPUA NEW GUINEA
GUX	GUNA, INDIA
GVA	GENEVA, SWITZERLAND
GVI	GREEN RIVER, PAPUA NEW GUINEA
GVR	GOVERNADOR VALADARES, BRAZIL
GVX	GAVLE, SWEDEN
GWD	GWADAR, PAKISTAN
GWE	GWERU, ZIMBABWE
GWL	GWALIOR, INDIA
GWT	WESTERLAND, FED REP OF GERMANY
GWY	GALWAY, REPUBLIC OF IRELAND
GXF	SEIYUN, YEMEN, DEMOCRATIC
GXG	NEGAGE, ANGOLA
GYA	GUAYARAMERIN, BOLIVIA
GYE	GUAYAQUIL, ECUADOR
GYI	GISENYI, RWANDA
GYM	GUAYMAS, MEXICO
GYN	GOIANIA, BRAZIL
GZO	GIZO, SOLOMON ISLANDS
GZT	GAZIANTEP, TURKEY

H

HAA	HASVIK, NORWAY
HAC	HACHIJO JIMA ISLAND, JAPAN
HAD	HALMSTAD, SWEDEN
HAE	HAVASUPAI, ARIZONA, USA
HAH	MORONI-HAHAYA, COMOROS
HAJ	HANOVER, FED REP OF GERMANY
HAK	HAIKOU, P R CHINA
HAM	HAMBURG, FED REP OF GERMANY
HAN	HANOI, SOC REP OF VIET NAM
HAP	WHITSUNDAY 100 RESORT, QLD, AUSTL
HAR	HARRISBURG, PENNSYLVANIA, USA
HAS	HAIL, SAUDI ARABIA
HAU	HAUGESUND, NORWAY
HAV	HAVANA, CUBA
HBA	HOBART, TASMANIA, AUSTRALIA
HBH	HOBART BAY, ALASKA, USA
HBT	HAFR AL BATIN, SAUDI ARABIA
HCR	HOLY CROSS, ALASKA, USA
HDA	HIDDEN FALLS, ALASKA, USA
HDD	HYDERABAD, PAKISTAN
HDY	HAT YAI, THAILAND
HEH	HEHO, BURMA
HEK	HEIHE, P R CHINA
HEL	HELSINKI, FINLAND
HER	HERAKLION, GREECE
HET	HOHHOT, P R CHINA
HFA	HAIFA, ISRAEL
HFE	HEFEI, P R CHINA
HFN	HOFN, ICELAND
HFT	HAMMERFEST, NORWAY
HGA	HARGEISA, SOMALIA
HGD	HUGHENDEN, QLD, AUSTRALIA
HGH	HANGZHOU, P R CHINA
HGL	HELGOLAND, FED REP OF GERMANY
HGN	MAE HONG SON, THAILAND
HGO	KORHOGO, COTE D'IVOIRE
HGR	HAGERSTOWN, MARYLAND, USA
HGU	MT HAGEN, PAPUA NEW GUINEA
HHH	HILTON HEAD ISLAND, S.C., USA
HIB	HIBBING, MINN., USA
HIJ	HIROSHIMA, JAPAN
HIR	HONIARA, GUADALCANAL, SOLOMON IS
HIS	HAYMAN IS, QLD, AUSTRALIA
HJR	KHAJURAHO, INDIA
HKD	HAKODATE, JAPAN
HKG	HONG KONG, HONG KONG
HKK	HOKITIKA, NEW ZEALAND
HKN	HOSKINS, PAPUA NEW GUINEA
HKT	PHUKET, THAILAND
HKY	HICKORY, N.C., USA
HLA	LANSERIA, SOUTH AFRICA
HLD	HAILAR, P R. CHINA
HLF	HULTSFRED, SWEDEN
HLN	HELENA, MONT., USA
HLT	HAMILTON, VIC., AUSTRALIA
HLZ	HAMILTON, NEW ZEALAND
HMA	MALMO-HARBOUR, SWEDEN
HME	HASSI MESSAOUD, ALGERIA
HMO	HERMOSILLO, MEXICO
HMR	HAMAR, NORWAY
HND	TOKYO-HANEDA, JAPAN
HNH	HOONAH, ALASKA, USA
HNK	HINCHINBROOK ISLAND, QLD, AUSTRALIA

Code	Location
HNL	HONOLULU, OAHU, HAWAII, USA
HNM	HANA, MAUI, HAWAII, USA
HNS	HAINES, ALASKA, USA
HOB	HOBBS, NEW MEXICO, USA
HOC	KOMAKO, PAPUA NEW GUINEA
HOD	HODEIDAH, YEMEN ARAB REP
HOF	HOFUF, SAUDI ARABIA
HOG	HOLGUIN, CUBA
HOI	HAO IS., FR POLYNESIA, S PACIFIC
HOM	HOMER, ALASKA, USA
HON	HURON, S.D., USA
HOQ	HOF, FED REP OF GERMANY
HOR	HORTA, FAIAL IS., PORTUGAL (AZORES)
HOT	HOT SPRINGS, ARKANSAS, USA
HOU	HOUSTON, TEXAS, USA
HOV	ORSTA/VOLDA, NORWAY
HPA	HA APAI, TONGA ISLAND, S. PACIFIC
HPB	HOOPER BAY, ALASKA, USA
*HPN	WHITE PLAINS, NEW YORK, USA
HPV	PRINCEVILLE, KAUAI, HAWAII, USA
HRB	HARBIN, MANCHURIA, P. R. CHINA
HRE	HARARE, ZIMBABWE
HRG	HURGHADA, ARAB REP OF EGYPT
HRK	KHARKOV, USSR
HRL	HARLINGEN, TEXAS, USA
HRO	HARRISON, ARK, USA
HSI	HASTINGS, NEBR, USA
HSL	HUSLIA, ALASKA, USA
HSP	HOT SPRINGS, VA., USA
HST	HOMESTEAD, FLORIDA, USA
HSV	HUNTSVILLE/DECATUR, ALA., USA
HTI	HAMILTON ISLAND, QLD., AUSTRALIA
HTN	HOTAN, P. R. CHINA
HTO	EAST HAMPTON, NEW YORK, USA
HTR	HATERUMA, JAPAN
HTS	HUNTINGTON, WEST VIRGINIA, USA
HTU	HOPETOUN VIC, AUSTRALIA
HTZ	HATO COROZAL, COLOMBIA
HUE	HUMERA, ETHIOPIA
HUF	TERRE HAUTE, IND, USA
HUH	HUAHINE, SOC IS, FR POLYNESIA
HUL	HOULTON, MAINE, USA
HUN	HUALIEN, TAIWAN
HUQ	HOUN, LIBYAN A JAMAHIRIYA
HUS	HUGHES, ALASKA, USA
HUT	HUTCHINSON, KAN, USA
HUU	HUANUCO, PERU
HUV	HUDIKSVALL, SWEDEN
HUY	HUMBERSIDE, ENGLAND UK
HVA	ANALALAVA, DEM. REP. MADAGASCAR
HVB	HERVEY BAY, QLD, AUSTRALIA
HVG	HONNINGSVAG, NORWAY
HVK	HOLMAVIK, ICELAND
HVN	NEW HAVEN, CONN., USA
HVR	HAVRE, MONTANA, USA
HWA	HAWABANGO, PAPUA NEW GUINEA
HXX	HAY, N S W, AUSTRALIA
HYA	HYANNIS, MASSACHUSETTS, USA
HYD	HYDERABAD, INDIA
HYF	HAYFIELDS, PAPUA NEW GUINEA
HYG	HYDABURG, ALASKA, USA
HYL	HOLLIS, ALASKA, USA
HYS	HAYS, KAN, USA
HZG	HANZHONG, P. R. CHINA
HZK	HUSAVIK, ICELAND

I

Code	Location
IAD	WASHINGTON, D.C.-DULLES, USA
IAG	NIAGARA FALLS, NEW YORK, USA
IAH	HOUSTON, TEXAS-INTERCONT, USA
IAM	IN AMENAS, ALGERIA
IAN	KIANA, ALASKA, USA
IAS	IASI, ROMANIA
IBA	IBADAN, NIGERIA
IBE	IBAGUE, COLOMBIA
IBZ	IBIZA, SPAIN
ICI	CICIA, FIJI
ICK	NIEUW NICKERIE, REP. OF SURINAME
ICT	WICHITA, KANSAS, USA
IDA	IDAHO FALLS, IDAHO, USA
IDN	INDAGEN, PAPUA NEW GUINEA
IDR	INDORE, INDIA
IDY	ILE D'YEU, FRANCE
IEG	ZIELONA GORA, POLAND
IEV	KIEV, USSR
IFJ	ISAFJORDUR, ICELAND
IFN	ISFAHAN, IRAN, ISLAMIC REP. OF
IGA	INAGUA, BAHAMAS
IGG	IGIUGIG, ALASKA, USA
IGL	IZMIR-CIGLI, TURKEY
IGM	KINGMAN, ARIZ, USA
IGO	CHIGORODO, COLOMBIA
IGR	IGUAZU, ARGENTINA
IGU	IGUASSU FALLS, BRAZIL
IHN	QISHN, YEMEN, DEMOCRATIC
IHO	IHOSY, DEM. REP. MADAGASCAR
IHU	IHU, PAPUA NEW GUINEA
IIA	INISHMAAN, REPUBLIC OF IRELAND
IIS	NISSAN ISLAND, PAPUA NEW GUINEA
IJU	IJUI, BRAZIL
IKI	IKI, JAPAN
IKO	NIKOLSKI, ALASKA, USA
IKP	INKERMAN, QLD., AUSTRALIA
IKT	IRKUTSK, USSR
ILA	ILLAGA, INDONESIA
ILE	KILLEEN, TEXAS, USA
ILF	ILFORD, MANITOBA, CANADA
ILG	PHILA PA/WILMTON, DE-COUNTY, USA
ILI	ILIAMNA, ALASKA, USA
ILM	WILMINGTON, N.C., USA
ILP	ILE DES PINS, NEW CALEDONIA
ILR	ILORIN, NIGERIA
ILY	ISLAY, SCOTLAND, (U.K.)
IMA	IAMALELE, PAPUA NEW GUINEA
IMB	IMBAIMADAI, GUYANA
IMD	IMONDA, PAPUA NEW GUINEA
IMF	IMPHAL, INDIA
IMI	INE, MARSHALL ISLANDS
IMP	IMPERATRIZ, BRAZIL
IMT	IRON MOUNTAIN, MICHIGAN, USA
INC	YINCHUAN, P. R. CHINA
IND	INDIANAPOLIS, IND., USA
INF	IN GUEZZAM, ALGERIA
ING	LAGO ARGENTINO, ARGENTINA
INI	NIS, YUGOSLAVIA
INL	INT'L FALLS, MINN., USA
INM	INNAMINCKA, SA, AUSTRALIA
INN	INNSBRUCK, AUSTRIA
INO	INONGO, ZAIRE
INQ	INISHEER, REPUBLIC OF IRELAND
INT	GREENSBORO/HIPT/W SALEM,NC-REYNOLDS
INU	NAURU, REP OF NAURU
INV	INVERNESS, SCOTLAND UK
INW	WINSLOW, ARIZ, USA
INZ	IN SALAH, ALGERIA
IOA	IOANNINA, GREECE
IOK	IOKEA, PAPUA NEW GUINEA
IOM	ISLE OF MAN, U.K.
ION	IMPFONDO, PEOP. REP. OF THE CONGO
IOP	IOMA, PAPUA NEW GUINEA
IOR	INISHMORE, REPUBLIC OF IRELAND
IOS	ILHEUS, BRAZIL
IPA	IPOTA, VANUATU
IPC	EASTER ISLAND, PACIFIC OCEAN
IPH	IPOH, MALAYSIA
IPI	IPIALES, COLOMBIA
IPL	EL CENTRO/IMPERIAL, CA., USA
IPN	IPATINGA, BRAZIL
IPT	WILLIAMSPORT, PA., USA
IPW	IPSWICH, ENGLAND UK
IQN	QINGYANG, P R CHINA
IQQ	IQUIQUE, CHILE
IQT	IQUITOS, PERU
IRA	KIRAKIRA, SOLOMON ISLANDS
IRC	CIRCLE, ALASKA, USA
IRD	ISHURDI, BANGLADESH
IRG	LOCKHART RIVERS, QLD, AUSTRALIA
IRI	IRINGA, TANZANIA
IRJ	LA RIOJA, ARGENTINA
IRP	ISIRO, ZAIRE
ISA	MOUNT ISA, QLD, AUSTRALIA
ISB	ISLAMABAD/RAWALPINDI, PAKISTAN
ISC	ISLES OF SCILLY, (UK)
ISG	ISHIGAKI, JAPAN
ISK	NASIK, INDIA
ISN	WILLISTON, N.D., USA
ISO	KINSTON, N.C., USA
ISP	LONG ISLAND MACARTHUR, N.Y., USA
IST	ISTANBUL, TURKEY
ITH	ITHACA, N.Y., USA
ITK	ITOKAMA, PAPUA NEW GUINEA
ITN	ITABUNA, BRAZIL
ITO	HILO, HAWAII, HAWAII, USA
IUE	NIUE ISLAND, NIUE
ILU	ILU, INDONESIA
IVA	AMBANJA, DEM. REP. MADAGASCAR
IVC	INVERCARGILL, NEW ZEALAND
IVL	IVALO, FINLAND
IVR	INVERELL, N.S.W., AUSTRALIA
IWD	IRONWOOD, MICH., USA
IXA	AGARTALA, INDIA
IXB	BAGDOGRA, INDIA
IXC	CHANDIGARH, INDIA
IXD	ALLAHABAD, INDIA
IXE	MANGALORE, INDIA
IXG	BELGAUM, INDIA
IXH	KAILASHAHAR, INDIA
IXI	LILABARI, INDIA
IXJ	JAMMU, INDIA
IXK	KESHOD, INDIA
IXL	LEH, INDIA
IXM	MADURAI, INDIA
IXQ	KAMALPUR, INDIA
IXR	RANCHI, INDIA
IXS	SILCHAR, INDIA
IXT	PASSIGHAT, INDIA
IXU	AURANGABAD, INDIA
IXV	ALONG, INDIA
IXW	JAMSHEDPUR, INDIA
IXY	KANDLA, INDIA
IXZ	PORT BLAIR, ANDAMAN IS., INDIA
IYK	INYOKERN, CALIF., USA
IZM	IZMIR, TURKEY
IZO	IZUMO, JAPAN

J

Code	Location
JAB	JABIRU, N.T., AUSTRALIA
JAC	JACKSON HOLE, WYOMING, USA
JAG	JACOBABAD, PAKISTAN
JAI	JAIPUR, INDIA
JAN	JACKSON, MISSISSIPPI, USA
JAQ	JACQUINOT BAY, PAPUA NEW GUINEA
JAT	JABAT, MARSHALL ISLANDS
JAV	JAKOBSHAVN, GREENLAND
JAX	JACKSONVILLE, FLORIDA, USA
JPC	LOS ANGELES, CA-COMMERCE, USA
JBR	JONESBORO, ARK., USA
JCB	JOACABA, BRAZIL
JCH	CHRISTIANSHAB, GREENLAND
JCK	JULIA CREEK, QLD., AUSTRALIA
JDH	JODHPUR, INDIA
JDM	MIAMI, FLORIDA-DOWNTOWN, USA
JDO	JUAZEIRO DO NORTE, CEARAH, BRAZIL

JDX	HOUSTON, TEXAS-CNTRL B.D., USA
JDZ	JINGDEZHEN, P. R. CHINA
JED	JEDDAH, SAUDI ARABIA
JEG	EGEDESMINDE, GREENLAND
JEJ	JEH, MARSHALL ISLANDS
JER	JERSEY, CHANNEL ISLANDS, UK
JFK	NEW YORK, NEW YORK-KENNEDY, USA
JFM	FREMANTLE, WA, AUSTRALIA
JFR	FREDERIKSHAB, GREENLAND
JGA	JAMNAGAR, INDIA
JGC	GRAND CANYON, ARIZONA-HELIPORT, USA
JGN	JIAYUGUAN, P. R. CHINA
JGO	GODHAVN, GREENLAND
JGQ	HOUSTON, TEXAS-TRANSCO, USA
JGR	GRONNEDAL/IVIGTUT, GREENLAND
JHB	JOHOR BAHRU, MALAYSIA
JHC	GARDEN CITY, NEW YORK, USA
JHE	HELSINGBORG-HLPT, SWEDEN
JHM	KAPALUA, MAUI; HAWAII, USA
JHQ	SHUTE HARBOUR, QLD., AUSTRALIA
JHS	HOLSTEINSBORG, GREENLAND
JHW	JAMESTOWN, N.Y., USA
JIB	DJIBOUTI, DJIBOUTI
JID	LOS ANGELES, CA-INDUSTRY, USA
JIM	JIMMA, ETHIOPIA
JIW	JIWANI, PAKISTAN
JJI	JUANJUI, PERU
JJU	JULIANEHAB, GREENLAND
JKG	JONKOPING, SWEDEN
JKH	CHIOS, GREECE
JKT	JAKARTA, INDONESIA
JLD	HELSINGBORG-LANDSKRONA, SWEDEN
JLN	JOPLIN, MO., USA
JLR	JABALPUR, INDIA
JMK	MIKONOS, GREECE
JMS	JAMESTOWN, N.D., USA
JMU	JIAMUSI, P. R. CHINA
JNA	JANUARIA, BRAZIL
JNB	JOHANNESBURG, SOUTH AFRICA
JNI	JUNIN, ARGENTINA
JNN	NANORTALIK, GREENLAND
JNS	NARSSAQ, GREENLAND
JNU	JUNEAU, ALASKA, USA
JOE	JOENSUU, FINLAND
JOG	YOGYAKARTA, INDONESIA
JOI	JOINVILLE, BRAZIL
JON	JOHNSTON ISLAND, PACIFIC OCEAN
JOS	JOS, NIGERIA
JPA	JOAO PESSOA, BRAZIL
JPT	HOUSTON, TEXAS-PARK TEN, USA
JRA	NEW YORK, NEW YORK-W 30TH ST., USA
JRE	NEW YORK, NEW YORK-E 60TH ST, USA
JRH	JORHAT, INDIA
JRO	KILIMANJARO, TANZANIA
JRS	JERUSALEM
JSA	JAISALMER, INDIA
JSH	SITIA, GREECE
JSI	SKIATHOS, GREECE
JSL	ATLANTIC CITY, N.J.-STEEL PIER, USA
JSM	JOSE DE SAN MARTIN, ARGENTINA
JSR	JESSORE, BANGLADESH
JST	JOHNSTOWN, PA., USA
JSU	SUKKERTOPPEN, GREENLAND
JTR	SANTORINI, THIRA IS., GREECE
JUB	JUBA, SUDAN
JUI	JUIST, FED. REP OF GERMANY
JUJ	JUJUY, ARGENTINA
JUL	JULIACA, PERU
JUV	UPERNAVIK, GREENLAND
JVA	ANKAVANDRA, DEM. REP. MADAGASCAR
JVL	BELOIT/JANESVILLE, WISCONSIN, USA
JWH	HOUSTON, TEXAS-WESTCHASE, USA
JXN	JACKSON, MICHIGAN, USA
JYV	JYVASKYLA, FINLAND

K

KAA	KASAMA, ZAMBIA
KAB	KARIBA, ZIMBABWE
KAC	KAMESHLI, SYRIA
KAD	KADUNA, NIGERIA
KAE	KAKE, ALASKA, USA
KAI	KAIETEUR, GUYANA
KAJ	KAJAANI, FINLAND
KAL	KALTAG, ALASKA, USA
KAN	KANO, NIGERIA
KAO	KUUSAMO, FINLAND
KAQ	KAMULAI, PAPUA NEW GUINEA
KAR	KAMARANG, GUYANA
KAT	KAITAIA, NEW ZEALAND
KAW	KAWTHAUNG, BURMA
KAX	KALBARRI, WA., AUSTRALIA
KAZ	KAU, INDONESIA
KBF	KARUBAGA, INDONESIA
KBI	KRIBI, REPUBLIC OF CAMEROON
KBK	KLAG BAY, ALASKA, USA
KBL	KABUL, DEM REP OF AFGHANISTAN
KBM	KABWUM, PAPUA NEW GUINEA
KBP	KIEV-BORISPOL, USSR
KBR	KOTA BHARU, MALAYSIA
KBT	KABEN, MARSHALL ISLANDS
KBY	STREAKY BAY, SA, AUSTRALIA
KCG	CHIGNIK, ALASKA FISHERIES, USA
KCH	KUCHING, SARAWAK, MALAYSIA
KCL	CHIGNIK, ALASKA, USA
KCQ	CHIGNIK, ALASKA-CHIGNIK LK, USA
KCZ	KOCHI, JAPAN
KDA	KOLDA, SENEGAL
KDG	KARDJALI, BULGARIA
KDI	KENDARI, INDONESIA
KDN	N'DENDE, GABON
KDR	KANDRIAN, PAPUA NEW GUINEA
KDS	KAMARAN DOWNS, QLD., AUSTRALIA

KDU	SKARDU, PAKISTAN
KDV	KANDAVU, FIJI
KED	KAEDI, MAURITANIA
KEE	KELLE, PEOP. REP. OF THE CONGO
KEF	REYKJAVIK-KEFLAVIK, ICELAND
KEH	KENMORE, WASHINGTON, USA
KEI	KEPI, INDONESIA
KEK	EKWOK, ALASKA, USA
KEM	KEMI, FINLAND
KEO	ODIENNE, COTE D'IVOIRE
KEQ	KEBAR, INDONESIA
KER	KERMAN, IRAN, ISLAMIC REP OF
KES	KELSEY, MANITOBA, CANADA
KET	KENGTUNG, BURMA
KEX	KANABEA, PAPUA NEW GUINEA
KFA	KIFFA, MAURITANIA
KFP	FALSE PASS, ALASKA, USA
KGA	KANANGA, ZAIRE
KGB	KONGE, PAPUA NEW GUINEA
KGC	KINGSCOTE, SA, AUSTRALIA
KGF	KARAGANDA, USSR
KGG	KEDOUGOU, SENEGAL
KGH	YONGAI, PAPUA NEW GUINEA
KGI	KALGOORLIE, WA., AUSTRALIA
KGJ	KARONGA, MALAWI
KGK	KOLIGANEK, ALASKA, USA
KGL	KIGALI, RWANDA
KGS	KOS, GREECE
KGW	KAGI, PAPUA NEW GUINEA
KGX	GRAYLING, ALASKA, USA
KGY	KINGAROY, QLD. AUSTRALIA
KHG	KASHI, P. R. CHINA
KHH	KAOHSIUNG, TAIWAN
KHI	KARACHI, PAKISTAN
KHM	KHAMTI, BURMA
KHN	NANCHANG, KIANGSI P. R. CHINA
KHS	KHASAB, OMAN
KHV	KHABAROVSK, USSR
KIB	IVANOFF BAY, ALASKA, USA
KID	KRISTIANSTAD, SWEDEN
KIE	KIETA, PAPUA NEW GUINEA
KIH	KISH ISLAND, IRAN, ISLAMIC REP OF
KIJ	NIIGATA, JAPAN
KIM	KIMBERLEY, SOUTH AFRICA
KIN	KINGSTON, JAMAICA
KIO	KILI, MARSHALL ISLANDS
KIQ	KIRA, PAPUA NEW GUINEA
KIS	KISUMU, KENYA
KIT	KITHIRA, GREECE
KIV	KISHINEV, USSR
KIW	KITWE, ZAMBIA
KIY	KILWA, TANZANIA
KKA	KOYUK, ALASKA, USA
KKB	KITOI, ALASKA, USA
KKC	KHON KAEN, THAILAND
KKD	KOKODA, PAPUA NEW GUINEA
KKE	KERIKERI, NEW ZEALAND
KKH	KONGIGANAK, ALASKA, USA
KKI	AKIACHAK, ALASKA, USA
KKN	KIRKENES, NORWAY
KKR	KAUKURA, FR. POLYNESIA
KKU	EKUK, ALASKA, USA
KKX	KIKAIGA SHIMA, JAPAN
KLG	KALSKAG, ALASKA, USA
KLK	KALOKOL, KENYA
KLL	LEVELOCK, ALASKA, USA
KLN	LARSEN BAY, ALASKA, USA
KLR	KALMAR, SWEDEN
KLU	KLAGENFURT, AUSTRIA
KLV	KARLOVY VARY, CZECHOSLOVAKIA
KLW	KLAWOCK, ALASKA, USA
KLX	KALAMATA, GREECE
KLZ	KLEINZEE, SOUTH AFRICA
KMA	KEREMA, PAPUA NEW GUINEA
KME	KAMEMBE, RWANDA
KMF	KAMINA, PAPUA NEW GUINEA
KMG	KUNMING, P. R. CHINA
KMH	KURUMAN, SOUTH AFRICA
KMI	MIYAZAKI, JAPAN
KMJ	KUMAMOTO, JAPAN
KMM	KIMAM, INDONESIA
KMO	MANOKOTAK, ALASKA, USA
KMP	KEETMANSHOOP, NAMIBIA
KMQ	KOMATSU, JAPAN
KMR	KARIMUI, PAPUA NEW GUINEA
KMS	KUMASI, GHANA
KMU	KISMAYU, SOMALIA
KMV	KALEMYO, BURMA
KMY	MOSER BAY, ALASKA, USA
KND	KINDU, ZAIRE
KNE	KANAINJ, PAPUA NEW GUINEA
KNH	KAIMANA, INDONESIA
KNJ	KINDAMBA, PEOP. REP. OF THE CONGO
KNK	KAKHONAK, ALASKA, USA
KNS	KING ISLAND, TASMANIA, AUSTRALIA
KNU	KANPUR, INDIA
KNW	NEW STUYAHOK, ALASKA, USA
KNX	KUNUNURRA, WA. AUSTRALIA
KOA	KONA, HAWAII; HAWAII, USA
KOB	KOUTABA, REPUBLIC OF CAMEROON
KOC	KOUMAC, NEW CALEDONIA
KOE	KUPANG, INDONESIA
KOH	KOOLATAH, QLD., AUSTRALIA
KOI	KIRKWALL, ORKNEY IS., SCOTLAND, U. K.
KOJ	KAGOSHIMA, JAPAN
KOK	KOKKOLA, FINLAND
KOO	KONGOLO, ZAIRE
KOR	KOKORO, PAPUA NEW GUINEA
KOT	KOTLIK, ALASKA, USA
KOU	KOULAMOUTOU, GABON
KOW	GANZHOU, P. R. CHINA
KOX	KOKONAO, INDONESIA

Code	Location	Code	Location
KOY	OLGA BAY, ALASKA, USA	LBI	ALBI, FRANCE
KOZ	OUZINKIE, ALASKA, USA	LBJ	LABUAN BAJO, INDONESIA
KPC	PORT CLARENCE, ALASKA, USA	LBL	LIBERAL, KANSAS, USA
KPE	YAPSIEI, PAPUA NEW GUINEA	LBQ	LAMBARENE, GABON
KPG	KURUPUNG, GUYANA	LBS	LABASA, FIJI
KPI	KAPIT, SARAWAK, MALAYSIA	LBU	LABUAN, SABAH, MALAYSIA
KPK	PARKS, ALASKA, USA	LBV	LIBREVILLE, GABON
KPN	KIPNUK, ALASKA, USA	LBW	LONGBAWAN, INDONESIA
KPR	PORT WILLIAMS, ALASKA, USA	LCA	LARNACA, CYPRUS
KPS	KEMPSEY, NSW, AUSTRALIA	LCE	LA CEIBA, HONDURAS
KPV	PERRYVILLE, ALASKA, USA	LCG	LA CORUNA, SPAIN
KPY	PORT BAILEY, ALASKA, USA	LCH	LAKE CHARLES, LOUISIANA, USA
KQA	AKUTAN, ALASKA, USA	LCI	LACONIA, N.H., USA
KRB	KARUMBA, QLD., AUSTRALIA	LCR	LA CHORRERA, COLOMBIA
KRF	KRAMFORS, SWEDEN	LDA	MALDA, INDIA
KRG	KARASABAI, GUYANA	LDB	LONDRINA, BRAZIL
KRI	KIKORI, PAPUA NEW GUINEA	LDE	LOURDES-TARBES, FRANCE
KRJ	KARAWARI, PAPUA NEW GUINEA	LDH	LORD HOWE IS, N.S.W., AUSTRALIA
KRK	KRAKOW, POLAND	LDI	LINDI, TANZANIA
KRN	KIRUNA, SWEDEN	LDK	LIDKOPING, SWEDEN
KRP	KARUP, DENMARK	LDU	LAHAD DATU, SABAH, MALAYSIA
KRR	KRASNODAR, USSR	LDY	LONDONDERRY, N. IRELAND UK
KRS	KRISTIANSAND, NORWAY	LEA	LEARMONTH, WA, AUSTRALIA
KRT	KHARTOUM, SUDAN	LEB	LEBANON, N.H., USA
KRU	KERAU, PAPUA NEW GUINEA	LED	LENINGRAD, USSR
KRX	KAR KAR, PAPUA NEW GUINEA	LEF	LEBAKENG, LESOTHO
KRZ	KIRI, ZAIRE	LEH	LE HAVRE, FRANCE
KSA	KOSRAE, CAROLINE ISLANDS	LEI	ALMERIA, SPAIN
KSC	KOSICE, CZECHOSLOVAKIA	LEJ	LEIPZIG, GERMAN DEM. REP
KSD	KARLSTAD, SWEDEN	LEL	LAKE EVELLA, N.T AUSTRALIA
KSE	KASESE, UGANDA	LEN	LEON, MEXICO
KSJ	KASOS ISLAND, GREECE	LER	LEINSTER, WA, AUSTRALIA
KSL	KASSALA, SUDAN	LES	LESOBENG, LESOTHO
KSM	ST MARY'S, ALASKA, USA	LET	LETICIA, COLOMBIA
KSO	KASTORIA, GREECE	LEV	BURETA, FIJI
KSU	KRISTIANSUND, NORWAY	LEW	LEWISTON, ME., USA
KTA	KARRATHA, WA, AUSTRALIA	LEX	LEXINGTON, KENTUCKY, USA
KTB	THORNE BAY, ALASKA, USA	LFO	KELAFO, ETHIOPIA
KTD	KITA-DAITO, JAPAN	LFR	LA FRIA, VENEZUELA
KTE	KERTEH, MALAYSIA	LFT	LAFAYETTE, LOUISIANA, USA
KTG	KETAPANG, INDONESIA	LFW	LOME, TOGO
KTM	KATHMANDU, NEPAL	LGA	NEW YORK, NEW YORK-LA GUARDIA, USA
KTN	KETCHIKAN, ALASKA, USA		
KTO	KATO, GUYANA	LGB	LONG BEACH, CALIFORNIA, USA
KIP	KINGSTON-TINSON, JAMAICA	LGH	LEIGH CREEK, SA, AUSTRALIA
KTR	KATHERINE, N.T., AUSTRALIA	LGI	DEADMAN'S CAY, LONG ISLAND, BAHAMAS
KTS	BREVIG MISSION, ALASKA, USA	LGK	LANGKAWI, MALAYSIA
KTT	KITTILA, FINLAND	LGL	LONG LELLANG, SARAWAK, MALAYSIA
KTU	KOTA, INDIA	LGO	LANGEOOG, FED REP. OF GERMANY
KTW	KATOWICE, POLAND	LGQ	LAGO AGRIO, ECUADOR
KTY	TERROR BAY, ALASKA, USA	LGW	LONDON GATWICK, ENGLAND UK
KUA	KUANTAN, MALAYSIA	LGX	LUGH GANANE, SOMALIA
KUC	KURIA, REP OF KIRIBATI	LGZ	LEGUIZAMO, COLOMBIA
KUD	KUDAT, SABAH, MALAYSIA	LHE	LAHORE, PAKISTAN
KUH	KUSHIRO, JAPAN	LHI	LEREH, INDONESIA
KUK	KASIGLUK, ALASKA, USA	LHR	LONDON-HEATHROW, ENGLAND UK
KUL	KUALA LUMPUR, MALAYSIA	LHU	LAKE HAVASU CITY, ARIZONA, USA
KUM	YAKU SHIMA, JAPAN	LHW	LANZHOU, P R CHINA
KUO	KUOPIO, FINLAND	LIE	LIBENGE, ZAIRE
KUP	KUPIANO, PAPUA NEW GUINEA	LIF	LIFOU, LOYALTY IS, PACIFIC OCEAN
KUS	KULUSUK, GREENLAND	LIG	LIMOGES, FRANCE
KUU	KULU, INDIA	LIH	LIHUE, KAUAI, HAWAII, USA
KVA	KAVALA, GREECE	LII	MULIA, INDONESIA
KVC	KING COVE, ALASKA, USA	LIJ	LONG ISLAND, ALASKA, USA
KVG	KAVIENG, PAPUA NEW GUINEA	LIK	LIKIEP, MARSHALL ISLANDS
KVL	KIVALINA, ALASKA, USA	LIL	LILLE, FRANCE
KWA	KWAJALEIN, MARSHALL IS	LIM	LIMA, PERU
KWE	GUIYANG, P R CHINA	LIN	MILAN, ITALY-LINATE
KWI	KUWAIT, KUWAIT	LIO	LIMON, COSTA RICA
KWK	KWIGILLINGOK, ALASKA, USA	LIQ	LISALA, ZAIRE
KWL	GUILIN, P R CHINA	LIS	LISBON, PORTUGAL
KWM	KOWANYAMA, QLD, AUSTRALIA	LIT	LITTLE ROCK, ARKANSAS, USA
KWN	QUINHAGAK, ALASKA, USA	LIW	LOIKAW, BURMA
KWP	WEST POINT, ALASKA, USA	LJA	LODJA, ZAIRE
KWT	KWETHLUK, ALASKA, USA	LJU	LJUBLJANA, YUGOSLAVIA
KXA	KASAAN, ALASKA, USA	LKA	LARANTUKA, INDONESIA
KXF	KORO, FIJI	LKB	LAKEBA, FIJI
KYK	KARLUK, ALASKA, USA	LKC	LAKENA, PEOP. REP OF THE CONGO
KYP	KYAUKPYU, BURMA	LKE	SEATTLE, WASHINGTON-LAKE UNION, USA
KYU	KOYUKUK, ALASKA, USA	LKL	LAKSELV, NORWAY
KYX	YALUMET, PAPUA NEW GUINEA	LKN	LEKNES, NORWAY
KZB	ZACHAR BAY, ALASKA, USA	LKO	LUCKNOW, INDIA
KZF	KAINTIBA, PAPUA NEW GUINEA	LLA	LULEA, SWEDEN
KZI	KOZANI, GREECE	LLW	LILONGWE, MALAWI
KZN	KAZAN, USSR	LMA	LAKE MINCHUMINA, ALASKA, USA
KZS	KASTELORIZO, GREECE	LMC	LAMACARENA, COLOMBIA
		LMI	LUMI, PAPUA NEW GUINEA
L		LML	LAE, MARSHALL ISLANDS
		LMM	LOS MOCHIS, MEXICO
LAA	LAMAR, COLO., USA	LMN	LIMBANG, SARAWAK, MALAYSIA
LAB	LABLAB, PAPUA NEW GUINEA	LMP	LAMPEDUSA, ITALY
LAC	LAE-CITY, PAPUA NEW GUINEA	LMT	KLAMATH FALLS, OREGON, USA
LAD	LUANDA, ANGOLA	LMX	LOPEZ DE MICAY, COLOMBIA
LAE	LAE, PAPUA NEW GUINEA	LMY	LAKE MURRAY, PAPUA NEW GUINEA
LAF	LAFAYETTE, IND., USA	LNB	LAMEN BAY, VANUATU
LAH	LABUHA, INDONESIA	LND	LANDER, WYOMING, USA
LAI	LANNION, FRANCE	LNE	LONORORE, VANUATU
LAJ	LAJES, BRAZIL	LNG	LESE, PAPUA NEW GUINEA
LAK	AKLAVIK, N W T, CANADA	LNK	LINCOLN, NEBRASKA, USA
LAM	LOS ALAMOS, NEW MEXICO, USA	LNO	LEONORA, WA, AUSTRALIA
LAN	LANSING, MICH., USA	LNS	LANCASTER, PENNSYLVANIA, USA
LAP	LA PAZ, MEXICO	LNY	LANAI CITY, LANAI, HAWAII, USA
LAQ	BEIDA, LIBYAN A JAMAHIRIYA	LNZ	LINZ, AUSTRIA
LAR	LARAMIE, WYO., USA	LOO	LONGANA, VANUATU
LAS	LAS VEGAS, NEVADA, USA	LOE	LOEI, THAILAND
LAU	LAMU, KENYA	LOF	LOEN, MARSHALL ISLANDS
LAW	LAWTON, OKLAHOMA, USA	LOH	LOJA, ECUADOR
LAX	LOS ANGELES, CALIFORNIA, USA	LON	LONDON, ENGLAND UK
LAY	LADYSMITH, SOUTH AFRICA	LOS	LAGOS, NIGERIA
LAZ	BOM JESUS DA LAPA, BRAZIL	LPA	GRAN CANARIA, CANARY ISLANDS
LBA	LEEDS/BRADFORD, ENGLAND, (U.K.)	LPB	LA PAZ, BOLIVIA
LBB	LUBBOCK, TEXAS, USA	LPD	LA PEDRERA, COLOMBIA
LBE	LATROBE, PENNSYLVANIA, USA	LPE	LA PRIMAVERA, COLOMBIA
LBF	NORTH PLATTE, NEBRASKA, USA	LPQ	LA PLATA, ARGENTINA
LBH	SYDNEY, N.S.W.-PALM BEACH, AUSTRALIA		

LPI	LINKOPING, SWEDEN	MCO	ORLANDO, FLORIDA-INT'L, USA
LPL	LIVERPOOL, ENGLAND, (U.K)	MCP	MACAPA, AMAPA, BRAZIL
LPM	LAMAP, VANUATU	MCT	MUSCAT, OMAN
LPP	LAPPLENHANTA, FINLAND	MCU	MONTLUCON, FRANCE
LPQ	LUANG PHABANG, LAOS	MCW	MASON CITY, IOWA, USA
LPS	LOPEZ ISLAND, WASH., USA	MCY	MAROOCHYDORE, QLD., AUSTRALIA
LPT	LAMPANG, THAILAND	MCZ	MACEIO, ALAGOAS, BRAZIL
LPY	LE PUY, FRANCE	MDC	MANADO, INDONESIA
LRA	LARISA, GREECE	MDE	MEDELLIN, COLOMBIA
LRB	LERIBE, LESOTHO	MDH	CARBONDALE, ILLINOIS, USA
LRD	LAREDO, TEXAS, USA	MDI	MAKURDI, NIGERIA
LRE	LONGREACH, QLD., AUSTRALIA	MDK	MBANDAKA, ZAIRE
LRH	LA ROCHELLE, FRANCE	MDL	MANDALAY, BURMA
LRS	LEROS, GREECE	MDP	MINDIPIANA, INDONESIA
LRT	LORIENT, FRANCE	MDQ	MAR DEL PLATA, ARGENTINA
LRU	LAS CRUCES, N.M., USA	MDR	MEDFRA, ALASKA, USA
LSA	LOSHIA, PAPUA NEW GUINEA	MDS	MIDDLE CAICOS, B.W.I
LSE	LA CROSSE, W/WINONA, MN., USA	MDT	HARRISBURG, PA./OLMSTED ST., USA
LSH	LASHIO, BURMA	MDU	MENDI, PAPUA NEW GUINEA
LSI	SHETLAND ISLANDS-SUMBURGH, SCOTL. UK	MDV	MEDOUNEU, GABON
LSM	LONG SEMADO, SARAWAK, MALAYSIA	MDW	CHICAGO, ILLINOIS-MIDWAY, USA
LSP	LAS PIEDRAS, VENEZUELA	MDZ	MENDOZA, ARGENTINA
LSS	TERRE DE HAUT, GUADELOUPE	MEA	MACAE, BRAZIL
LST	LAUNCESTON, TASMANIA, AUSTRALIA	MEB	MELBOURNE, VIC-ESSENDON, AUSTRALIA
LSY	LISMORE, N.S.W., AUSTRALIA	MEC	MANTA, ECUADOR
LTA	IZANLEN, SOUTH AFRICA	MED	MEDINA, SAUDI ARABIA
LTD	GHADAMES, LIBYAN A JAMAHIRIYA	MEE	MARE, LOYALTY IS., PACIFIC OCEAN
LTK	LATAKIA, SYRIA	MEG	MALANGE, ANGOLA
LTL	LASTOURVILLE, GABON	MEH	MEHAMN, NORWAY
LTM	LETHEM, GUYANA	MEI	MERIDIAN, MISS., USA
LTN	LONDON-LUTON INTL, ENGLAND UK	MEL	MELBOURNE, VICTORIA, AUSTRALIA
LTO	LORETO, MEXICO	MEM	MEMPHIS, TENN., USA
LTS	ALTUS, OKLAHOMA, USA	MES	MEDAN, INDONESIA
LUA	LUKLA, NEPAL	MEX	MEXICO CITY, MEXICO
LUB	LUMID PAU, GUYANA	MEY	MEGHAULI, NEPAL
LUD	LUDERITZ, NAMIBIA	MEZ	MESSINA, SOUTH AFRICA
LUG	LUGANO, SWITZERLAND	MFA	MAFIA ISLAND, TANZANIA
LUH	LUDHIANA, INDIA	MFC	MAFETENG, LESOTHO
LUN	LUSAKA, ZAMBIA	MFD	MANSFIELD, OHIO, USA
LUO	LUENA, ANGOLA	MFE	MC ALLEN, TEXAS, USA
LUP	KALAUPAPA, MOLOKAI, HAWAII, USA	MFF	MOANDA, GABON
LUQ	SAN LUIS, ARGENTINA	MFJ	MOALA, FIJI
LUR	CAPE LISBURNE, ALASKA, USA	MFN	MILFORD SOUND, NEW ZEALAND
LUV	LANGGUR, INDONESIA	MFR	MEDFORD, ORE., USA
LUW	LUWUK, INDONESIA	MFU	MFUWE, ZAMBIA
LUX	LUXEMBOURG, LUXEMBOURG	MGA	MANAGUA, NICARAGUA
LVB	LIVRAMENTO, BRAZIL	MGB	MT. GAMBIER, SA, AUSTRALIA
LVD	LIME VILLAGE, ALASKA, USA	MGD	MAGDALENA, BOLIVIA
LVI	LIVINGSTONE, ZAMBIA	MGF	MARINGA, BRAZIL
LVO	LAVERTON, WA, AUSTRALIA	MGH	MARGATE, SOUTH AFRICA
LWB	GREENBRIER, W VA, USA	MGM	MONTGOMERY, ALA., USA
LWE	LEWOLEBA, INDONESIA	MGP	MANGA, PAPUA NEW GUINEA
LWK	SHETLAND ISLANDS LERWICK, SCOTL UK	MGQ	MOGADISHU, SOMALIA
LWO	LWOW, USSR	MGR	MOULTRIE/THOMASVILLE, GA., USA
LWS	LEWISTON, IDAHO, USA	MGS	MANGAIA, COOK IS, S PACIFIC
LWT	LEWISTOWN, MONT., USA	MGW	MORGANTOWN, W VA, USA
LWY	LAWAS, SARAWAK, MALAYSIA	MGX	MOABI, GABON
LXA	LHASA, P. R. CHINA	MGZ	MERGUI, BURMA
LXR	LUXOR, ARAB REP OF EGYPT	MHA	MAHDIA, GUYANA
LXS	LEMNOS, GREECE	MHD	MASHAD, IRAN, ISLAMIC REP. OF
LYB	LITTLE CAYMAN, WEST INDIES	MHE	MITCHELL, S.D., USA
LYG	LIANYUNGANG, P. R. CHINA	MHH	MARSH HARBOUR, BAHAMAS
LYH	LYNCHBURG, VA., USA	MHK	MANHATTAN, KAN., USA
LYK	LUNYUK, INDONESIA	MHQ	MARIEHAMN, ALAND IS., FINLAND
LYP	FAISALABAD, PAKISTAN	MHT	MANCHESTER, N.H., USA
LYR	LONGYEARBYEN, NORWAY	MHY	MOREHEAD, PAPUA NEW GUINEA
LYS	LYON, FRANCE	MIA	MIAMI, FLORIDA, USA
LZR	LIZARD ISLAND, QLD., AUSTRALIA	MID	MERIDA, MEXICO
		MIE	MUNCIE, IND., USA
	M	MII	MARILIA, BRAZIL
		MIJ	MILI, MARSHALL ISLANDS
MAA	MADRAS, INDIA	MIK	MIKKELI, FINLAND
MAB	MARABA, BRAZIL	MIL	MILAN, ITALY
MAD	MADRID, SPAIN	MIM	MERIMBULA, N.S.W., AUSTRALIA
MAF	MIDLAND/ODESSA, TEXAS, USA	MIR	MONASTIR, TUNISIA
MAG	MADANG, PAPUA NEW GUINEA	MIS	MISIMA, PAPUA NEW GUINEA
MAH	MAHON, SPAIN	MIU	MAIDUGURI, NIGERIA
MAJ	MAJURO, MARSHALL IS.	MIX	MIRITI, COLOMBIA
MAL	MANGOLE, INDONESIA	MJA	MANJA, DEM REP MADAGASCAR
MAM	MATAMOROS, MEXICO	MJB	MEGIT ISLAND, MARSHALL ISLANDS
MAN	MANCHESTER, ENGLAND, (U.K)	MJC	MAN, COTE D'IVOIRE
MAO	MANAUS, BRAZIL	MJD	MOHENJO DARO, PAKISTAN
MAP	MAMAI, PAPUA NEW GUINEA	MJE	MAJKIN, MARSHALL ISLANDS
MAQ	MAE SOT, THAILAND	MJF	MOSJOEN, NORWAY
MAR	MARACAIBO, VENEZUELA	MJI	MAJI, ETHIOPIA
MAS	MANUS IS., PAPUA NEW GUINEA	MJL	MOUILA, GABON
MAU	MAUPITI, SOCIETY IS., FR POLYNESIA	MJM	MBUJI MAYI, ZAIRE
MAV	MALOELAP, MARSHALL ISLANDS	MJN	MAJUNGA, DEM. REP. MADAGASCAR
MAX	MATAM, SENEGAL	MJT	MYTILENE, GREECE
MAY	MANGROVE CAY, BAHAMAS	MJU	MAMUJU, INDONESIA
MAZ	MAYAGUEZ, PUERTO RICO	MJV	MURCIA, SPAIN
		MKB	MEKAMBO, GABON
MBA	MOMBASA, KENYA	MKC	KANSAS CITY, MISSOURI, USA
MBB	MARBLE BAR, WA, AUSTRALIA	MKD	METEKEL, ETHIOPIA
MBC	M'BIGOU, GABON	MKE	MILWAUKEE, WIS., USA
MBD	MMABATHO, SOUTH AFRICA	MKG	MUSKEGON, MICH., USA
MBE	MONBETSU, JAPAN	MKH	MOKHOTLONG, LESOTHO
MBH	MARYBOROUGH, QLD, AUSTRALIA	MKJ	MAKOUA, PEOP REP. OF THE CONGO
MBJ	MONTEGO BAY, JAMAICA	MKK	MOLOKAI/HOOLEHUA, HAWAII, USA
MBL	MANISTEE, MICH., USA	MKL	JACKSON, TENN., USA
MBQ	MBARARA, UGANDA	MKM	MUKAH, SARAWAK, MALAYSIA
MBS	SAGINAW, MICH., USA	MKN	MALEKOLON, PAPUA NEW GUINEA
MBU	MBAMBANAKIRA, SOLOMON IS.	MKP	MAKEMO, FR POLYNESIA, S. PACIFIC
MBX	MARIBOR, YUGOSLAVIA	MKQ	MERAUKE, INDONESIA
MCD	MACKINAC ISLAND, MICHIGAN, USA	MKR	MEEKATHARRA, WA, AUSTRALIA
MCE	MERCED, CALIF., USA	MKS	MEKANE SELAM, ETHIOPIA
MCG	MC GRATH, ALASKA, USA	MKT	MANKATO, MINN., USA
MCH	MACHALA, ECUADOR	MKU	MAKOKOU, GABON
MCI	KANSAS CITY, MISSOURI-INT'L, USA	MKW	MANOKWARI, INDONESIA
MCJ	MAICAO, COLOMBIA	MKY	MACKAY, QLD., AUSTRALIA
MCK	MC COOK, NEBR., USA	MKZ	MALACCA, MALAYSIA
MCL	MOUNT MCKINLEY, ALASKA, USA		
MCM	MONTE CARLO, MONACO		
MCN	MACON, GA., USA		

NGI	NGAU, FIJI
NGO	NAGOYA, JAPAN
NGS	NAGASAKI, JAPAN
NHF	NEW HALFA, SUDAN
NHV	NUKU HIVA, FRENCH POLYNESIA
NIB	NIKOLAI, ALASKA, USA
NIG	NIKUNAU, REP OF KIRIBATI
NIM	NIAMEY, NIGER
NIO	NIOKI, ZAIRE
NKC	NOUAKCHOTT, MAURITANIA
NKG	NANJING, P R CHINA
NKI	NAUKITI, ALASKA, USA
NKN	NANKINA, PAPUA NEW GUINEA
NKU	NKAUS, LESOTHO
NKY	NKAYI PEOP REP OF THE CONGO
NLA	NDOLA, ZAMBIA
NLD	NUEVO LAREDO, MEXICO
NLG	NELSON LAGOON, ALASKA, USA
NLK	NORFOLK IS, PACIFIC OCEAN
NLL	NULLAGINE, WA, AUSTRALIA
NLP	NELSPRUIT, SOUTH AFRICA
NMB	DAMAN, INDIA
NME	NIGHTMUTE, ALASKA, USA
NNB	SANTA ANA, SOLOMON ISLAND
NNG	NANNING, P R CHINA
NNK	NAKNEK, ALASKA, USA
NNI	NONDALTON, ALASKA, USA
NNT	NAN, THAILAND
NNY	NANYANG, P R CHINA
NOC	CONNAUGHT REPUBLIC OF IRELAND
NOM	NOMAD RIVER, PAPUA NEW GUINEA
NON	NONOUTI, REP OF KIRIBATI
NOO	NAORO, PAPUA NEW GUINEA
NOR	NORDFJORDUR, ICELAND
NOS	NOSSI BE, DEM REP. MADAGASCAR
NOU	NOUMEA, NEW CALEDONIA
NOV	HUAMBO, ANGOLA
NPE	NAPIER, NEW ZEALAND
NPH	NEPHI, UTAH, USA
NPL	NEW PLYMOUTH, NEW ZEALAND
NPT	NEWPORT, R I, USA
NON	NEUQUEN, ARGENTINA
NOU	NUQUI, COLOMBIA
NQY	NEWQUAY, ENGLAND, (U K)
NRA	NARRANDERA N S W, AUSTRALIA
NRD	NORDERNEY, FED REP OF GERMANY
NRK	NORRKOPING, SWEDEN
NRL	NORTH RONALDSAY, SCOTLAND UK
NRT	TOKYO NARITA, JAPAN
NSA	NOOSA, QLD, AUSTRALIA
NSB	BIMINI NORTH SPB, BAHAMAS
NSM	NORSEMAN, WA, AUSTRALIA
NSN	NELSON, NEW ZEALAND
NSO	SCONE N S W, AUSTRALIA
NST	NAKHON SI THAMMARAT, THAILAND
NTE	NANTES, FRANCE
NTI	BINTUNI, INDONESIA
NIJ	MANTI, UTAH, USA
NTL	NEWCASTLE, N S W, AUSTRALIA
NTM	NORMANTON, QLD, AUSTRALIA
NTO	SANTO ANTAO, CAPE VERDE ISLANDS
NTT	NIUATOPUTAPU, TONGA IS, S PACIFIC
NTY	SUN CITY, SOUTH AFRICA
NUE	NURNMBERG, FED REP OF GERMANY
NUI	NUIQSUT, ALASKA, USA
NUK	NUKUTAVAKE, FR POLYNESIA
NUL	NULATO, ALASKA, USA
NUP	NUNAPITCHUK, ALASKA, USA
NUS	NORSUP, VANUATU
NVA	NEIVA, COLOMBIA
NVK	NARVIK, NORWAY
NVT	NAVEGANTES, BRAZIL
NWA	MOHELI, COMOROS
NWI	NORWICH, ENGLAND (U K)
NWT	NOWATA, PAPUA NEW GUINEA
NYC	NEW YORK NY, NEWARK, NJ, USA
NYE	NYERI, KENYA
NYI	SUNYANI, GHANA
NYK	NANYUKI, KENYA
NYN	NYNGAN, N S W, AUSTRALIA
NYO	NYKOPING, SWEDEN
NYU	NYAUNG-U, BURMA

O

OAG	ORANGE, N S W, AUSTRALIA
OAJ	JACKSONVILLE, N C, USA
OAK	SAN FRANCISCO, CA-OAKLAND, USA
OAM	OAMARU, NEW ZEALAND
OAX	OAXACA, MEXICO
OBC	OBOCK, D JIBOUTI
OBF	OBERPFAFFENHOFEN, FED REP OF GERMANY
OBM	MOROBE, PAPUA NEW GUINEA
OBO	OBIHIRO, JAPAN
OBU	KOBUK, ALASKA, USA
OBY	SCORESBYSUND, GREENLAND
OCC	COCA, ECUADOR
OCE	OCEAN CITY, MD, USA
OCJ	OCHO RIOS, JAMAICA
OCV	OCANA, COLOMBIA
ODE	ODENSE, DENMARK
ODL	CORDILLO DOWNS, SA, AUSTRALIA
OON	LONG SERIDAN, SARAWAK, MALAYSIA
ODS	ODESSA, USSR
OOW	OAK HARBOR, WASHINGTON, USA
OEC	OCUSSI, INDONESIA
OER	ORNSKOLDSVIK, SWEDEN
OFK	NORFOLK, NEBR, USA
OFU	OFU ISLAND, AMERICAN SAMOA
OGG	KAHULUI, MAUI, HAWAII, USA
OGN	YONAGUNI JIMA, JAPAN
OGS	OGDENSBURG, N Y, USA
OGX	OUARGLA, ALGERIA

OHD	OHRID, YUGOSLAVIA
OHI	OSHAKATI, NAMIBIA
OHT	KOHAT, PAKISTAN
OIM	OSHIMA IS, JAPAN
OIR	OKUSHIRI, JAPAN
OIT	OITA, JAPAN
OKA	OKINAWA, RYUKYU IS, JAPAN
OKB	ORCHID BEACH, QLD, AUSTRALIA
OKC	OKLAHOMA CITY, OKLAHOMA, USA
OKD	SAPPORO OKADAMA, JAPAN
OKE	OKINO ERABU, JAPAN
OKG	OKOYO, PEOP REP OF THE CONGO
OKI	OKI ISLAND, JAPAN
OKJ	OKAYAMA, JAPAN
OKK	KOKOMO, INDIANA, USA
OKL	OKSIBIL, INDONESIA
OKN	OKONDJA, GABON
OKP	OKSAPMIN, PAPUA NEW GUINEA
OKQ	OKABA, INDONESIA
OKR	YORKE ISLANDS, QLD, AUSTRALIA
OLA	ORLAND, NORWAY
OLB	OLBIA, ITALY
OLF	WOLF POINT, MONT, USA
OLH	OLD HARBOR, ALASKA, USA
OLI	OLAFSVIK, ICELAND
OLJ	OLPOI, VANUATU
OLP	OLYMPIC DAM, SA, AUSTRALIA
OLU	COLUMBUS, NEBRASKA, USA
OMA	OMAHA, NEBRASKA, USA
OMB	OMBOUE, GABON
OME	NOME, ALASKA, USA
OMO	MOSTAR, YUGOSLAVIA
OMR	ORADEA, ROMANIA
OMS	OMSK, USSR
ONB	ONONGE, PAPUA NEW GUINEA
ONG	MORNINGTON IS, Q AUSTRALIA
ONH	ONEONTA, N Y, USA
ONI	MOANAMANI, INDONESIA
ONS	ONSLOW, WA, AUSTRALIA
ONX	ONTARIO, CALIFORNIA, USA
ONX	COLON, PANAMA REPUBLIC
OOK	TOKSOOK, ALASKA, USA
OOL	GOLD COAST, QLD, AUSTRALIA
OOM	COOMA, N S W, AUSTRALIA
OOT	ONOTOA, REP OF KIRIBATI
OPA	KOPASKER, ICELAND
OPB	OPEN BAY, PAPUA NEW GUINEA
OPI	OENPELLI, N T, AUSTRALIA
OPO	PORTO, PORTUGAL
OPU	BALIMO, PAPUA NEW GUINEA
ORB	OREBRO, SWEDEN
ORC	OROCUE, COLOMBIA
ORD	CHICAGO, ILLINOIS-O HARE, USA
ORF	NORFOLK/VA BEACH/WMBG, VA, USA
ORG	PARAMARIBO-Z EN HOOP, F, SURINAME
ORH	WORCESTER, MASS, USA
ORI	PORT LIONS, ALASKA, USA
ORJ	ORINDUIK, GUYANA
ORK	CORK, REPUBLIC OF IRELAND
ORL	ORLANDO, FLORIDA, USA
ORN	ORAN, ALGERIA
ORS	ORPHEUS IS, RESORT, QLD, AUSTRALIA
ORV	NOORVIK, ALASKA, USA
ORY	PARIS-ORLY, FRANCE
OSA	OSAKA, JAPAN
OSD	OSTERSUND, SWEDEN
OSH	OSHKOSH, WIS, USA
OSI	OSIJEK, YUGOSLAVIA
OSK	OSKARSHAMN, SWEDEN
OSL	OSLO, NORWAY
OSM	MOSUL, IRAQ
OSP	SLUPSK, POLAND
OSR	OSTRAVA, CZECHOSLOVAKIA
OST	OSTEND, BELGIUM
OSZ	NAMSOS, NORWAY
OSZ	KOSZALIN, POLAND
OTD	CONTADORA, PANAMA REP
OTG	WORTHINGTON, MINN, USA
OTH	NORTH BEND, ORE, USA
OTI	MOROTAI ISLAND, INDONESIA
OTM	OTTUMWA, IOWA, USA
OTP	BUCHAREST-OTOPENI, ROMANIA
OTR	COTO 47, COSTA RICA
OTU	OTU, COLOMBIA
OTZ	KOTZEBUE, ALASKA, USA
OUA	OUAGADOUGOU, BURKINA FASO
OUD	OUJDA, MOROCCO
OUE	OUESSO, PEOP. REP. OF THE CONGO
OUH	OUDTSHOORN, SOUTH AFRICA
OUL	OULU, FINLAND
OUR	BATOURI, REPUBLIC OF CAMEROON
OUS	OURINHOS, BRAZIL
OUZ	ZOUERATE, MAURITANIA
OVA	BEKILY, DEM REP MADAGASCAR
OVB	NOVOSIBIRSK, USSR
OVD	ASTURIAS, SPAIN
OWB	OWENSBORO, KY, USA
OXR	OXNARD, CALIF, USA
OYA	GOYA, ARGENTINA
OYE	OYEM, GABON
OYN	OUYEN, VIC, AUSTRALIA
OYO	TRES ARROYOS, ARGENTINA
QZH	ZAPOROZHYE, USSR
OZZ	OUARZAZATE, MOROCCO

P

PAC	PANAMA CITY-PAITILLA, PAN REP
PAD	PADERBORN, FED. REP. OF. GERMANY
PAH	PADUCAH, KY, USA
PAL	PALANQUERO, COLOMBIA
PAN	PATTANI, THAILAND
PAP	PORT AU PRINCE, HAITI

PAR	PARIS, FRANCE
PAS	PAROS, GREECE
PAT	PATNA, INDIA
PAV	PAULO AFONSO, BRAZIL
PAW	PAMBWA, PAPUA NEW GUINEA
PAY	PAMOL, SABAH, MALAYSIA
PAZ	POZA RICA, MEXICO
PBC	PUEBLA, MEXICO
PBD	PORBANDAR, INDIA
PBE	PUERTO BERRIO, COLOMBIA
PBI	WEST PALM BEACH, FLORIDA, USA
PBL	PUERTO CABELLO, VENEZUELA
PBM	PARAMARIBO, REPUBLIC OF SURINAME
PBN	PORTO AMBOIM, ANGOLA
PBO	PARABURDOO, WA, AUSTRALIA
PBU	PUTAO, BURMA
PBZ	PLETTENBERG, SOUTH AFRICA
PCA	PORTAGE CREEK, ALASKA, USA
PCC	PUERTO RICO, COLOMBIA
PCL	PUCALLPA, PERU
PCR	PUERTO CARRENO, COLOMBIA
PDA	PUERTO INIRIDA, COLOMBIA
PDB	PEDRO BAY, ALASKA, USA
PDE	PANDIE PANDIE, SA, AUSTRALIA
PDG	PADANG, INDONESIA
PDL	PONTA DELGADA, PORTUGAL (AZORES)
PDN	PARNDANA, SA, AUSTRALIA
PDP	PUNTA DEL ESTE, URUGUAY
PDT	PENDLETON, OREGON, USA
PDU	PAYSANDU, URUGUAY
PDX	PORTLAND, ORE., USA
PEA	PENNESHAW, SA, AUSTRALIA
PEC	PELICAN, ALASKA, USA
PEG	PERUGIA, ITALY
PEH	PEHUAJO, ARGENTINA
PEI	PEREIRA, COLOMBIA
PEK	BEIJING, P R CHINA
PEL	PELANENG, LESOTHO
PEM	PUERTO MALDONADO, PERU
PEN	PENANG, MALAYSIA
PER	PERTH, WA, AUSTRALIA
PET	PELOTAS, BRAZIL
PEW	PESHAWAR, PAKISTAN
PFA	PAF WARREN, ALASKA, USA
PFB	PASSO FUNDO, BRAZIL
PFJ	PATREKSFJORDUR, ICELAND
PFN	PANAMA CITY, FLA USA
PFO	PAPHOS, CYPRUS
PGA	PAGE, ARIZ., USA
PGF	PERPIGNAN, FRANCE
PGH	PANTNAGAR, INDIA
PGK	PANGKALPINANG, INDONESIA
PGV	GREENVILLE, N.C., USA
PGX	PERIGUEUX, FRANCE
PGZ	PONTA GROSSA, BRAZIL
PHC	PORT HARCOURT, NIGERIA
PHE	PORT HEDLAND, WA, AUSTRALIA
PHF	NEWPORT NEWS, VIRGINIA, USA
PHL	PHILADELPHIA PA/WILMTON, DE, USA
PHO	POINT HOPE, ALASKA, USA
PHR	PACIFIC HARBOUR, FIJI
PHS	PHITSANULOK, THAILAND
PHW	PHALABORWA SOUTH AFRICA
PHX	PHOENIX, ARIZONA, USA
PIA	PEORIA, ILL, USA
PIB	LAUREL/HATTIESBURG, MISS., USA
PIE	TAMPA/ST PETERSBURG,FL-ST PETE., USA
PIH	POCATELLO, IDAHO, USA
PIK	GLASGOW-PRESTWICK, SCOTLAND UK
PIP	PILOT POINT, ALASKA, USA
PIR	PIERRE, S.D. USA
PIS	POITIERS, FRANCE
PIT	PITTSBURGH, PENNSYLVANIA, USA
PIU	PIURA, PERU
PIX	PICO ISLAND, PORTUGAL (AZORES)
PIZ	POINT LAY, ALASKA, USA
PJG	PANJGUR, PAKISTAN
PKA	NAPASKIAK, ALASKA, USA
PKB	PARKERSBURG, WEST VIRGINIA, USA
PKE	PARKES, N.S.W., AUSTRALIA
PKN	PANGKALANBUUN, INDONESIA
PKP	PUKAPUKA, FR. POLYNESIA
PKR	POKHARA, NEPAL
PKU	PEKANBARU, INDONESIA
PKW	SELEBI-PHIKWE, BOTSWANA
PKY	PALANGKARAYA, INDONESIA
PKZ	PAKSE, LAOS
PLB	PLATTSBURGH, N.Y., USA
PLH	PLYMOUTH, ENGLAND, (U.K.)
PLM	PALEMBANG, INDONESIA
PLN	PELLSTON, MICH., USA
PLO	PORT LINCOLN, SA, AUSTRALIA
PLS	PROVIDENCIALES, B.W.I.
PLW	PALU, INDONESIA
PLZ	PORT ELIZABETH, SOUTH AFRICA
PMA	PEMBA IS., TANZANIA
PMC	PUERTO MONTT, CHILE
PMD	PALMDALE/LANCASTER, CALIFORNIA, USA
PMF	PARMA, ITALY
PMG	PONTA PORA, BRAZIL
PMI	PALMA, MALLORCA IS., SPAIN
PMK	PALM ISLAND, QLD., AUSTRALIA
PML	PORT MOLLER, ALASKA, USA
PMN	PUMANI, PAPUA NEW GUINEA
PMO	PALERMO, ITALY
PMP	PIMAGA, PAPUA NEW GUINEA
PMQ	PERITO MORENO, ARGENTINA
PMR	PALMERSTON N., NEW ZEALAND
PMV	PORLAMAR, VENEZUELA
PNA	PAMPLONA, SPAIN
PNC	PONCA CITY, OKLA., USA
PND	PUNTA GORDA, BELIZE

PNF	PETERSON'S POINT, ALASKA, USA
PNH	PHNOM PENH, DEMOCRATIC KAMPUCHEA
PNI	PONAPE, CAROLINE IS., PAC. OCEAN
PNK	PONTIANAK, INDONESIA
PNL	PANTELLERIA, ITALY
PNP	POPONDETTA, PAPUA NEW GUINEA
PNQ	POONA, INDIA
PNR	POINTE NOIRE, PEOP. REP. OF CONGO
PNS	PENSACOLA, FLA., USA
PNZ	PETROLINA, BRAZIL
POA	PORTO ALEGRE, BRAZIL
POD	PODOR, SENEGAL
POE	FT. POLK, LA., USA
POG	PORT GENTIL, GABON
POL	PEMBA, MOZAMBIQUE
POM	PORT MORESBY, PAPUA NEW GUINEA
POO	POCOS DE CALDAS, BRAZIL
POP	PUERTO PLATA, DOMINICAN REPUBLIC
POQ	POLK INLET, ALASKA, USA
POR	PORI, FINLAND
POS	PORT OF SPAIN, TRIN. & TOB.
POT	PORT ANTONIO, JAMAICA
POU	POUGHKEEPSIE, N.Y., USA
POW	PORTOROZ, YUGOSLAVIA
POX	PONTOISE, FRANCE
POZ	POZNAN, POLAND
PPB	PRES PRUDENTE, BRAZIL
PPC	PROSPECT CREEK, ALASKA, USA
PPF	PARSONS, KANSAS, USA
PPG	PAGO PAGO, SAMOA
PPN	POPAYAN, COLOMBIA
PPP	PROSERPINE, QLD, AUSTRALIA
PPT	PAPEETE, SOC. IS., FR. POLYNESIA
PPW	PAPA WESTRAY, SCOTLAND, (U.K.)
PQI	PRESQUE ISLE, ME., USA
PQQ	PORT MACQUARIE, N.S.W., AUSTRALIA
PQS	PILOT STATION, ALASKA, USA
PRA	PARANA, ARGENTINA
PRB	PASO ROBLES, CALIF., USA
PRC	PRESCOTT, ARIZ., USA
PRG	PRAGUE, CZECHOSLOVAKIA
PRH	PHRAE, THAILAND
PRI	PRASLIN IS., SEYCHELLES IS. INDIAN O
PRM	PORTIMAO, PORTUGAL
PRN	PRISTINA, YUGOSLAVIA
PRS	PARASI, SOLOMON ISLANDS
PRX	PARIS, TEXAS, USA
PSA	PISA, ITALY
PSC	PASCO, WASH., USA
PSE	PONCE, PUERTO RICO
PSG	PETERSBURG, ALASKA USA
PSI	PASNI, PAKISTAN
PSJ	POSO, INDONESIA
PSO	PASTO, COLOMBIA
PSP	PALM SPRINGS, CALIF., USA
PSR	PESCARA, ITALY
PSS	POSADAS, ARGENTINA
PSZ	PUERTO SUAREZ, BOLIVIA
PTA	PORT ALSWORTH, ALASKA, USA
PTC	PORT ALICE, ALASKA, USA
PTF	MALOLOLAILAI, FIJI
PTG	PIETERSBURG, SOUTH AFRICA
PTH	PORT HEIDEN, ALASKA, USA
PTJ	PORTLAND, VIC., AUSTRALIA
PTP	POINTE A PITRE, GUADELOUPE
PTU	PLATINUM, ALASKA, USA
PTY	PANAMA CITY, PANAMA REPUBLIC
PUB	PUEBLO, COLO., USA
PUC	PRICE, UTAH, USA
PUD	PUERTO DESEADO, ARGENTINA
PUF	PAU, FRANCE
PUG	PORT AUGUSTA, SA, AUSTRALIA
PUK	PUKARUA, FR. POLYNESIA
PUM	POMALAA, INDONESIA
PUQ	PUNTA ARENAS, CHILE
PUS	PUSAN, REPUBLIC OF KOREA
PUU	PUERTO ASIS, COLOMBIA
PUW	PULLMAN, WASHINGTON, USA
PUY	PULA, YUGOSLAVIA
PVA	PROVIDENCIA, COLOMBIA
PVC	PROVINCETOWN, MASS., USA
PVD	PROVIDENCE, R.I., USA
PVH	PORTO VELHO, BRAZIL
PVK	PREVEZA/LEFKAS, GREECE
PVO	PORTOVIEJO, ECUADOR
PVR	PUERTO VALLARTA, MEXICO
PVU	PROVO, UTAH, USA
PWI	PAWI, ETHIOPIA
PWK	CHICAGO, ILLINOIS-PAL WAUKEE, USA
PWL	PURWOKERTO, INDONESIA
PWM	PORTLAND, ME., USA
PXM	PUERTO ESCONDIDO, MEXICO
PXO	PORTO SANTO, PORTUGAL (MADEIRA)
PYB	JEYPORE, INDIA
PYH	PUERTO AYACUCHO, VENEZUELA
PYN	PAYAN, COLOMBIA
PZA	PAZ DE ARIPORO, COLOMBIA
PZB	PIETERMARITZBURG, SOUTH AFRICA
PZE	PENZANCE, ENGLAND, (U.K.)
PZH	ZHOB, PAKISTAN
PZO	PUERTO ORDAZ, VENEZUELA
PZU	PORT SUDAN, SUDAN
PZY	PIESTANY, CZECHOSLOVAKIA

Q

QBC	BELLA COOLA, B.C., CANADA
QCE	COPPER MOUNTAIN, COLORADO, USA
QDU	DUESSELDORF-MAIN RR, FRG
QKB	BRECKENRIDGE, COLORADO, USA
QKL	COLOGNE/BONN-MAIN RR, FED. REP. GER.
QKS	KEYSTONE, COLORADO, USA

R

RAB	RABAUL, PAPUA NEW GUINEA
RAE	ARAR, SAUDI ARABIA
RAH	RAFHA, SAUDI ARABIA
RAI	PRAIA, CAPE VERDE ISLAND
RAJ	RAJKOT, INDIA
RAK	MARRAKECH, MOROCCO
RAM	RAMINGINING, N.T. AUSTRALIA
RAO	RIBEIRAO PRETO, BRAZIL
RAP	RAPID CITY, S.D., USA
RAQ	RAHA, INDONESIA
RAR	RAROTONGA, COOK IS., S. PACIFIC
RAS	RASHT, IRAN, ISLAMIC REP OF
RAV	CRAVO NORTE, COLOMBIA
RAW	ARAWA, PAPUA NEW GUINEA
RBA	RABAT, MOROCCO
RBC	ROBINVALE, VIC., AUSTRALIA
RBI	RABI, FIJI
RBJ	REBUN, JAPAN
RBP	RABARABA, PAPUA NEW GUINEA
RBQ	RURRENABAQUE, BOLIVIA
RBR	RIO BRANCO, BRAZIL
RBY	RUBY, ALASKA, USA
RCB	RICHARDS BAY, SOUTH AFRICA
RCE	ROCHE HARBOR, WASH., USA
RCH	RIOHACHA, COLOMBIA
RCM	RICHMOND, QLD, AUSTRALIA
RCN	AMERICAN RIVER, SA, AUSTRALIA
RCQ	RECONQUISTA, ARGENTINA
RCU	RIO CUARTO, ARGENTINA
RDD	REDDING, CALIF., USA
RDE	MERDEY, INDONESIA
RDG	READING, PA., USA
RDM	REDMOND, ORE., USA
RDT	RICHARD-TOLL, SENEGAL
RDU	RALEIGH/DURHAM, N.C., USA
RDV	RED DEVIL, ALASKA, USA
RDZ	RODEZ, FRANCE
REA	REAO, FR. POLYNESIA
REC	RECIFE, BRAZIL
REG	REGGIO CALABRIA, ITALY
REK	REYKJAVIK, ICELAND
REL	TRELEW, ARGENTINA
RES	RESISTENCIA, ARGENTINA
RET	ROST, NORWAY
REX	REYNOSA, MEXICO
REY	REYES, BOLIVIA
RFD	ROCKFORD, ILL., USA
RFN	RAUFARHOFN, ICELAND
RFP	RAIATEA, SOC. IS., FR. POLYNESIA
RFR	RIO FRIO, COSTA RICA
RGA	RIO GRANDE, ARGENTINA
RGE	PORGERA, PAPUA NEW GUINEA
RGH	BALURGHAT, INDIA
RGI	RANGIROA, FR. POLYNESIA
RGL	RIO GALLEGOS, ARGENTINA
RGN	RANGOON, BURMA
RGT	RENGAT, INDONESIA
RHE	REIMS, FRANCE
RHI	RHINELANDER, WIS., USA
RHO	RHODES, GREECE
RIA	SANTA MARIA, BRAZIL
RIB	RIBERALTA, BOLIVIA
RIC	RICHMOND, VIRGINIA, USA
RIF	RICHFIELD, UTAH, USA
RIG	RIO GRANDE, BRAZIL
RIJ	RIOJA, PERU
RIN	RINGI COVE, SOLOMON IS.
RIO	RIO DE JANEIRO, BRAZIL
RIS	RISHIRI, JAPAN
RIW	RIVERTON, WYOMING, USA
RIX	RIGA, USSR
RIY	RIYAN, YEMEN, DEMOCRATIC
RJA	RAJAHMUNDRY, INDIA
RJH	RAJSHAHI, BANGLADESH
RJK	RIJEKA, YUGOSLAVIA
RKD	ROCKLAND, ME., USA
RKS	ROCK SPRINGS, WYOMING, USA
RKT	RAS AL KHAIMAH, U.A. EMIRATES
RKU	YULE ISLAND, PAPUA NEW GUINEA
RMA	ROMA, QLD., AUSTRALIA
RMB	BURAIMI, OMAN
RMI	RIMINI, ITALY
RMK	RENMARK, SA, AUSTRALIA
RMP	RAMPART, ALASKA, USA
RNB	RONNEBY, SWEDEN
RNE	ROANNE, FRANCE
RNJ	YORON-JIMA, JAPAN
RNL	RENNELL IS., SOLOMON IS
RNN	RONNE, DENMARK
RNO	RENO, NEVADA, USA
RNR	ROBINSON RIVER, PAPUA NEW GUINEA
RNS	RENNES, FRANCE
ROA	ROANOKE, VA., USA
ROB	MONROVIA-ROBERTS, LIBERIA
ROC	ROCHESTER, N.Y., USA
ROH	ROBINHOOD, QLD., AUSTRALIA
ROK	ROCKHAMPTON, QLD., AUSTRALIA
ROM	ROME, ITALY
RON	RONDON, COLOMBIA
ROO	RONDONOPOLIS, BRAZIL
ROP	ROTA, MARIANA ISLANDS
ROR	KOROR, PALAU IS., PAC. OCEAN
ROS	ROSARIO, ARGENTINA
ROT	ROTORUA, NEW ZEALAND
ROU	RUSE, BULGARIA
ROV	ROSTOV, USSR
ROW	ROSWELL, N.M., USA
ROY	RIO MAYO, ARGENTINA
RPN	ROSH-PINA, GALILEE, ISRAEL
RPR	RAIPUR, INDIA

RRG	RODRIGUES IS., MAURITIUS
RRI	BARORA, SOLOMON ISLANDS
RRK	ROURKELA, INDIA
RRS	ROROS, NORWAY
RSA	SANTA ROSA, ARGENTINA
RSB	ROSEBERTH, QLD. AUSTRALIA
RSD	ROCK SOUND, BAHAMAS
RSE	SYDNEY, N.S.W.-ROSE BAY, AUSTRALIA
RSH	RUSSIAN MISSION, ALASKA, USA
RSJ	ROSARIO, WASHINGTON, USA
RSK	RANSIKI, INDONESIA
RSS	ROSEIRES, SUDAN
RST	ROCHESTER, MINN., USA
RSU	YOSU, REPUBLIC OF KOREA
RSW	FORT MYERS, FLORIDA-REGIONAL, USA
RTA	ROTUMA, FIJI
RTB	ROATAN, HONDURAS
RTC	RATNAGIRI, INDIA
RTG	RUTENG, INDONESIA
RTI	ROTI, INDONESIA
RTM	ROTTERDAM, NETHERLANDS
RTP	RUTLAND PLAINS, Q. AUSTRALIA
RTS	ROTTNEST IS., WA, AUSTRALIA
RTY	MERTY, SA, AUSTRALIA
RUA	ARUA, UGANDA
RUH	RIYADH, SAUDI ARABIA
RUN	REUNION ISLAND, INDIAN OCEAN
RUR	RURUTU IS., FRENCH POLYNESIA
RUS	MARAU, SOLOMON ISLANDS
RUT	RUTLAND, VT., USA
RVA	FARAFANGANA, DEM. REP MADAGASCAR
RVE	SARAVENA, COLOMBIA
RVK	ROERVIK, NORWAY
RVN	ROVANIEMI, FINLAND
RVO	REIVILO, SOUTH AFRICA
RVY	RIVERA, URUGUAY
RWB	ROWAN BAY, ALASKA, USA
RWI	ROCKY MOUNT/WILSON, N.CAROLINA, USA
RYN	ROYAN, FRANCE
RYO	RIO TURBIO, ARGENTINA
RZA	SANTA CRUZ, ARGENTINA
RZE	RZESZOW, POLAND

S

SAB	SABA, NETH. ANTILLES
SAH	SANAA, YEMEN ARAB REP
SAK	SAUDARKROKUR, ICELAND
SAL	SAN SALVADOR, EL SALVADOR
SAM	SALAMO, PAPUA NEW GUINEA
SAN	SAN DIEGO, CALIFORNIA, USA
SAO	SAO PAULO, BRAZIL
SAP	SAN PEDRO SULA, HONDURAS
SAQ	SAN ANDROS, BAHAMAS
SAT	SAN ANTONIO, TEX., USA
SAU	SAWU, INDONESIA
SAV	SAVANNAH, GEORGIA, USA
SAZ	SASSTOWN, LIBERIA
SBA	SANTA BARBARA, CALIF., USA
SBH	ST. BARTHELEMY, GUADELOUPE
SBK	ST BRIEUC, FRANCE
SBL	SANTA ANA, BOLIVIA
SBN	SOUTH BEND, IND., USA
SBO	SALINA, UTAH, USA
SBP	SAN LUIS OBISPO, CALIF., USA
SBR	SAIBAI ISLAND, QLD., AUSTRALIA
SBS	STEAMBOAT SPRINGS, COLORADO, USA
SBU	SPRINGBOK, SOUTH AFRICA
SBV	SABAH, PAPUA NEW GUINEA
SBW	SIBU, SARAWAK, MALAYSIA
SBY	SALISBURY, MD., USA
SBZ	SIBIU, ROMANIA
SCC	PRUDHOE BAY/DEADHORSE, ALASKA, USA
SCE	STATE COLLEGE, PA., USA
SCF	SCOTTSDALE, ARIZONA, USA
SCG	SPRING CREEK, QLD. AUSTRALIA
SCK	STOCKTON, CALIF., USA
SCL	SANTIAGO, CHILE
SCM	SCAMMON BAY, ALASKA, USA
SCN	SAARBRUECKEN, FED. REP. OF GERMANY
SCQ	SANTIAGO DE COMPOSTELA, SPAIN
SCT	SOCOTRA, YEMEN, DEMOCRATIC
SCU	SANTIAGO, CUBA
SCV	SUCEAVA, ROMANIA
SCZ	SANTA CRUZ, SOLOMON ISLANDS
SDA	BAGHDAD-SADDAM, IRAQ
SDD	LUBANGO, ANGOLA
SDE	SANTIAGO DEL ESTERO, ARGENTINA
SDF	LOUISVILLE, KY., USA
SDI	SAIDOR, PAPUA NEW GUINEA
SDJ	SENDAI, JAPAN
SDK	SANDAKAN, SABAH, MALAYSIA
SDL	SUNDSVALL, SWEDEN
SDM	SAN DIEGO, CA BROWNFIELD, USA
SDN	SANDANE, NORWAY
SDP	SAND POINT, ALASKA, USA
SDQ	SANTO DOMINGO, DOMINICAN REP.
SDR	SANTANDER, SPAIN
SDT	SAIDU SHARIF, PAKISTAN
SDU	RIO DE JANEIRO-DUMONT, BRAZIL
SDV	TEL AVIV/YAFO-SDE DOV, ISRAEL
SDX	SEDONA, ARIZONA, USA
SDY	SIDNEY, MONT., USA
SDZ	SHETLAND ISLANDS, SCOTLAND UK
SEA	SEATTLE/TACOMA, WASHINGTON, USA
SEB	SEBHA, LIBYAN A JAMAHIRIYA
SEH	SENGGEH, INDONESIA
SEL	SEOUL, REPUBLIC OF KOREA
SEN	LONDON-SOUTHEND, ENGLAND UK
SEO	SEGUELA, COTE D'IVOIRE
SEY	SELIBABY, MAURITANIA
SEZ	MAHE IS., SEYCHELLES IS INDIAN OC.

SFA	SFAX, TUNISIA
SFD	SAN FERNANDO DE APURE, VENEZUELA
SFG	ST MAARTEN-ESPERANCE, NETH. ANT.
SFJ	SONDRE STROMFJORD, GREENLAND
SFN	SANTA FE, ARGENTINA
SFO	SAN FRANCISCO/OAKLAND, CA., USA
SFT	SKELLEFTEA, SWEDEN
SFU	SAFIA, PAPUA NEW GUINEA
SGD	SONDERBORG, DENMARK
SGF	SPRINGFIELD, MISSOURI, USA
SGJ	SAGARAI, PAPUA NEW GUINEA
SGK	SANGAPI, PAPUA NEW GUINEA
SGN	HO CHI MINH, SOC. REP. OF VIET NAM
SGU	ST GEORGE, UTAH, USA
SGX	SONGEA, TANZANIA
SGY	SKAGWAY, ALASKA, USA
SHA	SHANGHAI, P. R. CHINA
SHB	NAKASHIBETSU, JAPAN
SHC	SHIRE INDASELASSIE, ETHIOPIA
SHD	SHENANDOAH VALLEY AIRPORT, VA., USA
SHE	SHENYANG, P. R. CHINA
SHG	SHUNGNAK, ALASKA, USA
SHH	SHISHMAREF, ALASKA, USA
SHI	SHIMOJISHIMA, JAPAN
SHJ	SHARJAH, U.A. EMIRATES
SHK	SEHONGHONG, LESOTHO
SHL	SHILLONG, INDIA
SHM	NANKI SHIRAHAMA, JAPAN
SHP	QINHUANGDAO, P. R CHINA
SHR	SHERIDAN, WYOMING, USA
SHS	SHASHI, P. R. CHINA
SHU	SMITH POINT, NT, AUSTRALIA
SHV	SHREVEPORT, LA., USA
SHW	SHARURAH, SAUDI ARABIA
SHX	SHAGELUK, ALASKA, USA
SHZ	SESHUTS, LESOTHO
SIA	XI AN, P. R. CHINA
SIB	SIBITI, PEOP. REP. OF THE CONGO
SID	SAL, CAPE VERDE ISLAND
SIG	SAN JUAN ISLA GRAND, PUERTO RICO
SIJ	SIGLUFJORDUR, ICELAND
SIM	SIMBAI, PAPUA NEW GUINEA
SIN	SINGAPORE, SINGAPORE
SIO	SMITHTON, TASMANIA, AUSTRALIA
SIP	SIMFEROPOL, USSR
SIQ	SINGKEP, INDONESIA
SIS	SISHEN, SOUTH AFRICA
SIT	SITKA, ALASKA, USA
SIX	SINGLETON, N.S.W., AUSTRALIA
SJB	SAN JOAQUIN, BOLIVIA
SJC	SAN JOSE, CALIFORNIA, USA
SJD	LOS CABOS, MEXICO
SJE	SAN JOSE DEL GUAVIARO, COLOMBIA
SJF	ST JOHN, VIRGIN IS. USA
SJJ	SARAJEVO, YUGOSLAVIA
SJK	SAO JOSE DOS CAMPOS, BRAZIL
SJO	SAN JOSE, COSTA RICA
SJP	SAO JOSE DO RIO PRETO, BRAZIL
SJT	SAN ANGELO, TEXAS, USA
SJU	SAN JUAN, PUERTO RICO
SJW	SHIJIAZHUANG, P. R CHINA
SJZ	SAN JORGE ISLAND, PORTUGAL (AZORES)
SKB	ST KITTS, LEEWARD IS.
SKC	SUKI, PAPUA NEW GUINEA
SKD	SAMARKAND, USSR
SKE	SKIEN, NORWAY
SKG	THESSALONIKI, GREECE
SKK	SHAKTOOLIK, ALASKA, USA
SKL	ISLE OF SKYE, SCOTLAND, (U.K.)
SKN	STOKMARKNES, NORWAY
SKO	SOKOTO, NIGERIA
SKP	SKOPJE, YUGOSLAVIA
SKQ	SEKAKES, LESOTHO
SKS	SKRYDSTRUP, DENMARK
SKU	SKIROS, GREECE
SKV	SANTA KATARINA, ARAB REP. OF EGYPT
SKZ	SUKKUR, PAKISTAN
SLA	SALTA, ARGENTINA
SLC	SALT LAKE CITY, UTAH, USA
SLD	SLIAC, CZECHOSLOVAKIA
SLE	SALEM, OREGON, USA
SLH	SOLA, VANUATU
SLK	SARANAC LAKE, N.Y., USA
SLL	SALALAH, OMAN
SLN	SALINA, KAN, USA
SLP	SAN LUIS POTOSI, MEXICO
SLQ	SLEETMUTE, ALASKA, USA
SLS	SILISTRA, BULGARIA
SLU	ST LUCIA, WEST INDIES
SLW	SALTILLO, MEXICO
SLX	SALT CAY, B W I
SLZ	SAO LUIZ, MARANHAO, BRAZIL
SMA	SANTA MARIA, PORTUGAL (AZORES)
SMF	SACRAMENTO CALIFORNIA, USA
SMI	SAMOS ISLAND, GREECE
SMK	ST MICHAEL, ALASKA, USA
SML	STELLA MARIS, LONG ISLAND, BAHAMAS
SMM	SIMPORNA, SABAH, MALAYSIA
SMR	SANTA MARTA, COLOMBIA
SMS	ST MARIE, DEM. REP. MADAGASCAR
SMW	SMARA, MOROCCO
SMX	SANTA MARIA, CALIF., USA
SMZ	STOELMANSEILAND, REP. OF SURINAME
SNA	ORANGE COUNTY, CALIF., USA
SNB	SNAKE BAY, N.T., AUSTRALIA
SNC	SALINAS, ECUADOR
SNE	SAO NICOLAU, CAPE VERDE ISLANDS
SNG	SAN IGNACIO DE VELASCO, BOLIVIA

SNI	SINOE, LIBERIA
SNN	SHANNON, REPUBLIC OF IRELAND
SNO	SAKON NAKHON, THAILAND
SNP	ST. PAUL IS., ALASKA, USA
SNR	ST. NAZAIRE, FRANCE
SNW	SANDOWAY, BURMA
SNY	SIDNEY, NEBR., USA
SOC	SOLO CITY, INDONESIA
SOE	SOUANKE, PEOP. REP. OF THE CONGO
SOF	SOFIA, BULGARIA
SOG	SOGNDAL, NORWAY
SOH	SOLITA, COLOMBIA
SOI	SOUTH MOLLE IS., QLD., AUSTRALIA
SOJ	SORKJOSEN, NORWAY
SOK	SEMONKONG, LESOTHO
SOM	SAN TOME, VENEZUELA
SON	ESPIRITU SANTO, VANUATU
SOO	SODERHAMN, SWEDEN
SOQ	SORONG, INDONESIA
SOU	SOUTHAMPTON, ENGLAND, (U.K.)
SOY	STRONSAY, SCOTLAND, (U.K.)
SPB	ST. THOMAS-SPB, VIRGIN ISLANDS
SPC	SANTA CRUZ LA PALMA, CANARY IS.
SPD	SAIDPUR, BANGLADESH
SPH	SOPU, PAPUA NEW GUINEA
SPI	SPRINGFIELD, ILL., USA
SPK	SAPPORO, JAPAN
SPN	SAIPAN, MARIANA ISLANDS
SPP	MENONGUE, ANGOLA
SPR	SAN PEDRO, BELIZE
SPS	WICHITA FALLS, TEXAS, USA
SPU	SPLIT, YUGOSLAVIA
SPW	SPENCER, IOWA, USA
SPY	SAN PEDRO, COTE D'IVOIRE
SQC	SOUTHERN CROSS, WA, AUSTRALIA
SQF	SOLANO, COLOMBIA
SQI	STERLING/ROCK FALLS, ILL., USA
SQN	SANANA, INDONESIA
SQR	SOROAKO, INDONESIA
SQV	SEQUIM, WASHINGTON, USA
SRA	SANTA ROSA, BRAZIL
SRE	SUCRE, BOLIVIA
SRG	SEMARANG, INDONESIA
SRI	SAMARINDA, INDONESIA
SRJ	SAN BORJA, BOLIVIA
SRM	SANDRINGHAM, QLD., AUSTRALIA
SRN	STRAHAN, TAS., AUSTRALIA
SRO	SANTANA RAMOS, COLOMBIA
SRP	STORD, NORWAY
SRQ	SARASOTA/BRADENTON, FLA., USA
SRV	STONY RIVER, ALASKA, USA
SRZ	SANTA CRUZ, BOLIVIA
SSA	SALVADOR, BRAZIL
SSB	ST. CROIX-SPB, VIRGIN ISLANDS
SSD	SAN FELIPE, COLOMBIA
SSG	MALABO, EQUAT'L GUINEA
SSH	SHARM EL SHEIK, ARAB REP. OF EGYPT
SSJ	SANDNESSJOEN, NORWAY
SSM	SAULT STE. MARIE, MICH., USA
SSR	SARA, VANUATU
SSS	SIASSI, PAPUA NEW GUINEA
SSY	M BANZA CONGO, ANGOLA
SSZ	SANTOS, BRAZIL
STA	STAUNING, DENMARK
STB	SANTA BARBARA, ZULIA, VENEZUELA
STD	SANTO DOMINGO, VENEZUELA
STG	ST. GEORGE ISLAND, ALASKA, USA
STI	SANTIAGO, DOMINICAN REPUBLIC
STL	ST. LOUIS, MISSOURI, USA
STM	SANTAREM, BRAZIL
STN	LONDON-STANSTED, ENGLAND UK
STO	STOCKHOLM, SWEDEN
STR	STUTTGART, FED. REP. OF GERMANY
STS	SANTA ROSA, CALIFORNIA, USA
STT	ST THOMAS, VIRGIN ISLANDS
STV	SURAT, INDIA
STW	STAVROPOL, USSR
STX	ST. CROIX, VIRGIN ISLANDS
STY	SALTO, URUGUAY
SUB	SURABAYA, INDONESIA
SUE	STURGEON BAY, WIS., USA
SUF	LAMEZIA TERME, ITALY
SUH	SUR, OMAN
SUI	SUKHUMI, USSR
SUJ	SATU MARE, ROMANIA
SUL	SUI, PAKISTAN
SUN	SUN VALLEY, IDAHO, USA
SUT	SUMBAWANGA, TANZANIA
SUV	SUVA, FIJI
SUX	SIOUX CITY, IOWA, USA
SUY	SUDUREYRI, ICELAND
SUZ	SURIA, PAPUA NEW GUINEA
SVA	SAVOONGA, ALASKA, USA
SVB	SAMBAVA, DEM. REP. MADAGASCAR
SVC	SILVER CITY, N.M., USA
SVD	ST. VINCENT, WINDWARD IS.
SVG	STAVANGER, NORWAY
SVI	SAN VINCENTE DEL CAGUAN, COLOMBIA
SVJ	SVOLVAER, NORWAY
SVL	SAVONLINNA, FINLAND
SVO	MOSCOW-SHEREMETYE, USSR
SVP	KUITO, ANGOLA
SVQ	SEVILLE, SPAIN
SVS	STEVENS VILLAGE, ALASKA, USA
SVU	SAVUSAVU, FIJI
SVY	SAVO, SOLOMON ISLANDS
SVZ	SAN ANTONIO, VENEZUELA

SWD	SEWARD, ALASKA, USA
SWG	SATWAG, PAPUA NEW GUINEA
SWH	SWAN HILL, VIC., AUSTRALIA
SWJ	SOUTH WEST BAY, VANUATU
SWP	SWAKOPMUND, NAMIBIA
SWQ	SUMBAWA IS., INDONESIA
SXB	STRASBOURG, FRANCE
SXE	SALE, VIC., AUSTRALIA
SXF	BERLIN, GERMAN DEM. REP.
SXH	SEHULEA, PAPUA NEW GUINEA
SXK	SAUMLAKI, INDONESIA
SXM	ST. MAARTEN, NETH. ANTILLES
SXP	SHELDON POINT, ALASKA, USA
SXQ	SOLDOTNA, ALASKA, USA
SXR	SRINAGAR, INDIA
SXU	SODDU, ETHIOPIA
SYA	SHEMYA IS., ALASKA, USA
SYB	SEAL BAY, ALASKA, USA
SYD	SYDNEY, N.S.W., AUSTRALIA
SYE	SA'DAH, YEMEN ARAB REPUBLIC
SYK	STYKKISHOLMUR, ICELAND
SYM	SIMAO, P. R. CHINA
SYR	SYRACUSE, N.Y., USA
SYX	SANYA, P. R. CHINA
SYY	STORNOWAY, SCOTLAND, (U.K.)
SYZ	SHIRAZ, IRAN, ISLAMIC REP OF
SZA	SOYO, ANGOLA
SZG	SALZBURG, AUSTRIA
SZK	SKUKUZA, SOUTH AFRICA
SZS	STEWART ISLAND, NEW ZEALAND
SZZ	SZCZECIN, POLAND

T

TAB	TOBAGO, TRINIDAD & TOBAGO
TAH	TANNA ISLAND, VANUATU
TAI	TAIZ, YEMEN ARAB REP
TAK	TAKAMATSU, JAPAN
TAL	TANANA, ALASKA, USA
TAM	TAMPICO, MEXICO
TAO	QINGDAO, P. R. CHINA
TAP	TAPACHULA, MEXICO
TAS	TASHKENT, USSR
TAT	TATRY/POPRAD, CZECHOSLOVAKIA
TAV	TA'U ISLAND, AMERICAN SAMOA
TAU	TIMBIQUI, COLOMBIA
TBF	TABITEUEA NORTH, REP. OF KIRIBATI
TBG	TABUBIL, PAPUA NEW GUINEA
TBN	FT. LEONARD WOOD, MISSOURI, USA
TBO	TABORA, TANZANIA
TBP	TUMBES, PERU
TBS	TBILISI, USSR
TBT	TABATINGA, BRAZIL
TBU	TONGATAPU, TONGA ISLAND, S. PACIFIC
TBZ	TABRIZ, IRAN, ISLAMIC REP OF
TCA	TENNANT CREEK, N.T., AUSTRALIA
TCB	TREASURE CAY, BAHAMAS
TCD	TARAPACA, COLOMBIA
TCE	TULCEA, ROMANIA
TCH	TCHIBANGA, GABON
TCI	TENERIFE, CANARY IS
TCL	TUSCALOOSA, ALA., USA
TCO	TUMACO, COLOMBIA
TCQ	TACNA, PERU
TCT	TAKOTNA, ALASKA, USA
TCW	TOCUMWAL, N.S.W., AUSTRALIA
TDA	TRINIDAD, COLOMBIA
TDB	TETEBEDI, PAPUA NEW GUINEA
TDD	TRINIDAD, BOLIVIA
TDJ	TADJOURA, DJIBOUTI
TDL	TANDIL, ARGENTINA
TED	THISTED, DENMARK
TEE	TBESSA, ALGERIA
TEF	TELFER, WA, AUSTRALIA
TEI	TEZU, INDIA
TEM	TEMORA, N.S.W., AUSTRALIA
TEO	TERAPO, PAPUA NEW GUINEA
TEP	TEPTEP, PAPUA NEW GUINEA
TER	TERCEIRA, PORTUGAL (AZORES)
TET	TETE, MOZAMBIQUE
TEU	TE ANAU, NEW ZEALAND
TEX	TELLURIDE, COLORADO, USA
TEY	THINGEYRI, ICELAND
TEZ	TEZPUR, INDIA
TFF	TEFE, BRAZIL
TFI	TUFI, PAPUA NEW GUINEA
TFM	TELEFOMIN, PAPUA NEW GUINEA
TFS	TENERIFE-REINASOFIA, CANARY ISLANDS
TGD	TITOGRAD, YUGOSLAVIA
TGG	KUALA TERENGGANU, MALAYSIA
TGH	TONGOA, VANUATU
TGI	TINGO MARIA, PERU
TGJ	TIGA, LOYALTY IS. PACIFIC OCEAN
TGL	TAGULA, PAPUA NEW GUINEA
TGM	TIRGU MURES, ROMANIA
TGN	TRARALGON, VICTORIA, AUSTRALIA
TGO	TONGLIAO, P. R. CHINA
TGR	TOUGGOURT, ALGERIA
TGT	TANGA, TANZANIA
TGU	TEGUCIGALPA, HONDURAS
TGV	TARGOVISHTE, BULGARIA
TGZ	TUXTLA GUTIERREZ, MEXICO
THB	THABA TSEKA, LESOTHO
THC	TCHIEN, LIBERIA
THE	TERESINA, PIAUI, BRAZIL
THF	BERLIN-TEMPELHOF, GERMANY (WEST)
THG	THANGOOL, QLD., AUSTRALIA
THN	TROLLHATTAN, SWEDEN
THO	THORSHOFN, ICELAND

THR	TEHRAN, IRAN, ISLAMIC REP. OF
THY	THOYANDOU VENDA, SOUTH AFRICA
TIA	TIRANA, ALBANIA
TIC	TINAK, MARSHALL ISLANDS
TID	TIARET, ALGERIA
TIE	TIPPI, ETHIOPIA
TIF	TAIF, SAUDI ARABIA
TIH	TIKEHAU, FR. POLYNESIA
TIJ	TIJUANA, MEXICO
TIM	TIMIKA, INDONESIA
TIN	TINDOUF, ALGERIA
TIP	TRIPOLI, LIBYAN A JAMAHIRIYA
TIQ	TINIAN, MARIANA ISLANDS
TIR	TIRUPATI, INDIA
TIS	THURSDAY IS., QLD., AUSTRALIA
TIU	TIMARU, NEW ZEALAND
TIV	TIVAT, YUGOSLAVIA
TIY	TIDJIKJA, MAURITANIA
TIZ	TARI, PAPUA NEW GUINEA
TJA	TARIJA, BOLIVIA
TJQ	TANJUNG PANDAN, INDONESIA
TJS	TANJUNG SELOR, INDONESIA
TJV	THANJAVUR, INDIA
TKE	TENAKEE, ALASKA, USA
TKG	BANDAR LAMPUNG, INDONESIA
TKJ	TOK, ALASKA, USA
TKK	TRUK, CAROLINE IS., PAC. OCEAN
TKN	TOKUNO SHIMA, JAPAN
TKP	TAKAPOTO IS, FR POLYNESIA
TKQ	KIGOMA, TANZANIA
TKS	TOKUSHIMA, JAPAN
TKT	TAK, THAILAND
TKU	TURKU, FINLAND
TKV	TATAKOTO, FR. POLYNESIA
TKX	TAKAROA, FRENCH POLYNESIA
TLA	TELLER, ALASKA, USA
TLC	TOLUCA, MEXICO
TLE	TULEAR, DEM. REP. MADAGASCAR
TLF	TELIDA, ALASKA, USA
TLG	TULAGHI ISLAND, SOLOMON IS.
TLH	TALLAHASSEE, FLA., USA
TLI	TOLITOLI, INDONESIA
TLJ	TATALINA, ALASKA, USA
TLL	TALLINN, USSR
TLM	TLEMCEN, ALGERIA
TLN	TOULON/HYERES, FRANCE
TLO	TOL, PAPUA NEW GUINEA
TLS	TOULOUSE, FRANCE
TLT	TULUKSAK, ALASKA, USA
TLV	TEL AVIV-YAFO, ISRAEL
TMC	TAMBOLAKA, INDONESIA
TME	TAME, COLOMBIA
TMG	TOMANGGONG, MALAYSIA
TMH	TANAHMERAH, INDONESIA
TML	TAMALE, GHANA
TMM	TAMATAVE, DEM. REP. MADAGASCAR
TMN	TAMANA, REP. OF KIRIBATI
TMP	TAMPERE, FINLAND
TMR	TAMANRASSET, ALGERIA
TMS	SAO TOME ISLAND, SAO TOME IS
TMW	TAMWORTH, N.S.W., AUSTRALIA
TMX	TIMIMOUN, ALGERIA
TNA	JINAN, P. R. CHINA
TNB	TANAHGROGOT, INDONESIA
TNC	TIN CITY, ALASKA, USA
TNE	TANEGASHIMA, JAPAN
TNG	TANGIER, MOROCCO
TNJ	TANJUNG PINANG, INDONESIA
TNK	TUNUNAK, ALASKA, USA
TNN	TAINAN, TAIWAN
TNO	TAMARINDO, COSTA RICA
TNR	ANTANANARIVO, DEM. REP. MADAGASCAR
TOB	TOBRUK, LIBYAN A JAMAHIRIYA
TOD	TIOMAN, MALAYSIA
TOE	TOZEUR, TUNISIA
TOG	TOGIAK, ALASKA, USA
TOH	TORRES, VANUATU
TOK	TOROKINA, PAPUA NEW GUINEA
TOL	TOLEDO, OHIO, USA
TON	TONU, PAPUA NEW GUINEA
TOP	TOPEKA, KANSAS, USA
TOS	TROMSO, NORWAY
TOU	TOUHO, NEW CALEDONIA
TOV	TORTOLA-WESTEND SP, BR VIRGIN IS
TOY	TOYAMA, JAPAN
TOZ	TOUBA, COTE D'IVOIRE
TPA	TAMPA/ST. PETERSBURG, FLORIDA, USA
TPC	TARAPOA, ECUADOR
TPE	TAIPEI, TAIWAN
TPI	TAPINI, PAPUA NEW GUINEA
TPL	TEMPLE, TEXAS, USA
TPP	TARAPOTO, PERU
TPS	TRAPANI, ITALY
TRA	TARAMAJIMA, JAPAN
TRB	TURBO, COLOMBIA
TRC	TORREON, MEXICO
TRD	TRONDHEIM, NORWAY
TRE	TIREE ISLAND, SCOTLAND UK
TRF	SANDEFJORD, NORWAY
TRG	TAURANGA, NLW ZEALAND
TRI	TRI-CITY AIRPORT, TENN., USA
TRK	TARAKAN, INDONESIA
TRN	TURIN, ITALY
TRO	TAREE, N.S.W., AUSTRALIA
TRS	TRIESTE, ITALY
TRU	TRUJILLO, PERU
TRV	TRIVANDRUM, INDIA
TRW	TARAWA, REP. OF KIRIBATI

TRZ	TIRUCHIRAPALLY, INDIA
TSA	TAIPEI-SUNG SHAN, TAIWAN
TSB	TSUMEB, NAMIBIA
TSH	TSHIKAPA, ZAIRE
TSJ	TSUSHIMA, JAPAN
TSN	TIANJIN, P R CHINA
TSO	ISLES OF SCILLY-TRESCO, (UK)
TSR	TIMISOARA, ROMANIA
TSS	NEW YORK, NEW YORK-E 34TH ST, USA
TST	TRANG, THAILAND
TSU	TABITEUEA SOUTH, REP. OF KIRIBATI
TSV	TOWNSVILLE, QLD., AUSTRALIA
TTA	TAN TAN, MOROCCO
TTE	TERNATE, INDONESIA
TTJ	TOTTORI, JAPAN
TTL	TURTLE ISLAND, FIJI
TTN	TRENTON, N J , USA
TTR	TANATORAJA, INDONESIA
TTS	TSARATANANA DEM REP MADAGASCAR
TTT	TAITUNG, TAIWAN
TTU	TETUAN, MOROCCO
TUA	TULCAN, ECUADOR
TUB	TUBUAI IS, AUSTRAL IS, S. PAC OC
TUC	TUCUMAN, ARGENTINA
TUD	TAMBACOUNDA, SENEGAL
TUF	TOURS, FRANCE
TUK	TURBAT, PAKISTAN
TUL	TULSA, OKLAHOMA, USA
TUM	TUMUT, N.S.W. AUSTRALIA
TUN	TUNIS, TUNISIA
TUO	TAUPO, NEW ZEALAND
TUP	TUPELO, MISS , USA
TUR	TUCURUI, BRAZIL
TUS	TUCSON, ARIZONA, USA
TUU	TABUK, SAUDI ARABIA
TUV	TUCUPITA, VENEZUELA
TVA	MORAFENOBE, DEM REP MADAGASCAR
TVC	TRAVERSE CITY, MICHIGAN, USA
TVF	THIEF RIVER FALLS, MINN , USA
TVL	LAKE TAHOE, CALIF., USA
TVU	TAVEUNI, FIJI
TVY	TAVOY, BURMA
TWA	TWIN HILLS, ALASKA, USA
TWB	TOOWOOMBA, QLD., AUSTRALIA
TWF	TWIN FALLS, IDAHO, USA
TWU	TAWAU, SABAH, MALAYSIA
TXK	TEXARKANA, ARKANSAS, USA
TXL	BERLIN-TEGEL, GERMANY (WEST)
TXM	TEMINABUAN, INDONESIA
TXN	TUNXI, P R CHINA
TXU	TABOU, COTE D'IVOIRE
TYL	TALARA, PERU
TYN	TAIYUAN, P R CHINA
TYO	TOKYO, JAPAN
TYR	TYLER, TEXAS, USA
TYS	KNOXVILLE, TENNESSEE, USA
TZA	BELIZE CITY-MUNICIPAL, BELIZE
TZN	SOUTH ANDROS, BAHAMAS
TZX	TRABZON, TURKEY

U

UAH	UA HUKA, MARQUESAS IS PAC OCEAN
UAI	SUAI, INDONESIA
UAK	NARSSARSSUAQ, GREENLAND
UAP	UA POU, MARQUISAS IS PAC. OC.
UAQ	SAN JUAN, ARGENTINA
UAS	SAMBURU, KENYA
UBA	UBERABA, BRAZIL
UBB	MABUIAG ISLAND, QLD , AUSTRALIA
UBI	BUIN, PAPUA NEW GUINEA
UBJ	UBE, JAPAN
UBP	UDON RATCHATHANI, THAILAND
UBS	COLUMBUS/STARKVILLE/WEST PT.MS, USA
UCA	UTICA, N.Y., USA
UDI	UBERLANDIA, BRAZIL
UDR	UDAIPUR, INDIA
UEE	QUEENSTOWN, TASMANIA, AUSTRALIA
UEL	QUELIMANE, MOZAMBIQUE
UEO	KUME JIMA, JAPAN
UET	QUETTA, PAKISTAN
UFA	UFA, USSR
UGB	PILOT POINT, ALASKA-UGASHIK, USA
UGC	URGENCH, USSR
UGI	UGANIK, ALASKA, USA
UGO	UIGE, ANGOLA
UIB	QUIBDO, COLOMBIA
UIN	QUINCY, ILL , USA
UIO	QUITO, ECUADOR
UIP	QUIMPER, FRANCE
UIR	QUIRINDI, N S W , AUSTRALIA
UIT	JALUIT, MARSHALL ISLANDS
UJE	UJAE ISLAND, MARSHALL ISLANDS
UKR	MUKEIRAS, YEMEN, DEMOCRATIC
UKU	NUKU, PAPUA NEW GUINEA
ULA	SAN JULIAN ARGENTINA
ULB	ULEI, VANUATU
ULE	SULE, PAPUA NEW GUINEA
ULN	ULAN BATOR, MONGOLIA
ULP	QUILPIE, QLD , AUSTRALIA
ULU	GULU, UGANDA
ULY	UI YANOVSK, USSR
UMD	UUMMANNAQ, GREENLAND
UME	UMEA, SWEDEN
UMR	WOOMERA, SA, AUSTRALIA
UNE	QACHA'S NEK, LESOTHO
UNG	KIUNGA, PAPUA NEW GUINEA
UNI	UNION ISLAND, WINDWARD IS.
UNK	UNALAKLEET, ALASKA, USA
UNT	UNST, SHETLAND IS , SCOTLAND, (U K.)
UPG	UJUNG PANDANG, INDONESIA
UPN	URUAPAN, MEXICO
UQE	QUEEN, ALASKA, USA
URB	URUBUPUNGA, BRAZIL
URC	URUMQI, P R CHINA
URG	URUGUAIANA, BRAZIL
URI	URIBE, COLOMBIA
URO	ROUEN, FRANCE
URR	URRAO, COLOMBIA
URT	SURAT THANI, THAILAND
URY	GURAYAT, SAUDI ARABIA
USH	USHUAIA, ARGENTINA
USI	MABARUMA, GUYANA
USL	USELESS LOOP, WA, AUSTRALIA
USN	ULSAN, REPUBLIC OF KOREA
UTH	UDON THANI, THAILAND
UTK	UTIRIK, MARSHALL ISLANDS
UTN	UPINGTON, SOUTH AFRICA
UTO	UTOPIA CREEK, ALASKA, USA
UTT	UMTATA, SOUTH AFRICA
UUU	MANUMU, PAPUA NEW GUINEA
UVE	OUVEA, LOYALTY IS, PACIFIC OCEAN
UVF	ST LUCIA-HEWANORRA, WEST INDIES
UVL	NEW VALLEY, ARAB REP OF EGYPT
UVO	UVOL, PAPUA NEW GUINEA
UYL	NYALA, SUDAN

V

VAA	VAASA, FINLAND
VAF	VALENCE, FRANCE
VAI	VANIMO, PAPUA NEW GUINEA
VAK	CHEVAK, ALASKA, USA
VAN	VAN, TURKEY
VAR	VARNA, BULGARIA
VAS	SIVAS, TURKEY
VAT	VATOMANDRY, DEM. REP. MADAGASCAR
VAV	VAVA'U, TONGA ISLAND
VAW	VARDOE, NORWAY
VBV	VANUABALAVU, FIJI
VBY	VISBY, SWEDEN
VCE	VENICE, ITALY
VCP	SAO PAULO-VIRACOPOS, BRAZIL
VCT	VICTORIA, TEXAS, USA
VDC	VITORIA DA CONQUISTA, BRAZIL
VDE	VALVERDE, CANARY ISLANDS
VDM	VIEDMA, ARGENTINA
VDR	VILLA DOLORES, ARGENTINA
VDS	VADSO, NORWAY
VDZ	VALDEZ, ALASKA, USA
VEE	VENETIE, ALASKA, USA
VEG	MAIKWAK, GUYANA
VEL	VERNAL, UTAH, USA
VER	VERACRUZ, MEXICO
VEV	BARAKOMA, SOLOMON ISLANDS
VEY	VESTMANNAEYJAR, ICELAND
VFA	VICTORIA FALLS, ZIMBABWE
VGA	VIJAYAWADA, INDIA
VGO	VIGO, SPAIN
VGS	GENERAL VILLEGAS, ARGENTINA
VGZ	VILLAGARZON, COLOMBIA
VHC	SAURIMO, ANGOLA
VHY	VICHY, FRANCE
VHZ	VAHITAHI, FRENCH POLYNESIA
VID	VIDIN, BULGARIA
VIE	VIENNA, AUSTRIA
VIJ	VIRGIN GORDA, BRIT. VIRGIN IS.
VIL	DAKHLA, MOROCCO
VIS	VISALIA, CALIFORNIA, USA
VIT	VITORIA, SPAIN
VIV	VIVIGANI, PAPUA NEW GUINEA
VIX	VITORIA, ESPIRITO SANTO, BRAZIL
VKO	MOSCOW-VNUKOVO, USSR
VLC	VALENCIA, SPAIN
VLD	VALDOSTA, GEORGIA, USA
VLG	VILLA GESELL, ARGENTINA
VLI	PORT VILA, VANUATU
VLL	VALLADOLID, SPAIN
VLM	VILLA MONTES, BOLIVIA
VLN	VALENCIA, VENEZUELA
VLS	VALESDIR, VANUATU
VLV	VALERA, VENEZUELA
VME	VILLA MERCEDES, ARGENTINA
VMU	BAIMURU, PAPUA NEW GUINEA
VNO	VILNIUS, USSR
VNR	VANROOK, Q AUSTRALIA
VNS	VARANASI, INDIA
VOG	VOLGOGRAD, USSR
VOH	VOHEMAR, DEM REP. MADAGASCAR
VOI	VOINJAMA, LIBERIA
VPN	VOPNAFJORDUR, ICELAND
VPS	FT. WALTON BEACH, FLORIDA, USA
VQS	VIEQUES, PUERTO RICO
VRA	VARADERO, CUBA
VRB	VERO BEACH, FLORIDA, USA
VRK	VARKAUS, FINLAND
VRL	VILA REAL, PORTUGAL
VRN	VERONA, ITALY
VRY	VAEROY, NORWAY
VSA	VILLAHERMOSA, MEXICO
VSE	VISEU, PORTUGAL
VST	VASTERAS, SWEDEN
VTE	VIENTIANE, LAOS
VTU	LAS TUNAS, CUBA
VTZ	VISHAKHAPATNAM, INDIA
VUP	VALLEDUPAR, COLOMBIA
VVB	MAHANORO, DEM REP. MADAGASCAR

VVC	VILLAVICENCIO, COLOMBIA
VVI	SANTA CRUZ-VIRU VIRU, BOLIVIA
VVZ	ILLIZI, ALGERIA
VXC	LICHINGA, MOZAMBIQUE
VXE	SAO VICENTE, CAPE VERDE ISLANDS
VXO	VAXJO, SWEDEN
VYD	VRYHEID, SOUTH AFRICA
VYS	PERU, ILLINOIS, USA

W

WAA	WALES, ALASKA, USA
WAC	WACA, ETHIOPIA
WAD	ANDRIAMENA, DEM REP MADAGASCAR
WAG	WANGANUI, NEW ZEALAND
WAI	ANTSOHIHY, DEM REP MADAGASCAR
WAK	ANKAZOABO, DEM REP MADAGASCAR
WAM	AMBATONDRAZAKA, DEM REP MADAGASCAR
WAQ	ANTSALOVA, DEM REP MADAGASCAR
WAS	WASHINGTON, D.C., USA
WAT	WATERFORD, REPUBLIC OF IRELAND
WAW	WARSAW, POLAND
WBB	STEBBINS, ALASKA, USA
WBE	BEALANANA, DEM REP MADAGASCAR
WBM	WAPENAMANDA, PAPUA NEW GUINEA
WBO	BEROROHA, DEM REP MADAGASCAR
WBQ	BEAVER, ALASKA, USA
WDG	ENID, OKLAHOMA, USA
WDH	WINDHOEK, NAMIBIA
WED	WEDAU, PAPUA NEW GUINEA
WEI	WEIPA, QLD, AUSTRALIA
WEL	WELKOM, SOUTH AFRICA
WET	WAGETHE, INDONESIA
WFI	FIANARANTSOA, DEM REP. MADAGASCAR
WFK	FRENCHVILLE, MAINE, USA
WGA	WAGGA-WAGGA, N.S.W., AUSTRALIA
WGC	WARANGAL, INDIA
WGE	WALGETT, N.S.W., AUSTRALIA
WGP	WAINGAPU, INDONESIA
WGT	WANGARATTA, VIC., AUSTRALIA
WHK	WHAKATANE, NEW ZEALAND
WHR	VAIL/EAGLE, COLORADO AVON, USA
WHS	WHALSAY, SHETLAND IS., SCOTLAND, UK
WIC	WICK, SCOTLAND, (U.K.)
WIL	NAIROBI-WILSON, KENYA
WIN	WINTON, QLD, AUSTRALIA
WIU	WITU, PAPUA NEW GUINEA
WJA	WOJA, MARSHALL ISLANDS
WJF	PALMDALE/LANCASTER, CALIF-FOX, USA
WJR	WAJIR, KENYA
WKA	WANAKA, NEW ZEALAND
WKB	WARRACKNABEAL, VIC, AUSTRALIA
WKJ	WAKKANAI, JAPAN
WKK	ALEKNAGIK, ALASKA, USA
WKM	HWANGE NATIONAL PARK, ZIMBABWE
WKN	WAKUNAI, PAPUA NEW GUINEA
WKR	WALKERS CAY, BAHAMAS
WLB	LABOUCHERE BAY, ALASKA, USA
WLG	WELLINGTON, NEW ZEALAND
WLH	WALAHA, VANUATU
WLK	SELAWIK, ALASKA, USA
WLS	WALLIS IS., WALLIS & FUTUNA IS
WMA	MANDRITSARA, DEM REP MADAGASCAR
WMB	WARRNAMBOOL, VIC, AUSTRALIA
WMD	MANDABE, DEM REP MADAGASCAR
WMK	MEYERS CHUCK, ALASKA, USA
WMN	MAROANTSETRA, DEM REP MADAG.
WMO	WHITE MOUNTAIN, ALASKA, USA
WMR	MANANARA, DEM REP MADAGASCAR
WMX	WAMENA, INDONESIA
WNA	NAPAKIAK, ALASKA, USA
WNR	WINDORAH, QLD, AUSTRALIA
WNS	NAWAB SHAH, PAKISTAN
WNY	WYNYARD, TASMANIA, AUSTRALIA
WPM	WIPIM, PAPUA NEW GUINEA
WRA	WARDER, ETHIOPIA
WRE	WHANGAREI, NEW ZEALAND
WRG	WRANGELL, ALASKA, USA
WRL	WORLAND, WYO., USA
WRO	WROCLAW, POLAND
WRY	WESTRAY, SCOTLAND, (U.K.)
WSJ	SAN JUAN, ALASKA, USA
WSN	SOUTH NAKNEK, ALASKA, USA
WSO	WASHABO, REPUBLIC OF SURINAME
WSR	WASIOR, INDONESIA
WST	WESTERLY, R.I., USA
WSU	WASU, PAPUA NEW GUINEA
WSY	AIRLIE BEACH, QLD., AUSTRALIA
WSZ	WESTPORT, NEW ZEALAND
WTA	TAMBOHORANO, DEM REP MADAGASCAR
WTE	WOTJE, MARSHALL ISLANDS
WTK	NOATAK, ALASKA, USA
WTL	TUNTATULIAK, ALASKA, USA
WTO	WOTHO, MARSHALL ISLANDS
WTP	WOITAPE, PAPUA NEW GUINEA
WTS	TSIROANOMANDIDY, DEM REP MADAGASCAR
WUG	WAU, PAPUA NEW GUINEA
WUH	WUHAN, P. R. CHINA
WUN	WILUNA, WA, AUSTRALIA
WUV	WUVULU ISLAND, PAPUA NEW GUINEA
WVB	WALVIS BAY, SOUTH AFRICA
WVK	MANAKARA, DEM REP MADAGASCAR
WVL	WATERVILLE, ME., USA
WWD	CAPE MAY, NEW JERSEY, USA
WWK	WEWAK, PAPUA NEW GUINEA
WWT	NEWTOK, ALASKA, USA
WWY	WEST WYALONG, N.S.W., AUSTRALIA
WYA	WHYALLA, SA, AUSTRALIA
WYS	WEST YELLOWSTONE, MONTANA, USA
WZY	NASSAU-PARADISE I, BAHAMAS

X

XAP	CHAPECO, BRAZIL
XBE	BEARSKIN LAKE, ONT., CANADA
XBN	BINIGUNI, PAPUA NEW GUINEA
XBR	BROCKVILLE, ONTARIO, CANADA
XCH	CHRISTMAS ISLAND, IND. OCEAN
XGA	GAOUA, BURKINA FASO
XGG	GOROM-GOROM, BURKINA FASO
XIC	XICHANG, P. R. CHINA
XIL	XILINHOT, P. R. CHINA
XIN	XINGNING, P. R. CHINA
XKS	KASABONIKA, ONTARIO, CANADA
XLB	LAC BROCHET, MAN., CANADA
XLS	ST. LOUIS, SENEGAL
XMH	MANIHI, FRENCH POLYNESIA
XMI	MASASI, TANZANIA
XMN	XIAMEN, P. R. CHINA
XMS	MACAS, ECUADOR
XMY	YAM ISLAND, QLD., AUSTRALIA
XNN	XINING, P. R. CHINA
XPK	PUKATAWAGAN, MAN., CANADA
XQP	QUEPOS, COSTA RICA
XQU	QUALICUM, B.C., CANADA
XRR	ROSS RIVER, Y.T., CANADA
XRY	JEREZ DE LA FRONTERA, SPAIN
XSC	SOUTH CAICOS, B.W.I.
XSI	SOUTH INDIAN LAKE, MAN., CANADA
XSP	SINGAPORE-SELETAR, SINGAPORE
XYA	YANDINA, SOLOMON IS

Y

YAA	ANAHIM LAKE, B.C., CANADA
YAB	ARCTIC BAY, N.W.T., CANADA
YAC	CAT LAKE, ONTARIO, CANADA
YAG	FORT FRANCES, ONT., CANADA
YAK	YAKUTAT, ALASKA, USA
YAL	ALERT BAY, B.C., CANADA
YAM	SAULT STE MARIE, ONT., CANADA
YAO	YAOUNDE, REPUBLIC OF CAMEROON
YAP	YAP, CAROLINE IS., PAC. OCEAN
YAT	ATTAWAPISKAT, ONT., CANADA
YAY	ST. ANTHONY, NFLD., CANADA
YBB	PELLY BAY, N.W.T.-TOWNSITE, CANADA
YBC	BAIE COMEAU, QUEBEC, CANADA
YBE	URANIUM CITY, SASK., CANADA
YBG	SAGUENAY, QUEBEC, CANADA
YBI	BLACK TICKLE, NFLD, CANADA
YBJ	BAIE JOHAN BEETZ, QUE., CANADA
YBK	BAKER LAKE, N.W.T., CANADA
YBL	CAMPBELL RIVER, B.C., CANADA
YBR	BRANDON, MAN., CANADA
YBT	BROCHET, MANITOBA, USA
YBV	BERENS RIVER, MAN., CANADA
YBX	BLANC SABLON, QUE., CANADA
YCA	COURTENAY, B.C., CANADA
YCB	CAMBRIDGE BAY, N.W.T., CANADA
YCC	CORNWALL, ONT., CANADA
YCD	NANAIMO, B.C., CANADA
YCG	CASTLEGAR, B.C., CANADA
YCH	CHATHAM, N.B., CANADA
YCL	CHARLO, N.B., CANADA
YCN	COCHRANE, ONT., CANADA
YCO	COPPERMINE, N.W.T., CANADA
YCS	CHESTERFIELD INLET, N.W.T., CAN.
YCY	CLYDE RIVER, N.W.T., CANADA
YDA	DAWSON CITY, YT, CANADA
YDE	PARADISE RIVER, NFLD, CANADA
YDF	DEER LAKE, NFLD, CANADA
YDG	DIGBY, N.S., CANADA
YDI	DAVIS INLET, NFLD, CANADA
YDN	DAUPHIN, MAN., CANADA
YDP	NAIN, NFLD, CANADA
YDQ	DAWSON CREEK, B.C., CANADA
YEG	EDMONTON, ALTA., CANADA
YEK	ESKIMO POINT, N.W.T., CANADA
YEL	ELLIOT LAKE, ONTARIO, CANADA
YER	FORT SEVERN, ONTARIO, CANADA
YEV	INUVIK, N.W.T., CANADA
YFA	FORT ALBANY, ONTARIO, CANADA
YFB	IQALUIT, NWT, CANADA
YFC	FREDERICTON, N.B., CANADA
YFE	FORESTVILLE, QUE., CANADA
YFH	FORT HOPE, ONTARIO, CANADA
YFO	FLIN FLON, MAN, CANADA
YFR	FT. RESOLUTION, N.W.T., CANADA
YFS	FT SIMPSON, N.W.T., CANADA
YFX	FOX HARBOUR, NFLD, CANADA
YGJ	YONAGO, JAPAN
YGK	KINGSTON, ONT., CANADA
YGL	LA GRANDE, QUEBEC, CANADA
YGO	GODS NARROWS, MAN., CANADA
YGP	GASPE, QUE., CANADA
YGQ	GERALDTON, ONT., CANADA
YGR	ILES DE MADELEINE, QUE., CANADA
YGT	IGLOOLIK, N.W.T., CANADA
YGV	HAVRE ST. PIERRE, QUE., CANADA
YGW	KUUJJUARAPIK, QUE., CANADA
YGX	GILLAM, MANITOBA, CANADA
YGZ	GRISE FIORD, N.W.T., CANADA
YHA	PORT HOPE SIMPSON, NFLD, CANADA
YHD	DRYDEN, ONTARIO, CANADA
YHF	HEARST, ONTARIO, CANADA
YHG	CHARLOTTETOWN, NFLD, CANADA
YHI	HOLMAN ISLAND, N.W.T., CANADA
YHK	GJOA HAVEN, N.W.T., CANADA
YHM	HAMILTON, ONT., CANADA
YHN	HORNEPAYNE, ONTARIO, CANADA
YHO	HOPEDALE, NFLD, CANADA

YHR	HARRINGTON HARBOUR, QUE., CANADA
YHY	HAY RIVER, N.W.T., CANADA
YHZ	HALIFAX, N.S., CANADA
YIB	ATIKOKAN, ONTARIO, CANADA
YIF	ST. AUGUSTIN, QUEBEC, CANADA
YIH	YICHANG, P.R. CHINA
YIK	IVUJIVIK, QUEBEC, CANADA
YIN	YINING, P.R. CHINA
YIO	POND INLET, N.W.T., CANADA
YIV	ISLAND LAKE/GARDEN HILL, MAN, CANADA
YJT	STEPHENVILLE, NFLD., CANADA
YKA	KAMLOOPS, B.C., CANADA
YKL	SCHEFFERVILLE, QUE., CANADA
YKM	YAKIMA, WASH., USA
YKN	YANKTON, S.D., USA
YKQ	RUPERT HOUSE, QUE., CANADA
YKT	KLEMTU, B.C., CANADA
YKU	CHISASIHI, QUEBEC, CANADA
YKX	KIRKLAND LAKE, ONTARIO, CANADA
YLC	LAKE HARBOUR, N.W.T., CANADA
YLD	CHAPLEAU, ONTARIO, CANADA
YLE	LAC LA MARTRE, NWT, CANADA
YLH	LANSDOWNE, ONTARIO, CANADA
YLL	LLOYDMINSTER, SASKATCHEWAN, CANADA
YLR	LEAF RAPIDS, MAN., CANADA
YLS	LEBEL-SUR-QUEVILLON, QUEBEC, CANADA
YLW	KELOWNA, B.C., CANADA
YMA	MAYO, Y.T., CANADA
YMC	MARICOURT AIRSTRIP, QUEBEC, CANADA
YME	MATANE, QUE., CANADA
YMG	MANITOUWADGE, ONTARIO, CANADA
YMH	MARY'S HARBOUR, NFLD., CANADA
YMK	MURRAY BAY, QUEBEC, CANADA
YMM	FT. MCMURRAY, ALTA., CANADA
YMN	MAKKOVIK, NFLD., CANADA
YMO	MOOSONEE, ONTARIO, CANADA
YMS	YURIMAGUAS, PERU
YMT	CHIBOUGAMAU, QUEBEC, CANADA
YMX	MONTREAL, QUEBEC-MIRABEL, CANADA
YNA	NATASHQUAN, QUEBEC, CANADA
YNB	YANBU, SAUDI ARABIA
YNC	WEMINDJI, QUEBEC, CANADA
YND	GATINEAU/HULL, QUE., CANADA
YNE	NORWAY HOUSE, MAN., CANADA
YNG	YOUNGSTOWN, OHIO, USA
YNJ	YANJI, P.R. CHINA
YNM	MATAGAMI, QUEBEC, CANADA
YNS	NEMISCAU, QUEBEC, CANADA
YNT	YANTAI, P.R. CHINA
YOC	OLD CROW, Y.T., CANADA
YOD	COLD LAKE, ALBERTA, CANADA
YOH	OXFORD HOUSE, MAN., CANADA
YOJ	HIGH LEVEL, ALBERTA, CANADA
YOL	YOLA, NIGERIA
YOO	OSHAWA, ONTARIO, CANADA
YOP	RAINBOW LAKE, ALBERTA, CANADA
YOW	OTTAWA, ONTARIO, CANADA
YPA	PRINCE ALBERT, SASK., CANADA
YPC	PAULATUK, N.W.T., CANADA
YPD	PARRY SOUND, ONTARIO, CANADA
YPE	PEACE RIVER, ALTA., CANADA
YPH	PORT HARRISON, QUEBEC, CANADA
YPI	PORT SIMPSON, BC, CANADA
YPL	PICKLE LAKE, ONTARIO, CANADA
YPM	PIKANGIKUM, ONTARIO, CANADA
YPN	PORT MENIER, QUE., CANADA
YPP	PINE POINT, N.W.T., CANADA
YPQ	PETERBOROUGH, ONTARIO, CANADA
YPR	PRINCE RUPERT, B.C., CANADA
YPW	POWELL RIVER, B.C., CANADA
YPX	POVUNGNITUK, QUEBEC, CANADA
YPY	FT CHIPEWYAN, ALTA, CANADA
YQA	MUSKOKA, ONT., CANADA
YQB	QUEBEC, QUEBEC, CANADA
YQD	THE PAS, MAN., CANADA
YQG	WINDSOR, ONT., CANADA
YQH	WATSON LAKE, Y.T., CANADA
YQI	YARMOUTH, N.S., CANADA
YQK	KENORA, ONT., CANADA
YQL	LETHBRIDGE, ALTA., CANADA
YQM	MONCTON, N.B., CANADA
YQQ	COMOX, B.C., CANADA
YQR	REGINA, SASK., CANADA
YQT	THUNDER BAY, ONTARIO, CANADA
YQU	GRANDE PRAIRIE, ALBERTA, CANADA
YQX	GANDER, NFLD., CANADA
YQY	SYDNEY, N.S., CANADA
YQZ	QUESNEL, B.C., CANADA
YRA	RAE LAKES, NWT, CANADA
YRB	RESOLUTE, N.T., CANADA
YRD	DEAN RIVER, B.C., CANADA
YRF	CARTWRIGHT, NFLD., CANADA
YRG	RIGOLET, NFLD, CANADA
YRJ	ROBERVAL, QUE., CANADA
YRL	RED LAKE, ONTARIO, CANADA
YRS	RED SUCKER LAKE, MAN., CANADA
YRT	RANKIN INLET, N.W.T., CANADA
YSB	SUDBURY, ONT., CANADA
YSF	STONEY RAPIDS, SASK, CANADA
YSG	SNOWDRIFT, NWT, CANADA
YSI	SANS SOUCI, ONT., CANADA
YSJ	SAINT JOHN, N.B., CANADA
YSK	SANIKILUAQ, N.W.T., CANADA
YSL	ST LEONARD, NB, CANADA
YSM	FT. SMITH, N.W.T., CANADA
YSN	SALMON ARM, B.C., CANADA
YSO	POSTVILLE, NFLD., CANADA

YSP	MARATHON, ONTARIO, CANADA
YSR	NANISIVIK, NWT, CANADA
YST	ST. THERESE PT., MAN., CANADA
YSY	SACHS HARBOUR, N.W.T., CANADA
YTA	PEMBROKE, ONTARIO, CANADA
YTB	HARTLEY BAY, B.C., CANADA
YTE	CAPE DORSET, N.W.T., CANADA
YTF	ALMA, QUEBEC, CANADA
YTH	THOMPSON, MAN., CANADA
YTJ	TERRACE BAY, ONT., CANADA
YTL	BIG TROUT LAKE, ONTARIO, CANADA
YTR	TRENTON, ONT., CANADA
YTS	TIMMINS, ONT., CANADA
YTZ	TORONTO, ONT.-TORONTO IS., CANADA
YUB	TUKTOYAKTUK, N.W.T., CANADA
YUD	UMIUJAQ, QUEBEC, CANADA
YUF	PELLY BAY, N.W.T., CANADA
YUL	MONTREAL, QUE., CANADA
YUM	YUMA, ARIZ., USA
YUT	REPULSE BAY, N.T., CANADA
YUX	HALL BEACH, N.W.T., CANADA
YUY	ROUYN - NORANDA, QUE., CANADA
YVA	MORONI, COMOROS
YVB	BONAVENTURE, QUE., CANADA
YVC	LA RONGE, SASK., CANADA
YVD	YEVA, PAPUA NEW GUINEA
YVE	VERNON, B.C., CANADA
YVM	BROUGHTON, N.W.T., CANADA
YVO	VAL D'OR, QUE., CANADA
YVP	FT. CHIMO, QUE., CANADA
YVQ	NORMAN WELLS, N.W.T., CANADA
YVR	VANCOUVER, B.C., CANADA
YVZ	DEER LAKE, ONTARIO, CANADA
YWF	HALIFAX, N.S.-WATERFRONT, CANADA
YWG	WINNIPEG, MAN., CANADA
YWH	VICTORIA, B.C.-INNER HARB., CANADA
YWK	WABUSH, NFLD, CANADA
YWL	WILLIAMS LAKE, B.C., CANADA
YWN	WINISK, ONTARIO, CANADA
YWP	WEBEQUIE, ONTARIO, CANADA
YXC	CRANBROOK, B.C., CANADA
YXD	EDMONTON, ALTA-MUNICIPAL, CANADA
YXE	SASKATOON, SASK., CANADA
YXH	MEDICINE HAT, ALTA., CANADA
YXJ	FT. ST. JOHN, B.C., CANADA
YXK	RIMOUSKI, QUE., CANADA
YXL	SIOUX LOOKOUT, ONTARIO, CANADA
YXN	WHALE COVE, N.W.T., CANADA
YXP	PANGNIRTUNG, N.W.T., CANADA
YXR	EARLTON, ONT., CANADA
YXS	PRINCE GEORGE, B.C., CANADA
YXT	TERRACE, B.C., CANADA
YXU	LONDON, ONT., CANADA
YXX	ABBOTSFORD, B.C., CANADA
YXY	WHITEHORSE, Y.T., CANADA
YXZ	WAWA, ONTARIO, CANADA
YYB	NORTH BAY, ONT., CANADA
YYC	CALGARY, ALTA., CANADA
YYD	SMITHERS, B.C., CANADA
YYE	FT. NELSON, B.C., CANADA
YYF	PENTICTON, B.C., CANADA
YYG	CHARLOTTETOWN, PEI, CANADA
YYH	SPENCE BAY, N.W.T., CANADA
YYJ	VICTORIA, B.C., CANADA
YYL	LYNN LAKE, MAN., CANADA
YYQ	CHURCHILL, MAN., CANADA
YYR	GOOSE BAY, NFLD, CANADA
YYT	ST JOHNS, NFLD., CANADA
YYU	KAPUSKASING, ONTARIO, CANADA
YYY	MONT JOLI, QUE., CANADA
YYZ	TORONTO, ONT., CANADA
YZF	YELLOWKNIFE, N.W.T., CANADA
YZG	SUGLUK, QUEBEC, CANADA
YZP	SANDSPIT, B.C., CANADA
YZR	SARNIA, ONT., CANADA
YZS	CORAL HARBOUR, NWT, CANADA
YZT	PORT HARDY, B.C., CANADA
YZV	SEPT-ILES, QUEBEC, CANADA

Z

ZAC	YORK LANDING, MANITOBA, CANADA
ZAD	ZADAR, YUGOSLAVIA
ZAG	ZAGREB, YUGOSLAVIA
ZAH	ZAHEDAN, IRAN, ISLAMIC REP OF
ZAL	VALDIVIA, CHILE
ZAZ	ZARAGOZA, SPAIN
ZBF	BATHURST, N.B., CANADA
ZBR	CHAH-BAHAR, IRAN, ISLAMIC REP OF
ZBS	MESA, ARIZONA-BUS STN., USA
ZCL	ZACATECAS, MEXICO
ZCO	TEMUCO, CHILE
ZEL	BELLA BELLA, B.C., CANADA
ZEM	EAST MAIN, QUEBEC, CANADA
ZER	ZERO, INDIA
ZFA	FARO, Y.T., CANADA
ZFM	FT. MCPHERSON, N.W.T., CANADA
ZGI	GODS RIVER, MAN., CANADA
ZGR	LITTLE GRAND RAPIDS, MAN., CANADA
ZGS	GETHSEMANI, QUEBEC, CANADA
ZHA	ZHANJIANG, P.R. CHINA
ZIG	ZIGUINCHOR, SENEGAL
ZIH	IXTAPA/ZIHUATANEJO, MEXICO
ZKB	KASABA BAY, ZAMBIA
ZKE	KASCHECHEWAN, ONTARIO, CANADA
ZKG	KEGASKA, QUEBEC, CANADA
ZLO	MANZANILLO, MEXICO
ZLT	LA TABATIERE, QUE., CANADA

ZMT	MASSET, B.C., CANADA
ZNA	NANAIMO, B.C.-HARBOUR, CANADA
ZNC	NYAC, ALASKA, USA
ZNE	NEWMAN, WA, AUSTRALIA
ZNG	NEGGINAN, MANITOBA, CANADA
ZNU	NAMU, BC, CANADA
ZNZ	ZANZIBAR, TANZANIA
ZOF	OCEAN FALLS, B.C., CANADA
ZOS	OSORNO, CHILE
ZPB	SACHIGO LAKE, ONT., CANADA
ZQN	QUEENSTOWN, NEW ZEALAND
ZRH	ZURICH, SWITZERLAND
ZRI	SERUI, INDONESIA
ZRJ	ROUND LAKE, ONTARIO, CANADA
ZRM	SARMI, INDONESIA
ZSA	SAN SALVADOR, BAHAMAS

ZSJ	SANDY LAKE, ONTARIO, CANADA
ZSS	SASSANDRA, COTE D'IVOIRE
ZTA	TUREIA, FRENCH POLYNESIA
ZTB	TETE A LA BALEINE, QUE., CANADA
ZTH	ZAKINTHOS, GREECE
ZTM	SHAMATTAWA, MANITOBA, CANADA
ZUC	IGNACE, ONTARIO, CANADA
ZUM	CHURCHILL FALLS, NFLD, CANADA
ZVA	MIANDRIVAZO, DEM. REP. MADAGASCAR
ZVK	SAVANNAKHET, LAOS
ZWA	ANDAPA, DEM. REP. MADAGASCAR
ZWL	WOLLASTON LAKE, SASK., CANADA
ZYL	SYLHET, BANGLADESH
ZZU	MZUZU, MALAWI

附錄 4　參考文獻

一、本國

1. 卞奭年　民航空運論（自版）
2. 萬鵬程　運輸學理論與實務
3. 程振粵　運輸學概要（三民）
4. 陳嘉隆　旅運業務（新陸）
5. 韓傑　旅運經營學（自版）
6. 姚玉麟　運輸保險（中國文化大學）
7. 董希堯　運輸學理論與實務（華泰）
8. 航空旅行業務基本知識與規定（臺北市旅行商業同業公會）
9. 施志宜　個人旅行機票基本計價研究（技術學刊第五卷第一期）
10. 王守潛　國際航空運送與責任賠償的問題（水牛）

二、歐美

1. E. E. Bailey etc., Deregulating the Airlines, MIT Press
2. M. A. Brenner etc., Airline Deregulation, ENO Foundation
3. A. S. Carron, Transition to a Free Market, Brooking Institution
4. L. E. Haefner, Introduction to Transportation Systems, Holt, Reinhart & Winston
5. R. Doganis, Flying Off Course, Geroge Allen & Unwin
6. J. T. Magdelenat, Air Cargo, Butterworths
7. R. D. Margo, Aviation Insurance
8. M. R. Straszheim, The International Airline Industry, Brooking Institution
9. A. T. Wells, Air Transportation, Wadsworth
10. H. L. Smith, Airways Abroad, University of Wisconsin Press
11. ICAO, Civil Aviation Statistics of the World,1986
12. Jeanne Semer-Purzycki, A Practical Guide to Fares and Ticketing Delmar Pubish-

ers Inc.

三、日本

1. 高野　章　飛行機の話（河出書房）
2. 井戶　剛　旅客機の科學（NHK）
3. 來見田　實　國際航空貨物要論（日桃書房）
4. 松尾　靜磨　航空輸送經營論（ダイヤモンド社）
5. 西沢　利夫他　航空機宇宙產業（日本經濟新聞社）
6. 增井　健一　交通經濟學（東洋經濟新報社）

Note

Note

國家圖書館出版品預行編目資料

航空客運與票務：空運學的理論與實務／謝淑
芬著. -- 五版. -- 臺北市：五南，2018.10

面；　公分.

I S B N: 978-957-11-9950-4（平裝）

1.航空運輸管理　2.客運

557.943　　　　　　　　　　　　107016014

1FA1　觀光書系

航空客運與票務（第五版）
空運學的理論與實務

編 著 者 － 謝淑芬（400）

發 行 人 － 楊榮川

總 經 理 － 楊士清

副總編輯 － 黃惠娟

責任編輯 － 蔡佳伶

封面設計 － 王麗娟

出 版 者 － 五南圖書出版股份有限公司

地　　址：106 台北市大安區和平東路二段 339 號 4 樓

電　　話：(02)2705-5066　傳　　真：(02)2706-6100

網　　址：http://www.wunan.com.tw

電子郵件：wunan@wunan.com.tw

劃撥帳號：01068953

戶　　名：五南圖書出版股份有限公司

法律顧問　林勝安律師事務所　林勝安律師

出版日期　1993 年 2 月初版一刷
　　　　　1995 年 3 月二版一刷　共四刷
　　　　　1999 年 4 月三版一刷　共五刷
　　　　　2006 年 10 月四版一刷
　　　　　2018 年 10 月五版一刷

定　　價　新臺幣 420 元